海派文献丛录·新闻出版系列

报人外史

张伟 主编 ╲ 何听雨 编

上海大学出版社

图书在版编目（CIP）数据

报人外史/何听雨编.—上海：上海大学出版社，2022.9
（海派文献丛录）
ISBN 978-7-5671-4513-9

Ⅰ.①报… Ⅱ.①何… Ⅲ.①新闻工作者—生平事迹—中国—近代 Ⅳ.①K825.45

中国版本图书馆 CIP 数据核字（2022）第 144874 号

责任编辑　黄晓彦　颜颖颖
封面设计　缪炎栩
技术编辑　金　鑫　钱宇坤

海派文献丛录
报 人 外 史
何听雨　编

上海大学出版社出版发行
（上海市上大路99号　邮政编码200444）
（http://www.shupress.cn 发行热线021-66135112）
出版人　戴骏豪

*

南京展望文化发展有限公司排版
上海颛辉印刷厂有限公司印刷　各地新华书店经销
开本710 mm×1000 mm　1/16　插页4　印张15.75　字数250千
2022年9月第1版　2022年9月第1次印刷

ISBN 978-7-5671-4513-9/K·259　定价75.00元

版权所有　侵权必究
如发现本书有印装质量问题请与印刷厂质量科联系
联系电话：021-57602918

拓宽海派文化研究的空间

（代丛书总序）

  中华文明源远流长，绵延有序；各地域文化更灿若星汉，诸如中原文化、吴越文化、齐鲁文化、巴蜀文化、闽南文化、关东文化等，蓬勃兴旺，精彩纷呈。到了近代，随着地域特色的细分，各种文化特征潜质越来越突出。以上海为例，1843年开埠以后，迅速发展成为西方文化输入中国的最大窗口和传播中心。这里集中了全国最早、最多的中外文报刊和翻译出版机构，也是中国最大的艺术活动中心，电影、美术、音乐、戏剧、舞蹈等，均占全国的半壁江山。它们在这里合作竞争、交汇融合，共同构建了上海文化的开放格局。从19世纪末开始，上海已是整个中国，乃至整个亚洲区域内最繁华、最有影响力的文化大都会，并与伦敦、纽约、巴黎、柏林等城市并驾齐驱，跻身于国际性大都市之列。

  一部近代史，上海既是复杂的，又是丰富的。从理论上讲，上海不仅在地理上处于东西方文化碰撞的边缘，在思想上也处于儒家文化与商业文化的边缘，因而它在开埠后逐渐形成了各种文化交融与重叠的"海派文化"。那种放眼世界，海纳百川，得风气之先而又民族自强的独特气质，正是历史奉献给上海人民的一份宝贵的文化遗产。近代上海是典型的移民城市，移民不仅来自全国的18个行省，也来自世界各地。无论就侨民总数还是国籍数而言，上海在所有中国城市中都独占鳌头，而且和其他城市受到相对单一的外来族群文化影响有所不同（如香港主要受英国文化影响，哈尔滨主要受俄罗斯文化影响，大连主要受日本文化影响，青岛主要受德国文化影响），作为世界多国殖民势力争相聚集之地的上海，它所接受的外来文化影响是最具综合性的。当时的上海，堪称一方融汇多元文化表演的大舞台，不同肤色的族群在这里生存共处，不同文字的报刊在这里出版发行，不同国别的货币在这里自由兑换，不同语言的广播、唱片在这里录制播放，不同风格流派的艺术门类在这里创作演出。这种人口的高度异质化所带来的文化来源的多元性，酿就出了自由宽容的文化氛围,并催生出充满活力的都市文化形态,上海也因此成为多元文化的摇篮。若具体而言,上海的万国建筑,荟萃了世界各国重要的建筑样式——殖民地外廊式、英国古典式、英国文艺复兴式、拜占庭式、巴洛克式、哥特复兴式、爱奥尼克式、北欧式、日本式、折中主义式、现代主义式……形成了世界建筑史上罕见的奇观胜景;戏曲方面,上海既有以周信芳、盖叫天为代表的"南派"京剧,又有以机关布景为特色的"海派京剧";文学方面,上海既是"左翼文学"的大本营,又是鸳鸯蝴蝶派文学的活跃场所;就新闻史而言,上海既是晚清维新派报刊大声鼓呼的地方,又是泛滥成灾的通俗小报的滋生地。总而言之,追求时尚,兼容并蓄,是近代上海发达的商品经济社会中一种突出的社会心态,它反映在社会的方方面面,戏剧、文学、美术、音乐等领域无不如此。回顾这段历史,我们应该有更准确、更宽容的认识。

绵远流长的江南文化,为海派文化提供了营养滋润,而海派文化的融汇开放,又为红色文化的诞生提供了特殊有利的发展环境。近年来,有关海派文化的研究发展迅速,成果丰富,宏文巨著不断涌现。我们觉得,在习惯宏观叙事之余,似乎也很有必要对微观层面予以更多的关注,感受日常生活状态下那些充满温度的细节,并对此进行深度挖掘。如此,可能会增加许多意外的惊喜,同时也更有利于从一个新的维度拓宽近代上海城市文化的研究空间。我们这套丛书愿意为此添砖加瓦,尤其愿意在相关文献的整理研究方面略尽绵力。学术界将论文、论著的写作视为当然,这自然不错,但对史料文献的整理却往往重视不够,轻视有余,且在现行评价体系上还经常不算成果,至少大打折扣。其实,整理年谱、注释著作、编选资料、修订校勘等事项,是具有公益性质的学术基础建设工作,所花费的时间和精力,若论投入产出,似乎属于亏本买卖,没有多少人愿意做;且若没有辨伪存真的学术功底,是做不来也做不好的。就学术研究而言,一些基础性的工作必不可少,所谓"兵马未动,粮草先行"。我们真正需要的是沉下心来,做好史料工作,在更多更丰富的材料的滋润下才可能有更大的突破。情愿燃尽青春火焰,在给自己带来快乐的同时,更为他人提供光明,这应该是我们今天这个社会大力提倡的!

是为序,并与有志者共勉。

张 伟

2020 年 7 月 9 日晨于宛华轩

前　言

一、《报人外史》作者

《报人外史》连载于1939年之《奋报》，署名"玖君"。由其中自述，得知"玖君"为王定九之笔名。

> 小子姓王字定九，本来行不更名坐不改姓，怎奈吃文墨饭，多家写稿，避免署名雷同，乃做化身姑娘化了五六个笔名，文人别署唯一拿手，不曰××斋主、××室主、××词客、××主人，即曰××生、××使者、××公、××徒……雅篆一连串，极风雅之能事。小子自谓一无风头，二无雅骨，故本位出发，从"定"与"九"两字小变戏法，定公、一定定、九军、九公、玖君、多九公……十不离九，同文与新旧读者固一望而知也。

王定九，上海浦东三林塘人，与浦东陈行乡之蔡钓徒为同学。其父经营米纱业"王合兴"号，家道小康。王定九六岁丧母，父续娶，继母将王定九与兄视为眼中钉，百般虐待，故王定九每述及幼年之事，皆作恨恨语。弱冠之年，其父病逝，因其兄已自立门户，另创实业，家业遂由王定九继承。

王定九行走文坛，交游无算，论与之亲近者，有三人值得一书。

其一，"三同"蔡钓徒。

王定九与蔡钓徒为同学，又为同乡。蔡钓徒创办《龙报》《社会晚报》，皆以王定九为编辑，亦为同事，故王定九称之为"三同"。王定九步入报坛，实乃蔡钓徒之引荐。《报人外史》中以洋洋洒洒两万余字述蔡钓徒之生前身后事，其因在此。

其二，"吾师"黄雨斋。

王定九在《报人外史》中数次提及黄雨斋,皆口称"吾师":

> 《申报》老大哥资格,外勤阵容人才鼎盛,更站领导第一条战线,吾师黄雨斋先生便是最活跃的一个,他跑社会新闻手腕惊人,捕房法院执事人员一致联络,因是别人得不到的新闻,唯有黄氏抢着先筹翌晨刊布,读者刮目,同道钦佩,八面玲珑,独占鳌头。象征后事业成功,报人登龙,跻海上闻人之林,握"孤岛"银号牛耳。

黄雨斋,本名黄震民,字雨斋,笔名黄衫客。1907年生,浙江余姚人。黄幼年丧父,家境清寒,未冠随长兄黄益斋来沪习商,公余从事写作,为《申报》当局所赏识,特约撰稿,嗣复入馆任编辑。后入江南法学院得法学士,创办汇中银号,为金融界一巨子。

王定九与黄雨斋相识于《世界晨报》,时来岚声创办《世界晨报》后不久,又创办了《时代日报》,遂将《世界晨报》转让给黄雨斋。王定九彼时以"九军"之笔名,在《世界晨报》上撰文。黄雨斋接手《世界晨报》之际,原班编辑冯若梅等人皆随来岚声去了《时代日报》,王定九遂出手助编《世界晨报》。黄雨斋为人大气,慷慨任侠,有"孟尝君"之雅号,深得王定九之钦佩,故尊称为"吾师"。两人相知甚深,交情匪浅。

其三,"老板"平襟亚。

平襟亚,生于1894年,常熟吕舍人,笔名秋翁、网蛛生等,毕业于常熟简易师范学校。1915年,平襟亚在嘉定练西小学任教时,结识南社杨了公、姚鹓雏、奚燕子、戚饭牛等人,由此从文。1926年,平襟亚之文得罪女界名人吕碧城,不得已避居苏州。为消磨时日而撰长篇社会小说《人海潮》,由郑逸梅携往上海,以"网蛛生"之名出版发行,轰动沪上,半年余销数五万余册,由此奠定平襟亚之文坛地位。其后,平襟亚又续撰《人海新潮》《人心大变》《上海大观园》《百大秘密》等社会及武侠类小说,皆名重一时,洛阳纸贵。

1927年,平襟亚创办中央书店及万象书屋,除出售普通书籍外,亦翻印古书,并有出版业务。时王定九受平襟亚之约,为中央书店编著《上海门径》《上海顾问》《写信字算门径》、各类尺牍、快览及《闺房医库》《性病自疗》等新旧书籍三十余种,故王定九称平襟亚为"老板"。

1931年,王定九曾与平襟亚合写长篇连载小说《摩登女郎日记》,登载于

《龌龊世界》，王定九著，上海侦探研究会1933年刊行。　《上海门径》，王定九编著，上海中央书店1932年刊行。

《ABC日报》上。1933年，王定九编《龌龊世界》一、二、三集，由上海侦探研究会刊行，其序为平襟亚所写，平襟亚在文中称王定九为"燃犀生"，倍加赞誉，足见两人关系之密切。

除编辑报纸、编著各类书籍外，王定九亦创作了大量作品。就题材和内容而言，王定九可谓全才，民俗节令、宴游狎妓、饮食起居、时事杂评、小说随笔，无所不包。如《孤岛缤纷录》（1939年连载于《奋报》）、《洋场百怪录》（1939年以"多九公"之笔名在《正报》连载）、《洋泾浜人物志》（1940年连载于《正报》）等，写尽"孤岛"时期上海的市井百态，语涉民风遗俗、文坛逸话、人物旧事等，其《小报旧案》《鲁迅遗风》《色情文学》《地皮章程》《摩登女贼》《沪人群像》等文，宛如一幅幅上海社会风情的历史图卷，可视为史料。

王定九亦擅写随笔小品，如《时报》之《别具风味的无锡船菜》《田野风味》《夏令零食》等，写饮食隽味、烹饪乐趣。

《夏令零食》中写梅酱：

黄梅时节,转瞬光临,枝头青梅黄了。用这种黄熟梅子煮梅酱,事半功倍。先把梅子倾入锅内,加一勺清水,文火燃烧至半烂程度,便用木棍尽力捣成糊状。同时另一锅内把赤豆沙熬煎,最后将梅酱转入,文火再煮三刻钟后,手续完竣,鲜甜酸洁的梅酱可入尊口了。用以蘸面包等食物,其味的是无穷。

　　就《报人外史》而言,王定九为文有史家风范。写人,旁侧互见,写彼言此,虽为单篇成书,然所述之人在各篇中皆有关联。写事,皆非空穴来风,然与事实相较亦有出入,故介乎正史与野史之间。所谓世事两茫茫,且当旧梦一场,读过即可。

二、《报人外史》之注释

（一）沪语方言

　　"孤岛"时期的上海,因日伪政府对报刊书籍的审查日益严苛,沪小报文坛遂兴起了"身边文学"和"弄堂文学"。"身边文学"是指以身边人和身边事为主要内容的随笔小品文,述舞榭歌台、酒楼饭店、影院戏馆等日常生活见闻,以凤三、唐大郎、陈灵犀、冯梦云等人为代表。所谓"弄堂文学",盖因所述场景多为弄堂新里,人物混迹于厢房、亭子间、后弄、前门、灶披间,人物对白中夹着大量的沪语和苏白,杂以方言俚俗和切口行话,生动鲜活,故又被称为沪语小说。时以沪语小说出名者,有田舍郎、金小春、周天籁与苏广成等人。

　　身边文学和弄堂文学的共同特点就在于大量方言的运用,沪语、吴语、粤语、洋泾浜语夹杂其中,极具海派特色。

　　《报人外史》完成于"孤岛"时期,且王定九为浦东三林塘人,故文中杂有大量的方言土语以及青楼隐语、欢场切口,宛如一部上海方言词典。有些方言已经悄然逝去,有些方言还在使用,只是随着语境和时代的变迁而被赋予了新的意思。

　　已经消失的沪语方言,如"领盆""惯头""塞瑟抖了""栗六"等。

　　　　文坛登龙别术,章克标仁兄对此旨酒发祥,梦想不到特别领盆。

　　"领盆",即"领教"之意,亦引申为"服帖"之意。"弗领盆"即"不领教""不服帖"之意。

《龙报》出版又因记载失实,律师信雪片飞来,事主怂恿白相人登门造访大打出手,与"讲斤头"更计数勿清。

"讲斤头",亦称"谈尺寸",即"谈判,讨价还价"之意。

"栗六",亦写成"栗碌",意为忙碌。"六"在沪语中读"lu"音。如王定九写蔡钧徒勤于工作:

> 公办事精神,每日在十小时左右,无时无刻不念念于报。早晨梦醒,睁开眼睛,坐马桶如厕即便披阅《新闻报》,看新广告,动兜揽脑筋,从此一天到晚全为报务栗六。

依然还存活于日常生活中的沪语方言,如"茄门相""结棍""额角头""颜色""苗头勿是一眼眼"等。

> 杜月笙虽是同乡,共任同乡会理事,可是杜公馆人才济济,左右瞧不起他,杜先生亦不垂青眼而报白眼,因是蔡公死前果然兜得转,惟与杜公是"尔止"的(尔止为白相人切口,即"头痛",看见了一样事物茄门相也)。

"茄门相":"茄"读"ga"音,意为"不起劲、没心思、敷衍"。
"结棍":意为"厉害"。
"额角头":"角"读"guo"音,意为运气极好。
"颜色":"颜"发"ai"音,即"愣住""发呆"之意,引申为"羡慕""艳羡"之意。
"推板":"推"发"tai"音,意为"差",如"推板一点"即为"差一点"之意。
"弹硬":"弹"发"dai"音,"硬"发"ang"音,用来指"实力雄厚、信用卓著而为人称道者"。

《报人外史》中亦有不少浦东土语和松江土语,如"实伲"是浦东人称"我们"之意。"拉挨里"为松江土语,意为"在哪里"。"勒拉爱搭"意思是"在这里"。松江人说"埃奴",相当于浦东人说"实伲",意思是"我们"。

王定九写周天籁与邵茜萍去韩庄访常熟二媛,叫了松江阿宝的局:

>提起曹操,曹操就到,松江阿宝"蹬蹬蹬"踏上楼梯,已在喊娘姨:"周大少拉挨里?"软糯的松江口音"埃奴,埃奴",娘姨熟习,忙伸出头来招呼:"勒拉爱搭,勒拉爱搭。"

初入韩庄肉林的周天籁,不惯于和北里名花打交道,一开口就得罪了松江阿宝。阿宝当下媚眼变成白眼,一横道:"周大少,倷勿作兴,钝识头格。陌陌生生,初次见面,客客气气,轧个朋友,为何豆腐里嵌五香排骨呢?"

"倷勿作兴,钝识头格"为松江土语,意为"你不作兴,要杀头的"。总的来说,松江土音颇似苏州话,间有小异。

如王定九写蔡钓徒喝花酒,叫了长三的局:

>长三先生做报人主顾已感头痛,对蔡公头痛又头痛,当面勿得勿奉承,背后骂山门,有时实在被拉裤子闹得凶,冲口骂出:"倷格蔡钓徒,最是轻骨头,直梗恶形恶状,阿要难为情介?"尾声拖下一句:"杀倷格千刀。"

时上海娼妓,以籍贯分之,有苏帮、扬帮、粤帮、甬帮等;以娼寮划分,有书寓、花烟间、雉妓院、咸肉庄、碰和台数种。书寓是高级妓院,清末民初时,书寓姑娘以"校书"称之,因皆擅琴棋书画,有一定的文化水准。

由民初至20世纪30年代,"校书"的名称渐不复见。书寓为长三堂子所取代,长三堂子姑娘中,已破身的称为"先生"或"大先生",未破身的称为"小先生"或"清倌"。次一级的妓院称幺二堂子。以收费之三元、二元而名之长三、幺二。一般而言,长三堂子姑娘多是苏州籍。

上海是一座移民城市,五方杂处,华洋共居,各地方言及各国语言在此荟萃。《报人外史》中,苏州话、无锡话、绍兴话、苏北话、广东话比比皆是,如无锡方言"耐伲"(意为"我们")、宁波方言"石伯挺硬"(意为"强硬、倔强")、苏北方言"拉块妈妈"(意为"了不得,厉害")、绍兴方言"哼噶佬倌"(意为"这个大佬")、广东方言"寡佬"(意为"单身汉")等,足以窥见彼时各地方

书寓校书谢丽娟,刊载于《小说时报》1913年第18期。

上海名妓洪四宝,刊载于《艳簌花影》1914年。

言与沪语之交融。

(二) 洋泾浜语

《报人外史》中亦有大量的洋泾浜语,如"沙蟹""挖儿""哑尔迈""否司脱""勤头尔曼恩""繁里瓜叠"等,不习沪语之人,睹此如坠云里雾里。为便于阅读,故皆加以注释。如王定九写平襟亚所著之书悉数卖光:

> 这时平先生回里看赛会,沪寓托泰山坐镇。俟他由处回沪,壁角所堆的存书,全数沙蟹。

"沙蟹"为英语 show hand 的洋泾浜沪语,原本是一种扑克牌赌博的术语,沪语读作"梭哈",意思是"殆尽、精光"。

洋泾浜语的来源并非单一的英语,葡萄牙语亦为其来源之一,究其原因,与上海开埠时间晚于广州有关。自16世纪欧洲新航线开通后,葡萄牙人是第一批来华贸易的洋商。在鸦片战争之前,清政府实行"广州一口通商"的贸易政策,规定洋商只能到广州贸易。而当时西洋商船到广州之前,必须先在虎门外洋下锚,在澳门办理手续,领取进港牌照,雇佣中国领航员、通事(即翻译)和买办。故葡萄牙语是华人最早接触到的洋话,最早的通事是会说葡萄牙语的华人。当时澳门汇聚了一大批葡语通事,这些通事在与洋商交往的过程中,逐渐形成了一种杂糅葡语、粤语的贸易混合语,在洋商、水手、中国行商中流行开来。其后又加入英语,形成了中国语法的广州英语,亦可称为"十三行英语"。

1842年上海开埠后,外贸重心逐渐转移至上海,广州行商及通事、买办纷纷随之迁往上海,故早期上海的通事和买办以粤人为多。当时来沪的洋船,大多停泊在十六铺和老北门外。替洋人做掮客的,俗称"带街",都聚集在洋泾浜[①]一带,在他们之间形成了一种混杂着葡语、英语、粤语、沪语、吴语(宁波方言为主,彼时宁波亦为通商口岸)的中式英语,叫作"洋泾浜语"。姚公鹤在《上海闲话》一书中解释洋泾浜语:"洋泾浜话者,用英文之音,而以中国文法出之也。"

如果以历史层次划分,洋泾浜英语的词汇可以分出几个历史层次:第一个层次是葡萄牙语,在澳门形成葡语和粤语的混合语;第二个层次是英语,在广州形成混合英语、葡语和粤语的广州英语;第三个层次是沪语,在上海形成混合葡语、英语、粤语、沪语的洋泾浜语。

《报人外史》中有不少与洋泾浜语有关的词汇,如王定九形容蔡钧徒精明:

一朝生,两朝熟,蔡公得此门路后,常往走动,一般人见他×公馆中蹀进蹀出,亦刮目相看,"蔡钧徒真的挖儿透顶,兜得转!"

"挖儿"为英语ways的洋泾浜语,"花头""手段"之意。

王定九称赞顾维钧"精通英、法、日、意四国文字语言,外交手腕八面玲珑,招待国联团员公情私谊",以"繁里瓜叠"形容其优秀,如不谙沪语,实不明白此"瓜叠"为何物。"繁里瓜叠"为英语very good的沪语音译,意为"非常好","瓜"在沪语中读"gu"音。

[①] 洋泾浜本为上海县城北面的一条小河浜,1845年成为划分英租界和法租界的地界。1914年被填河筑路,名为爱多亚路,即今延安东路。

再如"奥而迈"为英语old man的洋泾浜音译,意为"老头儿,老先生";"否司脱"为英语first的沪语音译,意为"第一";"勤头尔曼恩"为英语gentlemen的沪语音译,意为"绅士";"混""拖""雪梨"为英语one,two,three的沪语音译,意为"一""二""三";"那木温"为英语number one的沪语音译,意为"第一";"开麦拉"为英语camera的沪语音译,即照相机。诸如此类,不胜枚举。

(三)俗语切口

王定九编著《上海门径》《上海顾问》等书,主编《智识》三日刊等,内容皆与上海生活有关,十里洋场之衣食住行、吃喝玩乐、交易投资、风物风土等,包罗万象,故《报人外史》中各种俗语切口亦比比皆是。有些俗语因语境的改变而消逝,如"六路圆路";有些俗语现在虽然还在使用,但世人只知其一不知其二,如"天晓得",故本书皆对此加以注释。

王定九写蔡钓徒发迹后不改吝啬本色:

迭两个勿吹牛皮,六路圆路,任何场所兜得转,带了铜钱白相,三岁小孩也会,这还算大亨吗?

在战前,上海有一条电车路线,名为"六路圆路",起点为东新桥,经外滩、火车站等又回到东新桥,等于兜了一个圈子,故而上海人便把六路圆路引申为"兜得转",用来形容为人处世圆滑变通。

"天晓得"亦为上海俗语,至今仍活跃在上海人的口语中,表示对真假难辨之事的态度。"天晓得"还有前半句,"大舞台对过",完整的一句是"大舞台对过——天晓得"。当时广西路、汉口路先后开出了两爿糖食店,店名都叫文魁斋,两店都指责对方是冒牌货,其中一家在店门口挂出一块牌子,上书"天晓得"三个字,还画了乌龟来影射对方。数天后对方也挂出了同样"天晓得"的乌龟牌子。两爿店都开设在大舞台对面,所以就形成了沪语歇后语"大舞台对过——天晓得"。

《报人外史》中的切口行话亦不少,有些纯粹是青楼隐语,不熟读狭邪小说者,亦不知所云。

"镶边"吃花酒,"碰和"敬谢不敏,"条爷"更不敢领教。生意浪侪知小报界人物都是荷花大少,吃十一方大亨,谁敢有眼不识泰山砍条爷?

"镶边""碰和""条爷"皆为青楼隐语。"镶边"意为"揩油",一般吃花酒打茶围的陪客皆称其为镶边,亦称跟着逛妓院之客为"镶边大臣"。"条爷"为"敲竹杠"之意,妓女向熟客讨要额外的礼物和钱财,称为"开条爷"。

"碰和"是指熟客在妓院摆麻将赌局。酒局和赌局是妓院收入的主要来源,在妓院办酒席叫"吃花酒",摆麻将牌桌称"碰和",吃花酒、碰和赌钱统称"做花头"。在20世纪30年代,妓院一个"花头"为12元,如在妓院里办两桌花酒,打十圈麻将,相当于"一打花头",再加上给妓院仆佣的赏钱,一夜花销可高达数百元。

荷花大少是指专在夏季出现的摩登人物,头戴草帽,身穿华丝纱长衫,手里一根司的克,脚上一双白帆布鞋配雪白丝袜,满身洒巴黎香水,招摇过市。到了秋天,天渐渐转凉,草帽过了时令,华丝纱长衫显得单薄了,却又无钱置办呢帽和夹衫,于是荷花大少黯然隐退,来年夏天再大出风头。

再如"照会",原指汽车牌照和外交照会,王定九写蔡钓徒之汽车牌照:

华租界照会号码相同益发难能可贵,吴兴富商周湘云"一号"老爷车,哈同曾愿斥五万元代价相易,周尚不允,故有苗头之照会真是吃价。

后引申为舞场切口,意为"面孔",多用于形容舞女等年轻女子的外貌。周世勋被小瘪三殴打后,面孔破相:

这场生活吃得十十足足、结结棍棍、杀杀搏搏,小白脸型的逍遥王子(大学生)怎挨得起拳脚交加棒尺齐飞,周双拳怎敌四手?幸有警笛代喊救命,岗捕闻声赶至,打手才作鸟兽散。周头破血流,皮肤青紫,迄今漂亮的照会右眼角有一条一字伤痕,留作纪念哩。

"摆测字摊"亦为舞场俗语,是指舞客坐在舞场里一舞不跳,花二角小洋的小账可以坐上三四个钟头,喝喝茶,望望野眼,比坐茶馆还划算。

(四)政治事件

《报人外史》成稿于1939年,值战事频发之际,诸小报一反"莫谈国事"

之宗旨,在头版刊登时事、政治、战事等消息,并采用通讯社稿件,连续报道各地抗日救亡运动的动态,发表时评或杂文。一些小报还专门刊发大报所忌惮而不敢发的独家新闻,如《李济深幽禁汤山》《大世界共和厅选举中央委员》《观渡访庐宁粤和议》等,都是小报率先披露的。

故王定九笔下所提及之政治事件,在彼时路人皆知,在今日则如隔云山,故亦加以简单注释。

王定九以"陈德征"喻蔡钧徒,明褒暗贬:

> 论蔡公资格,报界"卡"字号人物,小报、通讯社、夜报,一身三要,又是报坛陈德征,入会本无问题,便因人缘勿佳,公会巨子(监执委诸公)有鉴蔡钧徒大亨脾气,惯善活动,极好名义,专门招摇,入会后势必竞争执委。

曾被戏称为"民国第一伟人"的陈德征,浙江人,毕业于杭州之江大学。1923年与胡山源、钱春江创办弥洒社,任《弥洒》月刊编辑。1926年,陈德征任上海《民国日报》总编辑,1927年后任国民党上海市党部主任委员、上海市教育局长等职,手握大权,红极一时。某次《民国日报》发起民意测验,选举"中国的伟人"。揭晓时,第一名为陈德征,第二名为蒋介石。蒋一怒之下将陈押至南京,关了几个月后,勒令各机关此后不得再录用陈。王定九说蔡钧徒为"报坛陈德征",意在讥讽其平日为人处事太张扬。

再如王定九写王雪尘,提到大世界共和厅选举中委一事:

> 李济深幽禁汤山,大世界"共和厅"选举中委,"观渡庐"宁粤和议,一波未平,一波继掀,《上海报》如摄连环戏开麦拉,王先生格准镜头,幕幕摄入,纸面作银幕,当然号召力强大啦。

1931年12月3日上午9时,汪精卫等国民党改组派百余人在大世界共和厅召开中央委员选举会。黄金荣和法租界巡捕房程子卿等到场巡查,会议选举出唐生智、张发奎、王懋功等十名"中央委员",后被舆论讥讽为"野鸡中委"。

大世界为黄楚九于1917年所建造,1931年,黄楚九投机失败,郁郁而终,大世界落入海上大亨黄金荣之手。大世界共和厅选举中委一事,正是黄金荣接手大世界之始，黄金荣原想借此与政界闻人攀交情，岂料背负了半生骂名。

戈登路3号（即今北京西路1094弄2号）为伍廷芳旧居，因伍廷芳晚年自号"观渡庐老人"而得名"观渡庐"。伍廷芳，广东新会人，生于1842年，本名叙，字文爵，号秩庸，后改名廷芳。1874年留学英国，入伦敦学院攻读法学，获博士学位及律师资格，为中国近代第一个法学博士。1882年入李鸿章幕府，任法律顾问。南京临时政府成立后，伍廷芳出任司法总长。1922年陈炯明叛变时，伍廷芳获悉，惊愤成疾，逝世于广州。

观渡庐见证了南北议和及宁粤议和。辛亥革命爆发时，伍廷芳被任命为外交总长，与袁世凯派出的北方代表唐绍仪谈判，达成袁世凯迫清室退位即选袁为大总统的妥协，此即"南北议和"。

1931年春夏，因立法院长胡汉民反对召开国民会议、制订《中华民国约法》和选举总统，想当总统的蒋介石一怒之下，解除胡汉民的职务并将其软禁于南京汤山。广东陈济棠和广西李宗仁于1931年5月28日在广州成立中华民国国民政府，与蒋介石的南京中华民国国民政府分庭抗礼，史称"宁粤对立"。"九一八"爆发，宁粤双方迫于舆论压力，不得不表示愿意和平解决争端，遂称"宁粤议和"。

王定九写周孝庵入《时事新报》：

> 该报原系"研究系"喉舌，自经张、熊接手后，改变作风，循正轨进取，需材孔亟，用人之际，孝庵闲话一句，即日进馆了。

"研究系"是指宪法研究会，是一个依附北洋军阀进行政治投机的政客集团。1916年袁世凯死后，黎元洪继任总统，北洋军阀皖系头目段祺瑞任国务总理把持北京政府。以梁启超为首的原进步党改组成宪法研究会，与皖系军阀合流，积极支持段祺瑞。在国会讨论制宪问题时，主张加强段祺瑞政府的中央集权。1918年国会改选后失势，1920年直皖战争导致段祺瑞失败下台，研究系的活动也陷于停顿。

《报人外史》写孙筹成篇时，附以孙之自传。1921年，孙筹成参与筹办国是会议：

> 民十一，改任全国商教联合会秘书兼办八团体国是会议事务。

1921年10月全国商会联合会和全国教育联合会在上海举行联席会议,决定举办国是会议。经过筹备,1922年5月,八团体国是会议在上海召开。会议针对国内外重大事件提出多项提案,并成立监督财政委员会和宪法草拟会,延请宪法学家张君劢拟定《国是宪草》甲、乙两种。由于政局变化,国是会议在召开三次正式会议后草草收场。张君劢应邀所拟定的《国是宪草》在中国宪法史上有着一定地位。

(五)社会事件

社会事件的产生有一定的时代背景,与今相隔近百年,知者甚少,故编者亦对此类事件予以注释。且此注释绝非百度所得,而是在翻阅了大量的一手报刊文献之后予以概述,以期拨开迷雾,还原真相。如彼时被称为民国婚恋四大奇案之黄慧如与陆根荣,马振华与汪世昌,黄白英与童三毛,谈瑛与顾宝林,《报人外史》所提及有二。

王定九写胡憨珠创办《报报》,致力于社会新闻事件专访:

> 那时上海社会刚巧发生黄慧如、陆根荣主仆恋爱,马振华投江殉情,对手方为汪世昌事件,憨珠趁机又大施身手,除探录新闻外,更约王开照相馆汪鉴荣摄得照片多帧刊布《报报》,图文并茂,万聚争购,先睹为快。《报报》大出甩头,竟销万份,破小报记录。

1927年,21岁的黄慧如与家中仆人陆根荣相恋,偷食禁果,黄慧如有孕在身,被黄家发现。黄慧如与陆根荣遂私奔出走,黄家一纸诉状,将陆根荣告到法院,称其诱奸黄慧如,并盗窃金银饰物。江苏高等法院以奸淫诱拐罪将陆判刑。黄慧如带着6个月的身孕回到陆根荣吴县老家,于1929年3月7日诞下一男婴,名为黄永年。在坐船回上海的途中,因产后虚弱,于3月19日病逝于船中。几天后,江苏最高法院改判陆根荣无罪。

黄慧如、陆根荣主仆恋爱事件,在当时极为轰动,不仅小报连篇累牍报道,大报如《申报》《新闻报》等亦以头版刊出。胡憨珠创办《报报》之际,正值黄陆恋爱引发社会热议之时,还被改编成电影、话剧、评弹、申曲等,冠之以"打破阶级观念、爱情至上主义、封建家长荼毒等观点",《福尔摩斯》报的吴农花还专程去苏州访问了黄慧如,以口述实录之形式出版了《黄慧如自述》一书。

《黄慧如亲笔日记》，上海新文书局1929年刊行。　《马振华哀史》，上海群友社1928年刊行。

黄慧如死后，陆根荣仍执杂役事。沪上舞业盛行时，陆根荣曾在舞场执下役，故上海资格较老之舞人大多认识陆根荣。1940年，云裳舞厅还请陆根荣登台述与黄慧如之往事，周世勋为之撰写广告词："起头辰光哪哼①，到仔后首哪哼，当中横里哪哼，有仔格个哪哼！"

马振华与汪世昌之事，亦令人唏嘘不已。

马振华，南通人，曾就读于南通刺绣专门学校。其父马炎文，为东台县禁烟分局长。因战事，举家迁至沪法新租界西门里39号。与其相邻之38号租户为杭州人汪世昌，时任国民革命军鲁联军第五师长的秘书。两人相识相恋，遂订婚。后因汪世昌怀疑马振华不是处女，马百口难辩，遂于1928年3月16日夜投黄浦江自杀。尸体于次日清晨被打捞上来，岸边有一捆书信，约120多封，是汪、马两人具名的情书，内附两人合影一张，以及一张上署"东台县禁

---

① "哪哼"亦为沪语，即"怎么样"之意。

烟分局长马炎文"的名片。

马振华投江而死,亦轰动一时,不仅各报竞相报道,还被改编成电影、话剧、评剧等。如张碧梧编辑出版了《马振华哀史》一书,金雄白亦编了《马振华女士自杀记》一书,大中华百合影片公司摄制了《马振华》影片,由周文殊主演。汪优游排演了《马振华》新剧,赴南通演出时,为南通当局所禁演。萧军亦将此事改编成评剧《马振华哀史》与《马振华的新生》。

女相士杨闻莺之事亦是惨剧。王定九写卢溢芳沉湎于鸦片,以杨闻莺寓处为安乐窝:

> 杨闻莺曾闹血案,结局凄惨。其母蒙不白,神经刺激,疯癫如狂,背负冤单往来京沪,引起各界注意。本案牵涉钓鳌客,菱清前夫,杨属女弟子,惟闻有染。乌勿三白勿四的凶案,不明不白,迄今悬案不决。杨母疯伴,不知流浪何处,闻莺"死人肚里自知"了。

杨闻莺,原名杨文英,杭州人。13岁时,尚在志成学校读书的杨闻莺被相士程梅仙引诱,拜其为师,学习相法。14岁时,程见色起淫,不顾师傅之尊严,将杨闻莺诱奸。彼时程恐其行为被杨母觉察,遂声称其妾菱清女士在上海三马路大舞台隔壁开设照相馆,可带杨闻莺去上海学习照相技术,将来一定能赚大钱。杨母一时贪心,遂与程梅仙约定两年满师。不料程梅仙实为钓鳌客①,在大中华饭店开房间,日间为程看相之所,夜间则逼杨闻莺卖淫,故其相格上有一百元、二百元之价目。此外,程梅仙所蓄之女弟子如菱清女士、天真女士、红莺女郎均被程逼令秘密卖淫。程之暴富皆系引诱良家幼女卖淫所积,达十余万元。

杨闻莺学徒两年期满,杨母欲领其回家,程梅仙故意唆使杨闻莺吸食鸦片和红丸等,以此控制其不能回杭。又介绍范洪生与杨闻莺相识,伪称范为绸缎庄小开,后被杨闻莺识破而拒婚。范恼羞成怒,于1932年7月19日持刀至杨家,云程梅仙已将杨闻莺许配给他,并给他五百元大洋,云"若是杨母阻拦,以刀杀之,杨闻莺必肯嫁你",遂酿成惨祸,杨闻莺被杀,其母受重伤。

---

① 钓鳌客,即皮条客。

（六）人名地名

《报人外史》中，所提及之地名路名，皆为旧时名称，与今不同，故亦加以注释。有些地名蕴有别种含义，与今疏离，亦释之。如"韩庄"，为上海八仙桥附近风月场所的俗称，原为"咸肉庄"，后来小报文人毕依虹在《晶报》撰文《韩庄一瞥记》，由此称为"韩庄"。"咸肉庄"是上海最低级的妓院，集中在八仙桥附近，即法租界霞飞路东端、格洛克路（今柳林路）、恺自迩路（今金陵中路）到麦高包禄路（今龙门路南端）。"咸肉庄"里不分昼夜，进门就能上床交易，在此嫖妓谑称"斩咸肉"。

王定九写周天籁去咸肉庄访问常熟二媛，听二媛自述悲惨身世：

> 阿六心肠险诈，赌负了，竟效《陆雅臣》卖妻之辈，更进一步，押入桥头迫使接客……

此处"桥头"，指八仙桥之"桥"，彼时为烟花女子聚集之地。

本书对人名、笔名亦有简单注释，如"斐司·开登"，即美国影星 Buster Keaton，被视为冷面派明星；"劳莱、哈台"，为美国的两位电影滑稽明星；"肉侦"为《东方日报》编辑邵茜萍的笔名；韩云珍为电影女演员，因眼风流荡，富于诱惑性，当时许多影迷认她的演技"骚在骨子里"，而替她题上了一个"骚姐姐"的名号；派拉蒙女演员梅蕙丝（Mae West），风骚冶荡，有"肉感明星"之称。

最后提一句，《报人外史》中所配之插图，皆为编者从上万册近代期刊报纸及图册中精心挑选出来的，力求与文中内容一致。如张欣生事件、黄慧如事件、马振华事件、杨闻莺事件等，虽时光荏苒，尘世跌宕，然图像依然清晰。睹旧时之人事，观今日之悲欢，唯一声叹息。

《报人外史》既是述报人，自然与报纸有关，故大量的报纸创刊号之报头和单行本之初版本封面为本书配图之特色。有些报纸实为绝版，向来只闻其名不见其影，如《非非》《克雷斯》《血汤》《观海》等，亦一并呈上。

何听雨
2022年7月15日

目　录

奏前 ·· 1
屁股大王严独鹤 ······································ 3
平肩大王蔡钓徒 ······································ 10
三日大王余大雄 ······································ 52
金戈将军钱华 ·· 62
铁头将军朱惺公 ······································ 72
好好先生李浩然 ······································ 77
小记者严谔声 ·· 83
土老头儿瞿绍伊 ······································ 87
白雪公主赵君豪 ······································ 91
自由之花周瘦鹃 ······································ 98
襟霞阁主平襟亚 ······································ 105
《福尔摩斯》吴微雨 ·································· 114
吊儿郎当唐大郎 ······································ 119
爱去先生王小逸 ······································ 125
丈二和尚蒋剑侯 ······································ 131
顾大麻子顾执中 ······································ 136
摩登记者张若谷 ······································ 143
标准记者黄寄萍 ······································ 150
冯大少爷冯梦云 ······································ 153
修竹庐主朱瘦竹 ······································ 160
卡乐襄理卢溢芳 ······································ 165

噼里啪啦易立人	173
石伯挺硬王雪尘	177
潘郎憔悴张秋虫	183
天才记者周孝庵	190
艺海之花吴承达	198
哼噶佬倌胡憨珠	202
红紫作家周天籁	207
苏广成衣王大苏	220
药料甘草孙筹成	223
落拓不羁谢啼红	228

奏　前

新闻事业在上海不满百年，历史浅短，从业员缺乏专门训练，都半路出家。逊清初期，各任主笔延请斗方名士、诗词大家，吟风弄月，捧优伶开花榜，蕴藉风流，算得文人雅事，报坛盛举了！

辛亥前夜，革命党人、南社文士，群麇沪滨，创办《民呼》《民吁》《民立》诸报。激昂慷慨，批评时政，鼓吹革命，大刀阔斧，刺激读者。饮惯醇酒的突破酒精，筋胀偾张，热血沸腾，面红耳热，转变上海新闻界，破天荒作"狮子吼"，生气虎虎，全国观听不约而同，一致集中。本埠人士日伺望平街头，随揭示新闻而喜怒，"一枝毛锥足抵三千毛瑟"，信如拿翁名言矣。

民国后，上海新闻事业蒸蒸日上，报人辈出。近三十年来，文人荟萃，新闻记者孜孜竞进，确获"无冕帝王"荣誉。奠都南京，淞沪藩屏，地位冲要，工商业繁盛区兼负政治重心。报人职责艰巨，使命伟大，四出活动，纸面记录，消息报道，灵通生动。教育当局适应潮流，复旦、沪江、震旦、暨南、中公等海上最高学府特开新闻科，同时新闻专校亦独树一帜教育英才，上海新闻事业得牡丹绿叶之效，共赴正轨，日进无疆。这次倘不受"八一三"打击，则上海报馆前途锦绣前程未可限量也。

《奋报》1939年4月1日创刊号报头。

"孤岛"新闻界畸形发展,"有报皆洋,无馆不西",洋商日夜报春笋怒苗,回光返照。报人服务空前未遇环境中,别有一番滋味在心头。现在又遭遇挫折,报人生活益发苦闷了。外人莫名报人遭际工作辛苦,还艳羡"无冕帝王"特殊地位。呜呼!这年头儿有冕之王如阿比西尼皇帝尚挂冠逃亡,威仪扫地,别说无冕之王,根本科头跣足,不成模样啦!

大众眼红的报人,面型如何?私生活怎样?笔者现描轮廓,逐个介绍,把同业诸君子轶史珍闻,毫无成见信笔写出,"白头宫女闲说玄宗",片段野史连贯成篇,不分壬前卢后,不问张三李四,凡与上海新闻界结一日之缘,曾任各报内外勤职务者,皆有记述价值。"身边文学"昌明,"××自传""××列传""××群像""××剪影""××浮雕""××轶事""××逸史""××写真""××回忆录"……触目皆是,散见报章杂志之秋。笔者也来凑热闹,写此《报人外史》,拉杂成篇,逐个素描,不啻上海新闻镜。即日起,花五分钟光阴,窥看镜中人物,神情是否酷肖?看过明白,请赐教吧。

定公附白:

小子署名,十不离九。《乱话三千集》之蒋叔良兄,披露"九公"笔名后,不少人误认鄙人。现在本篇"玖君"只一字之差,至祈新老读者,认明此"玖"不是那"九",特加斜王,稍示差别,勿再缠夹,把最大帽子"蒋"冠"王"戴是幸!

屁股大王严独鹤

严先生在新闻界的地位，一似梅兰芳之于菊部，顾曲周郎没有不知梅大王的，读报人士没有不知严主笔的报纸副刊——毕依虹赐嘉名曰"屁股"。严先生却以编辑屁股（《新闻报·快活林》）登龙，名满全国，称霸报坛。无论识与不识，一经提起严独鹤，真哪个不知，谁人不晓。找遍报坛，享名之盛《申报》"自由之鹃"（现挂《春秋》栏名誉编辑之周瘦鹃）与总主笔李浩然也没严氏之熟习，大众周知也。

先生浙江桐乡人，广方言馆高才生，中西文学均具根底。民国三年，被罗致入新闻报馆，辟《快活林》栏，专编副刊。当时报屁股一本正经，不刊诗古文词便载风月文章、常识短篇，枯寂沉闷。严先生新硎初试，主持副刊，题名便取《水浒传》中"快活林"三字，已见风趣卓异了！正牌挂出，每日"谈话"开锣戏，一似名伶压轴，生旦净丑，五音联弹①，精彩纷呈，叫座魔力获意想不到之效力！读报者打开报纸披阅，急找屁股上第一篇《谈话》，看他老先生有何高见，什么奇妙譬喻，麻将赌经如何设局。生花妙笔，写成屁股文学。同道效颦，二十余年来，副刊"谈话""闲话""小言"第一篇文学，为编者应有之义（义务也），推源其始，严先生开山祖师咧！

先生手捧金饭碗，"报纸造英雄，屁股交鸿运"，名满报坛，身价当然如登龙门十倍了，待人接物处处慎重。先生天性谨愿，好好先生典型。钻进新闻圈，一举成名天下闻，当然知足。对外交际八面玲珑，服务《新闻报》近三十年，宾主相得，同事尊敬，友朋爱戴。立身处世像严先生般，真到处欢迎，"满堂红"人物，争取订交，从无仇怨，何怪紫膛脸皮笑眯眯的，和蔼可亲。

---

① 五音联弹又称五音连弹、双琴换手，由梅花大鼓伴奏乐师的演奏发展而来，由四人演奏五件乐器，每人双手同时演奏两种乐器，分别演奏邻座乐师的乐器，联合演奏一曲，再由梅花大鼓演员搭配击鼓，并引吭高歌，称为"五音联弹"，通常被安排在杂耍演出中的后段重头戏。

目今年过半百,短短个子,胖胖身材,两鬓白发,映着神旺血充尊容,宛似不倒翁。笑口常开又如弥勒佛,先生职业地位真的"不倒翁"也。任事《新闻报》一帆风顺,由副刊而本埠编辑、电讯编辑、副总主笔,一身三要,《新闻报》第一根台柱。求之报人中,像严先生般交长生运常盈无亏的,唯氏一人,别无第二。以视投机分子、势利小人借报人作敲门砖,从文士之"士"到仕农工商之"仕",京兆五日,不少飞蛾扑火,亡身丧命。严先生知足常乐,人生观确足自傲呢。

先生行文深入浅出,一篇《谈话》如白居易诗"老妪都解",工商业小伙计略识"之乎",对于自命前进作家编辑的"新屁股""普罗文学""民族文艺""象牙之塔文学"的"吗呢吧""桀格搓桠"欧化白话文,"山东人吃麦冬,一懂勿懂"。还是礼拜六派严先生平铺直叙谈话如啖谏果①,读之津津有味哩。先生了解读者会嗜痂成癖,爱不辞落伍,任令新文学家狗血喷头大骂特

《红杂志》1922年第1卷第1期创刊号封面。　《红玫瑰》1924年第1卷第1期创刊号封面。

---

① 谏果,橄榄的别名。

骂，他老人家如坐城楼观山景之诸葛亮，纶巾羽扇，好整以暇，始终弹着故调作风下，隐居礼拜六派祭酒。

民八"五四"潮流后，上海小说杂志风起云涌，氏受世界书局之聘，担任《红杂志》《红玫瑰》主任编辑，吴门星社小说家为其干部。一支劲旅，阵容堂皇，红且发紫。迄今看似风流云散，诸位老作家文字讨生活，地位不恶，先生为成功者中的盟主领袖，确居"双料大王"荣衔，屁股之王（报纸编辑）、小说（鸳鸯蝴蝶小说作家）之王哩！

严先生面孔红彤彤，隆准鼻尖红上加红，有些"通红老头子"丹翁卖相，尊容暗合尊名"鹤顶"，固是朱红也！小子某次在宴会席间问过先生，一番雅谑的结果更获意想不到之答案。据说广方言馆时期也是白面书生，即进《新闻报》起始五六年亦面不改色，依旧白净，直俟知名社会，宴饮无虚夕，每日傍晚到馆，办公桌上请柬至少二三份，星期六日更超过十余份。先生变成社交明星、宴会甘草，公和宴集，座无先生不欢，做东道主的以请到"快活之鹤"为荣为幸，众望所归。好好先生乃成天吃星，古人走马看花，先生却走马吃酒，章台、西菜社、各帮菜馆，足踪迨遍。那时倚虹楼几步扶梯、全家福几号房间（某号坐落哪里？）闭目可数，摸索无误，吃十方的和尚，礼让大编辑"吃十一方"，甘拜下风。

走马吃酒的结果，白兰地涓涓进口，花雕杯杯灌肠，脸泛桃花，常呈醉意，白面书生给酒气熏染，白里泛红，渐成红彤彤了！鼻尖酒刺丛生，更成赤鼻，满脸全红，红且发紫！象征先生文名日著，红遍骚坛，主辑《快活林》《红杂志》《红玫瑰》，鸳鸯蝴蝶派祭酒，舍我其谁？因此面红鼻紫与先生名红誉（声誉也）紫，互为表里，实具连索性。文坛登龙别术，章克标仁兄对此旨酒

严独鹤，此照为私人收藏。

发祥,梦想不到特别领盆①。

说起饮食微逐,先生做了多少年天吃星,兼任狼虎会盟主,每届叙餐大吃特吃,"照镜子"精光大吉!岂知乐极悲生,五脏殿酝酿内乱,酒肉过度的关系,肠胃反抗,一场胃病来势凶猛,险险乎丢掉性命,为食捐躯,殒命"大菜盆子"不幸呜呼,岂非冤哉枉也乎?先生自经这场险风波,忙遵医嘱,口部戒严,居家疗养日余。后健到馆,同事相见,恍如隔世。音容憔悴,红光褪去,酒刺隐迹,枯黄瘟瘦。顾影自怜,恨恨病从口入!当下书铭座右约法三章,对外界请柬递来,一一扯碎,丢进纸篓里,从此谢绝宴饮,虽知好也不赴宴。肠胃减轻工作,饮食节制有道。先生胃病自经那次以后,果然正本清源,"南人不复叛矣",迄今没有复发。近年弛禁,又稍稍调施社会,出现樽前筵畔,应知好邀约赴必要宴会。不过,无复病前狼吞虎嚼雄概,小吃即止,稍坐便去,勿饮过量之酒。曾经性命交关,自然浅尝即止了。

民十二,先生德配张夫人仙逝,文人善感,天赋多情,哭之恸,念十七八载夫妻情深,伉俪厚爱,遂萌灰色念头,誓言殉妇做"节夫",不再续弦,独身终世了。当时信念极坚,知友近亲纷纷劝解,动不了一片贞心。像他这般红报人,名媛闺秀欲嫁才郎者大有人在。读《快活林·谈话》,惊悉悼亡,有某某等十余女士,齐相单相思,纷投情书,历述颠倒之诚,主旨愿侍箕帚,请求约期面晤,共商婚事之进行。先生哀毁逾恒,剖读毛遂自荐式情书,只有啼的份儿,笑不出来。凭她附来照片,影里真真,呼之欲出。可是在他眼光内,色即是空,辜负美意,一封封付诸丙丁②,勿理勿睬。

介弟荫武大律师目击老大哥如此这般情状,真的雅篆成识,独鹤不变,折翼鸳鸯,决不配对。严律师是智多星,二百十六磅大块头,肚里大有计较,眉头一皱,计上心来。当下不动声色,仍做劝解的样子,拉了老哥出入花丛,告诉他别苦坏身子,事业为重。

走马章台,看花遣兴,得逍遥处且逍遥罢。现夫人雪儿,常年长三清倌人也。樽酒筵前,彼此邂逅,姻缘注定,互相倾心。严律师轧出苗头,老大哥着了道了。当下悤愚馆中蒋剑候、余空我两君,出任冰人,鹤雪姻缘,完美演

---

① "领盆"为上海俗语,即"领教"之意。亦引申为"服帖"之意。"弗领盆"即"不领教""不服帖"之意。
② 古人以天干配五行,丙丁属火,故借以指火,意为"阅后即焚"。

丁悚贺严独鹤新婚所作之画,刊载于《神州画报》1918年1月卷。

出。婚讯传闻,艺人韵事,多情善感的严先生毕竟不是柳下惠。出入绮丛,郎坠情网。严律师摆布美人计,独鹤不独,孤鸾成双。雪夫人温文美淑,持家有道,相夫有方,结婚十余年来,伉俪相得,家庭空气无限甜蜜。春风满面的鹤先生,悼亡时期一度罩上"斐司开登"①面具的,瞬息破涕为笑,又如"劳莱哈台"②了!

名士美人,自古相称,先生纳雪儿"小星"替月后,闺房之乐乐融融,报人生活反常,先生整夜在馆主持编辑事宜,老爷车(粪车)出动,才衔晨风赋归。夫人虚席以待,汽油炉上炖就点心,今天糖莲子,明天燕窝粥,后天白木耳……菜单逐晨更换,每星期轮流,如此体贴,善调羹汤。殊使丈夫子拜倒床头,莫名慰藉有妻万事足。

先生虽是社交达人,但生活简朴,衣着随便,不专修饰。西文颇具根底,译读会话均佳,而从未穿着西装,对中装马褂亦在打倒之列。常穿咖啡或青灰色长袍,质料哔叽、华达呢居多。近年实行服出国货,向"章华"剪料。先

---

① 斐司·开登(Buster Keaton)为当时的电影冷面派明星。
② 劳莱和哈台为美国的两位电影滑稽明星。

生对于国产丝绸"称无缘"，××绸，××葛，××缎，花团锦簇，不着惯的，常如新郎般彩丽夺目，站在人前，手足都没摆处了。赤冠白羽的鹤本是圣洁的，暗合先生癖性呢。

讲得嗜好，周旋大染缸的上海社会，吃十一方"屁股大王"，处处欢迎，人人敬佩。接触最多，没有一样没有见到吃到，可是烟酒赌诸项都不着魔沾染上瘾，别说鸦片不会抽，便是纸烟也只点缀门面，吞吐消遣而已。至于酒，胃病未爆发前尚算宏量，自从五脏戒严后，连饮食都节制，酒更涓滴勿入口了。至于赌，因先生常在《谈话》里拿麻将牌喻时局，三缺一、三百和勒子、东南西北板风庄、中发白暗杠说来头头是道，一般人乃认严独鹤是老麻将。不差公余之暇，居家休息，手痒痒地叉脱八圈，每月有五六次玩弄。可是先生牌艺平庸，久战沙场老将，岂知逢赌必输，难得反赢。因此，不敢叉大麻将，至多幺二洋钿，过此敬谢不敏了！

"吃十一方"的新闻记者，三日一请客，五日一大宴，吃福无量。严先生般"屁股大王"，拥有宣传地盘，除吃之外更有"赠"。府上常如逢年过节，时有不速客访问上门，提携货品，附函表明"敝厂××新出品，望祈笑纳，敬乞指扬，真名企幸"云云。来人丢下便跑了，严欲却之，退予谁呢？只得收下。明天在屁股缝中致谢交代，终算两讫。先生寓所乃成工商新出品荟子间，有的市上没有发售，已见诸严府了（这是工商界借重大主笔代做义务广告的笼络术，报人中稍知名之士莫不享此意外便宜，却之何从，并非严先生一人如此，只"大王"资格收到更多罢了！严先生切勿误会，小子据事报道，此种一厢情愿之馈赠，无损于清高人格、巍巍盛名也）。

"一·二八"第一次淞沪战争，三月后，本埠新闻界恢复常规出版，小别三月之《快活林》改名《新园林》，老店新开，刮目相看，先生编辑方针、谈话作风亦维新了。快活过度，乐极悲生，变成"心酸林"（《新园林》之谐音），"屁股"沧桑笑而啼呢。

先生奖掖后进不遗余力，"一·二八"后感到厌倦，乃识拔周鸡晨、废厂、刘春华等青年作家助理辑务，甚至有时《谈话》亦命他们疱代。本届"八一三"，刺激更深，对副刊关系更疏远了，大有功成身退，自居元老之意。

张恨水与先生相逢萍水（民十八，沪上五大日报组东北视察团，归程过平，当地新闻界招待席上相识，后托钱芥尘介绍其作品，《故都春梦录》要求赐刊《快活林》，先生卖芥老面子，破格采刊北地作家小说，改名《啼笑因缘》，获意想不到之盛名),恨水不恨,借鹤汲引,得《快活林》地盘,时鹤适英雄,《啼笑因缘》洛阳纸贵。推源其始,先生实为识拔恨水功臣,幸遇之感,恨水迄今睡梦里都笑嘻嘻呢。

好了!琐琐屑屑,谈了先生不少外史了,就此结束罢。最后告诉诸位,现在先生创办大经中学,剪刀糨糊余暇重执教鞭,当今年头致力树人事业,实具深意。这几天雅兴高举,与老书师钱病鹤合作扇面,双鹤书画,允称双绝。仰慕先生文采风流者不知多少人,墨宝有价,定件者当然户限欲穿,这几天写扇,手酸腕麻哩。

严独鹤全家照,收藏于中国近代影像资料数据库。

平肩大王蔡钓徒

（题外声明）笔者与蔡公同乡同学且是同事（彼手创之《龙报》《社会晚报》均曾助理主持一部分职务），三同关系，当然密切了！因是友好读本篇《报人外史》后，争相诘问："蔡公，报界怪杰也！惨死年半矣，哑谜半解，迄今为问题人物。足下撰《报人外史》，蔡公生平，大好资料，以你俩之过去，传蔡公者非君莫属。亟望足下为报人作记，先以蔡公外史飨我等，俾餍众望，即祈执笔语来……"笔者闻语唯唯。须知不即介绍蔡公者，非不为也，盖不忍也！捉笔思索，血淋淋一颗故人首级涌现眼前，浑身三万六千根毫毛为之站班！死状之惨，非特破报人记录，即论一般社会亦属罕见。笔者去春在台拉斯脱路①法公董局小病房中目睹滚瓜头颅登放花岗石剖尸台，如一座座石膏像。蔡公"钓"人之"徒"反被别人钓去，独占鳌头。尸身无着，离妻徐美云女士具领。怀抱至对面上海殡仪馆棺殓，经一番美容化装，死出风头，蔡头又独占据巨棺！（人体用稻草扎成，外裹白洋布）呜呼惨哉，活跃报坛之蔡公，盖棺论定。情状如斯，不堪回首。笔调幽默，设为蔡公作纪，三句不离本行。依然寓沉痛于诙谐，不知者，定将罪我！"玖君忍心人也，对故友故主之蔡公，尚吃得落死人豆腐，真辣手辣笔焉。"有此顾忌，不忍写，更勿愿写啦。

蔡公，怪杰也。惨死，怪事也，帮凶被逮，供述惨死经过，历历如绘。十月前，本埠各报均载，读者对蔡公印象深刻，决不健忘，更毋庸笔者之白头宫女，闲话玄宗也。

唯一理由，此时此地"蔡案"全貌未许和盘托出。笔者自维护蔡公之时机未至，兹为报人作史，且抱"死的让他死去吧"主义，丢下一边。下回分解。讵意读者心理，适相参商亟欲照知死者生平，责笔者提前介绍。"身后是非欲晓得，岛人齐问蔡噱头？"（蔡公之头也）无已，姑允众请，现在来叙述故友故主

---

① 台拉斯脱路即今日的太原路。

之蔡公外史吧。惟乞鉴谅的关于蔡公血腥惨史暂时从略,笔者早说不忍写,事实上亦不许写也。

声明一过,正文开篇,标题"平肩大王",这头衔的出处读者或许觉得奇特吧?但请顾名思义便知名副其实了。评话家放噱头称"刽子手拿手好戏,一刀砍平,头与颈脱离开来,颈口皮肉立时紧缩成钱孔般窟洞(沪谚'杀了一个人,铜钱般疤'据此而云也),刹那张弛,颈血溅,尸身仆倒矣",古幽默家乃锡名曰"一字平肩王"。笔者因叙报人"××大王""××大王"排行整齐起见,故亦奉"无头将军"之蔡公为"平肩大王"。呜呼,大王而名平肩,生面果然别开,第身受者临死时之痛苦为何如耶?笔者书此四字,不觉手颤心酸静默三分钟,向故友故主之蔡公致最沉痛之悼念,公当有灵,幸勿误会,生者开"平肩"玩笑,以"大王"辱,读我文者,亦谓共喻孤诣。

却说蔡公讳钓徒,乳名安福,简呼安宝,浦东上海县第五区陈家行人也。先世籍浦东川沙县蔡家路口,至公之先生王□,乔迁至斯,父业农商,克勤克俭,孑然一身来陈行,经二十寒暑之佣工于人,自设商肆,得成家立业。原配闵夫人,不育早卒,螟蛉邻里子弟为嗣,讵意续娶张氏夫人,一索得男。

呱呱坠地,啼声洪亮。戚友许为跨灶,即子公也。公天性聪慧,自幼跳跃如脱缰野马,常殴击邻儿。聚集游戏,必居领袖,率众成伍,操练田野间,俨然一旅之师。公削竹刀竹枪,发号施令,分同游者为两队,相互冲突,头破血流始已。公常获胜,附近三里内儿童畏之如虎,奉为大王。"安福"亦成"派"也。

七龄送入乡里第一小学启蒙。校长恶其野孩子习性,时施夏楚[①],不改倔强故态。四年卒业,升学三林陈行杨思三乡公立高等小学。校设三林,介陈行、杨思之间,距家九里。食宿校中,无父母管束,更顽皮善闹。没有毕业,转学闵行乙种农业学校。公读书,抱醉翁之意,农业岂其志愿?所以负笈来此者,慕闵行为本邑首镇,有"小上海"之称,市尘鼎盛,街巷纵横,不若故里之单纯清寂。闵行距家水程四十里,公星期六日假托回乡,实则匿迹当地与里巷无赖游,借地头蛇指引,涉足私门头花烟间。年华弱冠,莘莘学子,竟作狭邪游,与花烟女子金凤打得火热,晚间踰校垣出外幽会。浪漫行动,校方查

---

① "夏"读jiǎ,同"槚";"楚",荆条。《礼记·学记》中有"夏楚二物,收其威也"。"夏楚"即教鞭。

悉,谓孺子不可教也,立即牌示除名。公无颜见浦东(闵行在浦西)父老,悄然走沪。茫茫世途,渺小之腐化学生,何处可插足?哪里是归宿?盲人瞎摸,乱钻乱撞开始流浪海上了。

公到沪在民国十一年江浙战争那时候,上海小报盛行,公于国文稍具功底,一筹莫展,投稿《新》《申》两报屁股,月入浅浅稿费,如何可度生活呢?便向旅沪同乡亲戚处告贷百十元资金创刊《礼拜六》三日刊。自知写稿勿克媲美他人,乃拉现任《社会日报》主编之小型报红人陈听潮(灵犀)为编辑。这时的陈听潮,在杨树浦一家押当里学生意,毛锥处囊①,脱愿未出,性好文艺,业余之暇,写稿四投。王钝根主编之《礼拜六》杂志、周瘦鹃主编之《半月》《紫罗兰》,均有片段小品发表。《福尔摩斯》创刊,陈亦投稿,并走访主编吴微雨、农花昆仲,暨胡雄飞、姚吉光二老板,当时的福尔摩斯报馆(六马路跑马厅口,远东饭店侧首),同文济济,今日知名报坛诸君均属当年座上客,常日流连者也。陈君洵洵儒雅,极得吴氏昆仲青睐。蔡公更具慧眼,识得隽才,在《福尔摩斯》数面后,一见如故,即引臂助,委任辑务。蔡办《礼拜六》三日刊,不同田寄痕《礼拜六》周刊新闻为主,专好揭发社会隐秘。蔡、陈都是初生犊儿,不知世途利害。十三期上披露了暨南某名媛一则艳秘,描写得太淋漓尽致了。当时西门的破靴党是赫赫有名的乡绅,阅报赫然震怒,何方小子敢来老虎头上拍苍蝇!见报址"西门林荫路惇信里七号",哈哈!刚好在本人势力圈中,不须多费手续,当下一个电话打给淞沪警察厅长徐国梁,立布二区(西门)署长按址拘人。蔡公与文友"倡门才子"俞逸芬,高卧陇中,祸事飞来。

《龙报》1928年1月23日报头。

---

① 毛锥处囊:比喻怀才尚未显露。

亭子间门铃破，双双就缚，抓小鸡般捉将官里去呵！俞君到了二区署里询明无关系释放，蔡公则被递解道台衙门总局司法科收押。这桩公案，为蔡公办报吃官司之始，挽人疏通，拘留十二日才释放，报却禁止发行了。休息半年后，髀肉复生乃创《龙报》三日刊。那年戊戌肖龙，故名"龙报"。不意蔡公真由此登龙，日渐知名了！

《龙报》出版，蜀人张大千题眉，"通红老头子"丹翁"打油"（诗也）！蔡公拉稿本领，面皮老头尖（善钻）脚快（善跑）胜人一筹，因是名作如林，内容精彩，在当时小报界中足当后起之秀！

蔡公个性，吹牛拍马两俱擅长，捐了《龙报》主干头衔，有会必到，无宴不临。周旋社交场中，发现地位高兜得转的"亨"字号人物，他便心照不宣，竭力趋奉，几句浦东牛皮吹得"顶括括无盖罩"！小报是捧伶人、捧明星、捧闻人的播音台，蔡公创办《龙报》自备利器后，更得其所哉！不晤面则已，晤面了后，下期的《龙报》上，保证有你的大名登出。当场索得照片的，更改版介绍哩！蔡公登龙术的初步，即利用此种标榜手段、吹牛技巧，名伶、明星、闻人三大目标，鞠躬尽瘁，精诚所至，金石为开。一般人提起蔡钓徒，皆曰："忠心耿耿，孺子可教也！"

蔡公耐劳忍苦，流浪海上，厕身小报界初期，常在"孵豆芽"窘境中，寄居城内邑庙董事会（北区救火会楼上），原来上海城隍秦裕伯（护海公，元末进士，明初隐宦）是贵同乡（浦东陈行乡裕伯题桥人氏），现任董事会常务董事、上海缙绅秦锡田（砚畦，陈行世家，与弟介假，江南乡试，兄弟同榜，有系逊清光绪科举时代），蔡公称呼"老伯"，有此一段香火因缘与忘年交谊才得下榻。无孔不入之蔡公利用这里现成地盘，创办新民通讯社，自任社长。

说起新民社，本篇外史的外史哩。通讯社在上海，本属"大小由之"的滑头事业，过去如太平洋、大中、国闻及目今的新声、华东，确曾轰轰烈烈干过一番伟绩。每日发稿，采访新闻，各报重用。至于新民社呢，蔡公独角戏，与《龙报》拼档的双宝，完全抱出风头主义，名刺上多一行头衔而已。初创时三六九稿，后来竟徒存名义，遇有作用新闻才发一次稿，以达某种宣传目的。因此，知道蔡公神通者，看了他《龙报》三日刊主干、新民通讯社社长双料头衔，发出会心微笑（蔡公社长头衔保存至死，名片上始终有此一行也）。

文字贾祸，古已有之，于今为烈。报人吃官司家常便饭，大有与二十年前上海白相人一般气概，吃官司响一回，蔡公便是庸中佼佼铁中铮铮者，数度

"跌囚牢"之硬好汉也!除前记办《礼拜六》三日刊开罪西门破靴党,羁押淞沪警察厅十二日,开生平第一次吃官司外,《龙报》出版又因记载失实,律师信雪片飞来,事主怂恿白相人登门造访大打出手,与"讲斤头"①更计数勿清。蔡公成为众矢之的,日在惊涛骇浪中。初时浦东小阿弟涉世尚浅,受吓不起,碰碰叫饶求恕,后来资格逐渐老练,识透门槛解数,熟悉特殊社会人物"红眉绿眼睛",见多识广,不再"狗屁倒灶",也"赵子龙满身是胆"跷起大拇指,拍拍胸脯有种气了!

蔡公又有一特长,今日怨家,明天可成亲家,实践"不打不成相识"。《龙报》时期不知发生多少风波,领略若干苦头,他却达观处置,泰然应付,以子之矛攻子之盾,得悉某大亨欲收拾他了,便送上门去,负荆请罪,服膺"身子不是租来,爷娘下的本钱,听凭处治好了"。这苦肉计很灵验,一般人嘉许漂亮,刮目相看,引为良友。一朝生,两朝熟,蔡公得此门路后,常往走动,一般人见他×公馆中蹀进蹀出,亦刮目相看。"蔡钓徒真的挖儿②透顶,兜得转!"他成文字白相人,以一个"空子"居然朝秦暮楚拜先生,一方面借作幌子广收门徒,尊讳"钓徒",直到呜呼哀哉止,共被"钓"上门"徒"四五百名呢!

蔡公登龙采上述旁门左道接近白相大亨外,吃官司吃红亦是意想不到者。《龙报》第三阶段二年半中,文字贾祸,共吃四次官司。一二三次会审公厅罚款,无力缴纳而折抵徒刑,尚称平凡;第四次给警备司令杨虎手谕活捉,关进龙华

新近就职之上海警备司令杨虎,刊载于《图画时报》1927年第370期。

---

① "讲斤头"为沪语,意为"谈判,讨价还价"。
② "挖儿"即"花头",意为"手段"。

司令部最是危险！当时上海报人之被捉者,尚有《密勒氏评论报》谢复生,同因文字获咎,杨司令赫然震怒。倘非各方营救得力,蔡、谢均有判决可能,蔡公不待十二年后作上海人头惨案主角,早毕命西炮台改尝卫生丸滋味了!

蔡公警备司令部释放出来,向人夸耀曰:"我蔡钧徒吃官司,味道甜酸苦辣都尝到,北至提篮桥,南迄马斯南路①龙华,上海范围,只漕河泾尚未光顾,美中不足呢……"言下大有地方法院未经束请(拘票)驾临,算不得四天大王为憾?报人中吃官司资格允推蔡公独老,意想不到结果死状之惨,亦远驾邵飘萍、林白水、刘煜生诸君子而上之。蔡公岂真命里注定"萧王相"(被韩信月下追至走投无路之秦相萧何,发明六律者也)钻在屁股里耶?

蔡公恢复自由后,收拾报务,回浦东老家(陈家行)休养三月,不耐寂寞,再来沪活动,有鉴办报之顶了石臼做戏,吃力不讨好!个性鲁莽,笔下失检,常闯穷祸,特一法院积压蔡钧徒拘票至十数张之多,警务处人员一接拘票,见票上有名又是此君,人人头痛,个个皱眉,私谥"浦东大亨",厌烦蔡公之不怕吃官司,碰碰起风波也!

蔡氏吃官司吃出味道,恶名传千里,各界传闻,报章竞载后,无形造成他特殊地位,"不打不成相识"!一再走门路,托疏通,胆大老面皮之蔡公得其所哉,乃以文字白相人姿态出现,日常出入闻人之门,八仙桥②、华格臬路③常见他的足迹。君好绷场面,自任小报馆老板,即向泰昌、润大等车行记账购置自备包车。《龙报》关门一度乡居,重新来沪后,旧包车擦新,依然招摇过市。日常无事,奔走亨字号人物公馆,毛遂自荐,讨办宣传差使,空头机关的新民通讯社必要时大卖野人头。蔡公长处,受人之托忠人之事,擅交际,善吹牛,不怕呵责,嬉皮笑脸,马屁接连,使你不得不敷衍他。这种牛皮糖功夫,本于兜揽广告有利,现在君神而明之,更移用已结闻人,讵意大亨也吃这一功,阿德哥(虞洽老)对此浦东小阿弟亦许孺子可教而假予词色,哼格佬倌④"多子王"王晓籁被他以票友资格亲近,每夜恭候"中华公"(王氏被他拍得变成徛伲无锡人"江尖渚上团团转"⑤,《中华周报》便委任他主编,这样一来,蔡公名正言

---

① 马斯南路即今日的思南路。
② 八仙桥为黄金荣公馆所在地。
③ 华格臬路即今日宁海西路,为杜月笙公馆所在地。
④ 哼格佬倌指绍兴人,此为绍兴方言。
⑤ 无锡俗谚,传孝子寻母,隔渚而呼,故有此谚。

自左至右：范恒德、虞洽卿、陈永霖、蔡钧徒在宁波中山公园，刊载于《社会画报》1935年第55期。

顺，越发左一个"王先生"右一个"晓籁先生"标榜了）。此外黄老板（锦镛）、张啸林、杜月笙、俞叶封、季云卿、谢葆生、金廷荪诸氏，蔡均钉牢黄包车。杜月笙虽是同乡，共任同乡会理事，可是杜公馆人才济济，左右瞧不起他，杜先生亦不垂青眼而报白眼，因是蔡公死前果然兜得转，惟与杜公是"尔止"的。（"尔止"为白相人切口，即"头痛"，看见了一样事物茄门相也[①]！）

　　蔡公靠了特别交际手腕，挨门进，自端凳，弄得你勿好意思，只得敷衍敷衍。岂知一朝生，两朝热，渐坠彀中，点头朋友渐成熟络了。他具此挖儿占到不少便宜，甚至先前手谕拘禁他的杨司令（虎）也给他在三大亨公馆里轧熟。蔡公文字白相人，一帆风顺，逐渐知名社会后，初顶下律和票房旧址（今虞洽卿路[②]远东饭店对面弄内）组龙社票房，自居社长。以"龙"为名，发源《龙报》。初创时，社员济济，阵容甚盛，他学会了一出《莲花湖》，乖乖不得了！

---

① "茄门相"为沪语，意为"不起劲、没心思、敷衍"。
② 虞洽卿路即今日西藏中路。

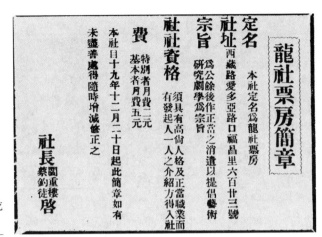

龙社票房简章，刊载于《龙报》1931年2月12日。

多才多艺，又成名票了。亲友堂会总有他这出拿手好戏，饰胜英，头戴英雄帽，身穿花蝴蝶箭衣，内着密扣紧身，足穿薄底靴，俨然枭雄本色，周信芳般沙哑嗓子，青筋红筋，自算卖力。"豁啦啦……"大唱浦东调，戆牛皋神气，使台下相识观众绝倒。

蔡公文字白相人兜得转后，又感到没有传声利器的美中不足了，乃复活《龙报》，旧调重弹。那次复刊是拉一位姓徐的合作，初赁馆址于六马路育仁里，与步林屋《大报》结芳邻，更和周元琪（此君亦海上初期小报红人之一，战前去南京新闻界活动，颇称得手，讵意后成中国藏本，失踪至今，音讯沉沉，莫名生死存亡也）主编之《上海花》报馆同室办事。笔者加入《龙报》编辑，亦在斯时。特约撰述王天恨、张梦熊两大台柱，每期缴三四篇。编辑方面蔡公居名誉，实际上笔者一人在唱独手戏。是时笔者自办《情潮》《智识》二小报，暨大陆通讯社。《龙报》虽为三日刊，但因一手包办关系，终于忙不过来，迫于同乡同学之情，重辞不掉，勉维三月后，留书案头，不别而行，勿辞而自辞。当时蔡君对我一厢情愿辞职甩他在半路上颇存芥蒂，经数年后，印象渐泯，才告友好如初。《龙报》在笔者脱离后一日，又因故停刊。

报海深沉，不脱书生本色，不过文人能弃毛锥而故途易辙，则说也奇怪，名利双收事业成功者居十之八九，彰明较著如天虚我生（陈蝶仙、小蝶父子）之于家庭工业社；郑正秋、周剑英之于明星影片公司；吴灵园之于大喜公司（现任《时报》经理，毕倚虹时期同任编辑），战前去杭州创百货公司，从小规模之《一朵花》而《礼拜六》而大喜，有杭州百货业大王盛誉；曹梦渔之于华

《智识》报1930年4月16日。

达药行（出售狮力牌牛肉汁获巨利）；平襟亚之于中央书店；余大雄之久大茶号……天性活动有缝必钻之蔡钓徒，"财"最所欲也。遇有名利事业，钻谋惟恐不及。爰在"一·二八"前曾盘下海宁路四卡子桥塊奥飞姆影院为"光明大戏院"，开映中西老爷片外，专雇神秘路（北四路靶子路）流浪白俄妇女大跳草裙舞，表演曲线美。外国模特儿野人头当然噱天噱地，血汤血底①。氏与"精神团"易方朔、张治儿友好，轮流登台，号召力亦强大，上座不差。后来创办《社会晚报》时期又在西门设开西门印度咖喱饭店（结果营业不振，三月即结束）。蔡公数度经商，虽未达成功地步，然已足称长袖善舞者了。

且说民国十六年，革命前夜，杨虎、陈群分掌上海军政黄金时代，南市、闸北武装同志满街乱走，招摇过市，草绿色中山装、武装带、皮绑腿，神气活现！（尤其几位剪发女同志，鸭尾股卷发，斜戴军帽，扑朔迷离，莫辨雌雄，当年红颜不愿雌伏，共效于飞，景象不下这年头儿花木兰热也！）任何人眼里看了艳羡，亦拟脱却长衫换戎装。各军师在沪招考宣传员，大中学生男女职业青年（甚至三家村老学究、流浪街头拆字先生）纷纷应试，大同大学等考场满坑满谷，每场千百人，足见一时风气了。

笔者这时弱冠之年，亦受时代潮流冲动而投笔从戎，由二十六军（周凤岐）军官教育团转入总司令部宪兵团，蔡公挖儿十足，噱头结棍②，社交场中看风使舵，专结识党政军人物。语云"天下无难事，只怕有心人"，报坛知名士更富号召力，蔡公经人介绍，于十四军军长曹万顺部下杜师长起云委为少校参

---

① "血汤血底"为上海俗语，"血"同"噱"，指噱头混足。
② "结棍"为沪语，意为"厉害"。

议,赴江北履新之闻。当然啰,由御用宣传机关的新民通讯社发出,各报主笔接获这段蔡钧徒真的登龙消息,莫不代为庆幸,捧场起见,对这起身炮照刊如仪。不过蔡参议始终躲在远东饭店里,一再展缓行期,参与戎幕,运筹帷幄,却参与帐幕,运筹床笫(夜夜元宵,征试选色,官架子搭得十足也)!蔡参议何以迟迟其行呢?原来杜氏幕客中有人探知蔡君浪漫史,认为不合官格,杜师长拍电到上海来调查蔡氏履历。可怜之极,农业学校开除生哪里开得出学历呢?挖儿透顶之蔡公乃临时抱佛脚,利用上海滑头学校多如春笋机会,文凭成商品般买卖早成公开秘密了,蔡氏交游中不乏滑头大中学校长,乃开特别快车,向江南学院走门路。叶开鑫办学本来官僚化,蔡公运用神通破法清币百元,江南学院政治经济系毕业文凭便弄到手了。

　　本篇《报人外史》专纪海上新闻界旧雨新知,出身经历、言行轶事,完全善意的描写、趣味化的渲染,秉笔果然直书,终是隐恶扬善。小子滥竽大小报通讯社十年,了无善状,聊堪私慰者,不有怨嫌,相知有素,情谊契合,故敢保证顾次介绍之人物不分卢前王后,不拘生死存亡,"拉在篮里便是菜"。凡稍知名报坛者,想着一个写一个,心如白纸,决无意气存其间。兹继严独鹤先生之蔡公钧徒,小子因彼地位比较特殊,故在未入正文之前先行声明"不忍写不许写而又不得不写"之衷曲,当荷知我者共鉴矣!讵意昨日蔡公族兄锡钧先生来馆访晤,对其弟惨死至今耿耿,爱嘱不要在报上宣扬其事云云,手足情深,如此关切,无任感佩。第小子与蔡公同乡同学而又同事,任职《社晚》,宾主相得,遇我极厚,故今日悼念之情一似锡钧先生之痛其弟也,决无忍心吃人豆腐之理。字里行间,或有堪供戏噱之处,则蔡公生前根本一怪杰也。报人能获十年奋斗,独创晚报,汽车代步,与豪商富贾争雄,真出人头地,少有之成功人已。所憾英才不寿,锋芒太露,引起误会,致遭杀身横祸。知公者莫不叹息。现在所纪,忆述当年,状其匹马单枪登龙过程,足供后生借镜,青年模范。敬希读者暨蔡公家属共喻孤诣,勿生误会。须知小子寓沉痛于诙谐笔调,实有不得已之苦衷,真沪谚所谓

蔡钧徒之道歉公告,刊载于《申报》1932年2月18日。

"哭勿出来之笑也"。特此再行声明。蔡公有灵，亦鉴我心。"三同关系之玖君状我生平，决不吃豆腐，正可借他纪述昭示社会，俾知咱蔡钧徒何等辛苦奋斗？如何为办报而殉身？掷去头颅，果然无限凄惨，但磊落史绩大众周知，尚堪瞑目，稍吐胸头冤气也！"

却说蔡公弄到了一张江南学院政治经济系文凭后，如虎添翼，顿时摆出学士面目，向江北司令部呈报。十四军杜师长笃念友情，有鉴他钻营苦辛，报纸宣传消息均载了，不到任履新，如何下台呢？乃回电报可，召他前往。蔡公接电欣然，摒挡早已就绪，第二天马上起程，大达码头登轮，先到张状元（謇）珂里南通，再转高邮防次访杜师长，谒曹军长。像他这样的活动分子，憨直的军人被他拍得团团转！蔡公挖儿真是透顶，滥竽军部没有二月，官星照命。刚巧军法处长出缺，他托杜师长保荐竟然一步高升，荣任军令森严活阎罗的军法处长了！在沪办报，连吃官司阶下囚，意想不到数年后，夤缘时会，"时来风送滕王阁"，在江北防次高坐大堂，巍峨处长心中得意可知？蔡公十足登龙，八面威风，忙草升任新闻稿，快邮寄沪发表，俾海上故旧、浦东父老欣悉蔡公一帆风顺连升三级，不致僻处江北，自做官自喝道，默默无闻呀！

高邮是产咸蛋著名地方，蔡公到了那里，是否多吃了咸蛋的关系，或是他坐牢狱经验充足的反映，坐堂骂犯人"混账忘八蛋"，有时浦东官话说"混账黄浦滩"，退值骂处员勤务，又炒一碗（同回）荷包蛋，也骂"混账忘八蛋"！左一个七蛋，右一个八蛋。在接任后第二十八天，骂蛋骂出了毛病，军法处人员吃了齐心蛋，一致反抗（犯人闹监，职员总辞），乱子闹大。曹军长眼见这局面，调查明白，曲在处长平日太作威作福（蔡公乳名安福，天然会作福也）致激起驱蔡运动，"曲日军长"却不偏曲，当众怒骂蔡处长"混账忘八蛋"！军队阶级制一木吃一木，蔡公骂他人之语，被人还骂自身，虽然光火，怎奈同一"长"字辈，他是军，咱是处，鹅蛋与鸽蛋之比，只得"张天师被娘打"，有法难施，眼见局面闹翻，还是脚底明白，滚蛋为上。连夜动身，仍从原路溜回上海，开春江旅馆闭门高卧三日，后来又至《福尔摩斯》报馆晤小报同仁。老友还道他衣锦荣归，岂知他老实自白，脱衣（军装）逃归，到产咸蛋地方触霉头，位子勿安稳。

蔡公五日京兆，到高邮去咸蛋走油狼狈回沪后，重为冯妇，依旧办办报，发发稿（即所谓新民通讯社，遇有作用与目的之稿件，才作扬声器也），走走门路,帮帮杂差。文人英雄都是本色,双方兼顾才好左右逢源。在此二三年间,可说蔡公风平浪静水涨船高时期。这样到了"一·二八"前夜,已具小大亨面目了!

战事发生,新闻报道第一需要,上次"一·二八"情形与本届"八一三"大不相同(睡梦里都想不到,本国报纸倒灶,突兴洋商报交运)。战事初兴半月内,街头杂牌号外多如雪片,投机文氓发行滥造谣言,夸张胜利军备,刺激小市民紧张情绪,不值识者一笑也。可是销路广大,成本低微,获利不薄,投机性成的蔡公看了眼红,搬出老牌《龙报》也印行号外向市销售。当时特别起劲,自己挟了四五百份在东方饭店门口喊卖。早说蔡公大胆老面皮,客串报贩活灵活现,他虽非老枪,一条唱惯《莲花湖》的哑嗓子和莲花落行中朋友差不多,因此叫卖起来十分逼真。蔡公活动社会有年,不少人认识他。虞洽卿路上遇见了他,都莫名其蔡钓徒怎的如痴如狂般在叫卖号外呢?莫不停足围观,人人称奇,个个骇怪,把四五百张号外片刻抢光了。大学生愿拉黄包车,社会新闻大书特书,小报老板亲自卖报,求之海上,亦只蔡公一人脚踏实地苦干精神,殊堪钦佩!蔡公去年不死,像他这般努力下去,报务发达,真不得了,了不得咧!

发刊号外大造谣言,蔡公岂能例外?第三号的《龙报》号外,红字标题,新闻曰《吴淞要塞司令邓振铨临阵脱逃!》文中谓邓氏一闻炮声,便夏侯惇(逃也)溜走。可是事后据邓氏声明,本人离防,事诚有之,惟奉上峰电召,往商机密。哪个混账忘八说我临阵脱逃?彻究悉是《龙报》蔡钓徒神经过敏散布的流言,邓氏赫然震怒,侦骑四出欲得蔡氏而甘心,军人难犯,偶不如意,便"妈特皮!老子做死你这个忘八羔子"!蔡公幸经他人递送音讯才躲藏起来,先避其锋,免吃眼前亏。另托接近邓氏大亨代为疏通,化大事为小事,小事为无事。蔡公安逸了三四年,不意发行号外又闹乱子,太岁头上动土,邓振铨脾气躁急,手段厉害,蔡公自知以卵敌石,只得认输,恳求原宥。结果经某大亨居中斡旋,由蔡公刊登封面广告三天。《龙报》蔡钓徒敬向邓司令振铨谢罪!"辉煌告白刊载《新》《申》两报,措辞极尽卑恭能事。更由某大亨拍保请邓司令到他公馆里,介绍蔡钓徒当面向邓司令三鞠躬致敬谢罪(一说排香案叩响头),这条双料道歉才把邓司令愤怒平下来,蔡公碰此钢钉子后,宣誓老虎头上勿再拍苍蝇了。

纵蔡公短短半生(只活三十三岁),唯一成功的事业允推《社会晚报》了。

"一·二八"后，上海夜报潮流突兴，蔡公乃重起炉灶，创刊《社会晚报》，报名与《社会日报》只一字之错，外界很易缠夹，同道中亦有人误会胡雄飞（前《社会日报》老板）有关系，实则该报为氏个人的事业。初创时规模简单，一人唱独脚戏，编辑方面王天恨负重责，事务方面令高徒姚森最吃重。报馆附设望平街东华里南洋广告公司内，一张写字台地位而已，因陋就简，和《龙报》一般无二，只篇幅扩大了。

老实说，《社晚》内容是在水平线下的，蔡公任何方面特别划算，编辑、记者用老友中之落伍角色，薪水不出卅元（×××编新闻，月薪六十元；笔者编附刊，月薪四十元，算是特别优遇了）。外国通讯社稿费贵，摒除不用，附刊投稿没有稿费，试想无米为炊还煮得出好饭食吗？可是有人诧异要问："据你幕中人如此供述，报纸销路怎会逐步上涨，最多竟销二万四千份，在他死的一年半前，报格提高，报誉日隆，营业发达的呢？"

不错，外界应有这疑问，须知《社晚》获斯成绩有下列四大原因：（一）适应上海夜报潮流；（二）偏重社会新闻，迎合中下层读者；（三）蔡公办事精明强干；（四）开支节省，老板亲跑广告，开源有方。试想一张报纸具备了这样四大特色，其发达当然可操左券了。

《社会晚报》发刊第一号，篇幅一张半，到了第五期，终因成本关系而缩去半张，每夜对开一张。当时读者界看过二三期，见内容贫乏，编辑印刷均甚模糊，第一版第一条大字标题，便是本地风光社会新闻，但无《时报》噱头之噱头。专号副刊全部材料剪外埠报补白，蔡公独脚（用脚奔波也）戏办夜报，好划打处，终运用挖儿，比不得别人办晚报一本正经，股份公司筹备充足，自办卷筒机自设排字房。《社会晚报》则始终委托中外（后改组为华东）印刷所代印（临死前一月，承购《大公报》中型卷筒机一部，代价九千元，正在装地轨，预备新春自印了。岂知机未装好，而主人已横死），初期销路有限，盘旋二三千份左右，隔邻《新夜报》（《晨报晚刊》）为唯一劲敌，该报售价最廉（只售铜元一枚），内容精悍有味，印刷精良，《社晚》与较着实逊色。那时一般人估量蔡钧徒挖儿虽透，怎敌潘公展呢？《社晚》谠论与《大晚》《新闻》等夕刊争长，即一纸《新夜报》已压制他抬不起头，寿命决不久长也。

岂知蔡公"一·二八"后交进鸿运，由包车而坐汽车，广收桃李，夫子自道，创办《社晚》，小报文丐跻跻大报老板之林，十年奋斗，获此场面，自己也意想不到，亲友也刮目相看，命运这哑谜虽曰迷信，确有些神奇。蔡公时来运来，发行的《社晚》彰明较著,被《新夜报》吃鳖的,岂知《新夜报》老大哥《晨报》为刺汪案记载失慎,泄露机密。接着财部通令施行法币,晴天霹雳,该报言论有攻击孔部长之处,被人检举最高领袖,赫然震怒,一个电报召潘公展晋京。潘氏为海上党政红员,陈英士系英俊,这次应召谒蒋,自谓有陈德征第二危险。当下硬了头皮到京,暗地乞中央党部中坚陈氏兄弟(果夫、立夫)暨元老派诸耆宿保镖,才面受总座训斥后,幸未派副官招待,屈留军部,软禁看管。潘氏长袖善舞至此,忙以袍袖揩珍珠大额汗了。回沪后,即便召集《晨报》董事会议,报告晋京经过,诸位董事皆海上闻人,看风使舵玲珑朋友,最高当局意志如此,尚何话说?当场公决关门大吉。《晨报》与《新夜报》一双报坛姊妹花香消玉殒矣(编辑同仁曾改名《星夜报》,出版二期又遭当局禁令而昙花一现)。

《晨报》福无双至,祸不单行,"酱里虫酱里死"(国民党新贵所办言论机关竟遭本党领袖禁止)。《社晚》却求之不得,高压劲敌休刊,拔去眼中钉可目空一切派窜头势了。蔡公百倍精神果然灵验,《新夜报》当天停版,《社晚》激增千五百份销路,由此发轫,一帆风顺。中经电影明星阮玲玉自杀案,轰动全埠,蔡公亲自采访,刊载不厌其详,各界先睹为快,争相购阅,《社晚》销路飞升六七千(阮案前后半月内,最盛时曾出一万张大关),广告与销路成正比,《社晚》声誉浸浸日上。十字街头,每日午后四时便闻喊"社会夜报,社会夜报",汇成海上市声,市民群耳熟能详。同业见蔡公如此成功,诚出意外,对时势所造之英雄深致钦佩,叹为新闻界奇迹,唯报坛怪杰之蔡公始有此额角头①。

阮案刺激《社晚》广销,虽即平

潘公展,刊载于《上海中医学院年刊》1936年。

---

① "额角头"为沪语,意为运气极好。

复，但能保持五六千份日常数字心满意足，月获盈利。办报赚钱，谈何容易？现在创刊一年，未曾有何牺牲，却叨《新夜报》休刊之光、阮玲玉自杀之幸，扶壁学步的小阿弟竟日长夜大，特别发育，挺腰突肚，高视阔步，蔡公心花怎不怒放？不过他很具自知之明，抚心自问，检阅内容，本报的成功是侥幸的，既获这机会，欲求持久，百尺竿头更上一步，惟有速自整顿，充实新闻来源，改善编辑手腕，《副刊》《周刊》更须面目一新，不再借重糨糊剪刀，而真仗实货采用外稿。这时笔者刚巧悼亡后，心境恶劣，万念俱灰，去杭游散，侨寓西子三月。三年前新春正月底，生活驱策回沪，蔡公问讯，即来逆旅访晤。谈及报务，谬承不弃，延余进馆，担任副刊《小社会》编辑外，并助他计划整饬质量，发展真正销路。

笔者新闻末卒，于役大小报之经验，虽甚丰富，但区区效劳决不能旋转乾坤。自进《社晚》，报销日增，报格日高者，推其缘故，蔡公努力居其半，潮流烘云托月亦居其半。三年前，上海晚报黄金时代，洋商报发轫之始也。平均每月有一新牌夜报出版，意商《大沪》之后，继有美商《华美》与葡商《生活》及《东南》《上海》等四五家。筹备期间，蔡公风闻，初意"多只蟛蜞坏稞稻"，未来劲敌也，亟与下走商谋竞争对策，免苍头突起新军，打倒业经立足《社晚》已够老牌之铁军（《社会晚报》仿《新闻报》口吻，标语曰"全沪夕刊铁军，销路广大，广告效力宏伟"）。每一新报出版，公坐卧不宁，创刊号送到望平街必亲自旁观其销路，默察报贩态度之冷热与读者公允批判。各报主持者均报坛健将，出版前后，全神贯注极钩心斗角之能事，确以《社晚》为假想敌。讵意《社晚》报运正当步步高升，多一新报非但毫无影响，报销反继长增高，批价向售四厘者，蔡公有见不跌反涨盛况，乃趁机涨价，由四厘半而五厘、六厘最后甚至七厘。涨六厘，报贩零售三铜元，尚有一枚利益（二文大报贩赚去），若涨七厘则出二十文关（二十一文），望平街批价需二文一份。《社晚》虽老牌，增加读者一枚负担，处此时期居奇，不会给新报造机会，销路势受窒碍，全馆同事莫不担心，均不谓然。只蔡公一人独打如意算盘，毅然决然一月内三次涨价。那时鸿运当头，他的如意算盘竟被打通，报销保持七八千记录。遇社会起风头时超一万份，全埠夜报以可居二三位，纸贵洛阳，确堪自傲呢。

"八一三"炮声一响，蔡公始意"呒没办头"，立刻紧缩，篇幅减半，起初一二月销路涨跌不一，多时万二三千，最低至四千份了。蔡公发急，心想如此下山势怎样维持呢？顾问及我，下走献计道："非常时办报，惟有实施非常手段,战事消息首贵灵通,又须不专仰电讯社,避免与他报雷同,能自辟新闻网,揭载特派访员采得唯我有之的消息,始可惊世骇众,只召不看我报者亦非看不可矣,能若是销路,何愁勿涨哉?"

总编辑×××,好好先生也,小心翼翼选刊新闻、撰述社论,"孔夫子卵泡文绉绉",死抱捧了卵泡过石桥主义(此公社论专谈外国政情,隔靴搔痒,避重就轻,算为聪明)。新闻亦十二分审慎,遇有出入者,吃勿杀,宁愿见人登出后补刊。去岁又编《公平日报》,陆连奎暗杀稿送到,他心想像陆连奎般势力,太岁头上谁敢动土,决没有吃豹子胆朋友敢在中央旅社大门口轰击,死不相信,乃讳去陆名,代以某闻人。俟二小时后,他报出版,报贩叫卖"阿要看陆连奎暗杀?身中九枪,当场毙命",方知本人看豁了边。从这一则《报人外史》可见咱家××仁兄的编辑目光,和他所戴二十五年相依为命的一百六十度近视眼镜一般了。蔡公曾锡绰号曰"木关刀",简直上海人俗谚所谓"鬼头关刀"也。呜呼噫嘻!《社晚》竖了这柄木关刀怎能爽利呢?蔡公看勿过,忍勿住,乃与下走约,一份报纸剖为两版,面版新闻由他负责,里版副刊小品委我主持,双管齐下,力求精警。

这样改进后,果见成效,报销重复回涨,尤以国军西撤上海陷成"孤岛"后,报销狂涨出二万五千大关意想不到之销数,蔡公自己也"莫名其卷筒机"。委托《中华日报》代印,出报算得迅速了,报贩仍有迫不及待之势,簇拥大门首,午后即首预约券,甲五百、乙二百、丙一百、丁五十,每天拉铁门,挡住数百名伸手将军(报贩)。蔡公跳上柜台,监督发行,人逢喜事精神爽,报销大出撌头①,力竭声嘶,欣欣然也。那时的蔡老板春风满面,笑口常开,办报达到沸点程度。同业虽多,谁出吾右?自可跷起大拇指说:"唯有阿拉蔡钓徒矣。"岂知天下事月盈易缺,花好易谢,盛极必衰,细加体验,屡试不爽,《社晚》如此亦回光返照。

声明两事:

(一)小子姓王字定九,本来行不更名坐不改姓,怎奈吃文墨饭,多家写稿,避免署名雷同,乃做化身姑娘化了五六个笔名,文人别署唯一拿手,不曰××斋主、××室主、××词客、××主人,即曰××生、××

---

① "撌头"为沪语,意为"风头"。

使者、××公、××徒……雅篆一连串，极风雅之能事。小子自谓一无风头，二无雅骨，故本位出发，从"定"与"九"两字小变戏法，定公、一定定、定、九军、九公、玖君、多九公……十不离九，同文与新旧读者固一望而知也。本报《乱话三千续集》作者虽署"九公"，但尊姓来头大，与阿拉蒋委员长五百年前共一家（蒋叔良先生），兹同社撰述，敝九公恐人误会，蔺相如实不相如，爰于"九"旁加斜王为记，"公"字易"君"作别，讵意仍有指鹿为马，使蒋九功化身之蒋九公，代敝玖君受过，殊抱歉仄，用特声明。

（二）《报人外史》每节介绍一人，使回目整齐，及开山见佛起见，人名之上代加四字头衔，称严独鹤先生"屁股大王"之后，继述蔡钧徒，蔡公报界怪杰也，谥以大王，合身份，第无彰明昭著之名称，乃取义横死惨象而曰"平肩大王"。前次早有声明，不意文友一方①、佩之、叔良诸兄交相指摘"公死已惨，身后不应赐此嘉名调侃"云云。同文指教，小子虚怀接受，惟请谅解者，"平肩大王"，字面看似幽默，实则名副其实也。蔡公真正"捐躯"，尸体莫明其五脏殿，头颅掷现而尸身莫卜，何论识与不识，群致痛惜。小子决非忍人，一再声明《外史》之作毫无吃死人豆腐存心，拟"平肩大王"者，一继"屁股大王"，使回目整齐划一（如下节记《晶报》余大雄，名之曰"四开大王"，四开三日刊小报，民国后上海报坛首创发行人也）；二则表彰蔡公出人头地（屈指报人足当大王盛誉者，寥寥三五入耳），故"平肩大王"为善意的题名，幸勿因"极幽默之能事"乃作恶意的解释，蔡公泉下有灵，当鉴赤忱不嫌唐突，外人缠夹，亦请共喻孤诣，幸勿以忍入目我是幸，紧要声明者二也。

王定久敬白

附启：

蔡公毕竟特出人物，自揭其外史以来，各界注目，交相议论，以辞害意，引起若干误会，殊深遗憾。小子声明一而再再而三，大有愈声愈不明之麻烦。兹蔡公外史结束在即，小子抱"笔下是非谁管得，沿街听说蔡钧徒"！今后勿再声明，黑笔落在白纸上，事实胜雄辩，说我忍心者，读毕全文，当知寓沉痛于幽默，血泪斑斑，玖君岂忍心哉？嬉皮笑脸，实具不得已之苦衷焉。

---

① 即卢溢芳,笔名一方。

现在掉转笔锋,来谈谈蔡公的私生活罢。

蔡公年事虽轻,尝遍甜酸苦辣辛社会味,老于处世,洞烛金钱万能人情势力,因是对金钱十二分看重。他常坦白说:"阿拉眼睛里只有钞票,铜钱不吃亏,其他均可马虎。"他角逐社交场,处处戴了假面具周旋,使出挖儿利用他人。譬如堂子请客,避重就轻,拉有血朋友、小开牌头绷足场面,自己名虽主人,岂知霉气朋友,实惠乃自己(当天的现钱藏入腰包另派用场,钱给本家一纸支票)。又如到跳舞场去,人头熟,兜得转,舞女"久仰大名",大阿哥资格搂抱偕舞,较花舞票报效的舞客体贴温存。他巡礼各舞场,左右逢源,不烦破钞分文也。

因此,常自夸说:"迭两个勿吹牛皮,六路圆路①,任何场所兜得转,带了铜钱白相,三岁小孩也会,这还算大亨吗?"《龙报》时期,"毕的生司"②尚可目为遁词饰穷,《社晚》前二年坐汽车起,"麦克麦克"③了,故态依然,两袖清风(蔡公从未用过皮夹,洋信封里累累名片之间难得夹上几张法币,回寓后,藏入银箱,化零为整,满数送存银行),足证他个性如此,拆穿西洋镜,理财有道,刮皮透顶,新闻记者吃十方著名,蔡公多吃一方,慷他人之慨,自己则"梁新记牙刷——一毛不拔",凡与公友善者,莫不叹佩蔡钧徒之十八道门槛也。文人落拓,惯善散财而不善紧财,唯蔡公钱落己手堆金积玉,轻易不使流出。约计他死前为止,积赀当在三四万元之谱。

嫖赌吃着,上海社会罪恶四大元素也。本分拘谨的工商人士尚不免近朱者赤,蔡公吃墨水写黑字之文人,古今文人浪漫惯常,他却能近墨不成黑,可说现代完人、摩登青年模范人物。周旋上海社会的活动家,查无嗜好,岂非奇迹?蔡公不善抽烟(香烟随口呼呼,任何牌子马马虎虎)、不善饮酒、不善打牌(偶然叉叉麻将,门槛欠精),三不主义生活约束严肃了。不过,他抱外圆内方处世态度,不若道学家般固执,他随喜亲朋队里也扮出一副胡调健将面目,对于"嫖"的一门,亦属斫轮老手,堂子十九岁(创办《礼拜六》三日刊)上跑起,与倡门才子俞逸芬足称"劳莱哈台",花国姊妹遇见了蔡大少,齐像耗子见了

---

① "六路圆路"为上海俗语,意为"兜得转"。战前,上海有一条电车路线,名为"六路圆路",起点为东新桥,经外滩、火车站等又回到东新桥,等于兜了一个圈子,故而上海人便把六路圆路引申为"兜得转、吃得开"之意。
② "毕的生司"为上海洋泾浜英语,意为没钱。
③ "麦克麦克"为上海洋泾浜英语,意为有钱。

猫,实在他的胡调本领太高强啦。碰着蔡氏叫的堂差,不论大庭广众间,他样样做得出,豁得出,"开司""摸奶""拉裤子"算作见面三部曲,几句浦东俏皮话,油嘴匝舌头,常引得合座哈哈笑,先生粉颊红红如也。非如此,不克尽欢,蔡公之胡调本领与吃豆腐口吻独具作风,公私宴会,座有草字头仁兄(蔡),保证热闹盈盈。堂差四集绕坐成肉屏风时,他最兴高采烈,口手脚总动员,嘴里说笑话,双手探高峰,下及帕米尔高原,脚则跑来跑去,猪八戒钻窜盘丝洞般肉屏风间轧来轧去,堂差瞥见蔡公在座,芳心怦怦乱跳,担心今夜又遇煞神道,暗把裤带扣扣紧,免被毛手毛脚当地出彩。那时四脱、五脱……未发明,否则推波助澜,蔡公对脱的手法特别上劲咧。

致蔡公之不染烟赌等嗜好,得力于看重金钱,才克制欲念不肯浪费,白相堂子、舞场有声有色,似对嫖字用功夫,实则寡人虽好色(肄业闵行农校时,已踰校墙而搂后街野鸡了),用钱却勿是生意经,"镶边"①吃花酒,"碰和"②敬谢不敏,"条斧"③更不敢领教。(生意浪倂知小报界人物都是荷花大少,吃十一方大亨,谁敢有眼不识泰山砍条斧?)唯一拿手杰作,吃吃豆腐,捧捧摸摸(捧,撰花讯制铜版捧场也。摸,即上述毛手毛脚,摸奶摸×也)。长三先生做报人主顾已感头痛,对蔡公头痛又头痛,当面勿得勿奉承,背后骂山门,有时实在被拉裤子闹得凶,冲口骂出:"倷格蔡钓徒,最是轻骨头,直梗恶形恶状,阿要难为情介?"尾声拖下一句:"杀倷格千刀。"当时打情骂俏并不介意,及今回想,不意长三婊子竟是正宫娘娘金口玉言哩? 杀千刀竟成语谶,呜呼! 蔡公只一刀已刀快头光,千刀哪里吃得消? 论横死惨果,六斤四两头颅虽在,昂藏七尺之躯藏在哪里? (有传斩六段者?)较千刀万剐垛肉泥更厉害,实质真应做"杀千刀"了。悲矣苦哉。笔者当写至此,泪滴稿笺,心酸手颤,哭公不已也。

公之王父,孑然一身,自蔡家路口故里流浪至陈家行,成家立业,稍有居积。伯道无儿,螟蛉某氏子,俟娶续弦,诞生蔡公,老来子呱呱坠地,喜溢门楣,髫龄父背,母氏扶养成丁,太夫人持家有道,遗产存放生息约计算亦有巨万家私,生活小康。但见蔡公弱冠走花路,脱羁野马般流浪海上办小报,太夫

---

① "镶边"为上海俗语,意为"揩油"。一般吃花酒打茶围的陪客皆称其为镶边。
② "碰和"为上海俗语,一般指住家妓女,即半掩门不挂牌的私娼。
③ "条斧"为上海欢场切口,即"敲竹杠"之意。

人恐其败家,爰袖手旁观,断绝经济供应。蔡公在沪孵豆芽,家中得讯亦死人勿关。被押警备部一次,传有性命之忧,太夫人始从亲邻之劝,寄三百元到沪,供应使用,急救出狱。公因老母鄙吝,明知二钱换她一钿,爰宁愿在沪尴尬而不回近在咫尺家中恳赐济助,硬好汉本色,不犯老家一草一木。蔡公看重金钱,母性遗传与后天教训,实为两大主力。太夫人是出名的雌老虎,待遇老来独子尚如此,足见她的厉害了。

蔡公二十岁那年授室,堂上之命,媒妁之言,娶同里徐姓女。徐为望族,妆奁丰富,夫人姿色虽差,秉性贤淑。初结缡时,小夫妻尚我我卿卿,并出奁资助良人费用。俟公走沪办报后,终年旅外,不回珂里。《龙报》时期,参加市立园林场菊花展览会,渡浦往东沟。会场中瞥见一位乡下大姑娘,活泼天真,娟秀出众,公一见倾心,当场拜托该区(高行)市政委员会潘鸿鼎,寨修撮合。

这会场之花的确美丽,经潘委员笃念同窗之情(农校同窗),竭力促成同居之爱。蔡公亦犯喜新厌旧时习,这位高行小姐,姓乔芳名翠娥,浦东小乔,天生尤物,自投蔡公怀抱后,十七岁小姑娘一经人道,急剧发育,长身玉立,风姿嫣然。毛头村姑传习摩登后,格外妖娆。作者初识于潘委员鼎庐落成宴上,如花似玉之翠娥,蔡公不愧小方卿也。同居三年,犯和奸,当场出彩,蔡公盛怒,赠戴绿头巾,一脚踢开,滚出去而脱离关系了。翠姑娘天生尤物,水性杨花,与该奸夫野鸳鸯不久又分飞,改业舞女,现悉三嫁冯姓男子。前日某报刊载蔡钧徒前妻××新闻一则,即此具"九嫁夫人"型之风流阿翠也。

浦东小乔一脚踢开后,蔡公不耐寂寞,又向交际场中物色。半年后,于雅歌集邂逅徐美云小姐。说起这位蜜丝徐,阿奴①松江府人氏,先世簪缨,传至其父而沦败落乡绅,寓沪垃圾桥,尚具公馆气派。美云娇生惯养,冰雪聪明,在校为校花,出校为交际花,嗜平剧。徐美云一如袁美云,小小年龄已善串唱,加入雅歌集驰名春申名女票,兼擅跳舞新歌,十足社交明星,美中不足者,娇躯羸弱,父母均籍烟霞,自幼跳跳烟榻畔,这一课家庭教育特别灵效,蜜丝徐近墨成黑,也染上烟瘾,变成小老枪婆娘了。蔡公摒绝烟酒嗜好的人怎会追求女老枪呢?在当时,这缺点被热爱迷住,惊其色艺,即吹霞亦没关系了。徐小姐交际广阔,阿拉阿德哥(虞洽老)、哼格佬倌多子王(王晓籁)等海上闻人,亲昵如家人,阅人既多,眼界又高。对于择夫条件本苛,这时蔡钧徒刚刚

---

① 阿奴,沪语"我们"之意。

名票朱联馥与徐美云客串《明末遗恨·杀宫》，刊载于《戏剧周报》1936年第1卷第3期。

派窜头、坐汽车、收徒弟、开报馆，十足小大亨，徐小姐被他钉住黄包车，心想距自己择夫标准虽未及格（预定人物，花花太岁，荫袭百十万巨产小开牌头），但他能原谅我吃烟倒不容易。乃垂青眼，许缔良缘。蔡公当时瞒她浦东未娶黄脸婆的，爱请洽老证婚，假新新酒楼草草成礼。本住蒲柏坊的，莺迁赓余里七号作新房，徐夫人见他凡事夸张，怎的本人婚礼鬼鬼祟祟，草草不工？天性玲珑的她轧出苗头，一经打听，便知蔡公做了一只徽骆驼，娶已作两头大，实际上，本人已是作月小星，且属第三任候补道了。

徐夫人不免一番哭吵，蔡公百般劝解，立了一张笔据，保障夫人地位，新房风波才告平息。徐夫人的帮夫运很好，结缡半年后，创办《社会晚报》，步步高升。人以报名，报因人传，蔡公声誉鹊起，请列门墙者月得数十名。美云女士虽癖烟霞，嫁夫后，自知犯了毛病，其他乃力事俭约，惟因彼此场面上人，对外排场富丽。夫妻俩参加亲友堂会出没会场，清唱平剧新歌，蔡钧徒夫人芳衔常见报载，风头出足，得妇如此，做丈夫的台型扎足了。

蔡公初对她抽烟真取放任态度，同居三年后故态复萌，忍耐勿住，攀这项错头，伉俪之间时生勃谿。前年七月间，因缘届满，某次蔡公又借这题目发挥（斥徐戒烟戒不掉，仍在背夫私吸），盛怒之下，不管三七廿一，斗大拳头敲向椒盐排骨瘦美人身上，全武行活剧，拳打鸳鸯两分飞。徐女士归宁哭诉老母，泰水欲兴问罪之师，蔡公派人先往陈述才免节外生枝。可是经过一场打架后，又脱离同居关系，将婚约扯碎，从今蔡郎是路人，望美云兮天一方。各人头上有片天，不共枕衾，另投第三者怀抱了。

蔡公在上海置外室，经过概如上述。徐氏下堂后，他发誓不再选美递补（无妾一身轻），移宝贵精神于《社晚》。林和靖梅妻鹤子，咱蔡钧徒不妨报妻纸子。截至死前，浦东老家发妻守活寡，自己在沪作鳏鱼也。一妻二妾，暨若干短期恋人,子女收获真凤毛麟角,浦东发妻二次生男,均告不育;上海方面,小蔡钓徒只有一个,今年八岁;某年恋张姓妇私生,向寄奶大饼摊女主,按月津贴,美云下堂后,蔡才去领回抚养,这次惨死,终算有这样一个孤哀子啦。

蔡公一无嗜好,本性又极节约,极善找财聚财。他自说眼睛只认得钞票,因佩有钱能使鬼推磨也。所以遇到有念头好转的地方,不惜鸡蛋里寻出骨头来。弄钱到手始已,蔡公"敲"的手段,报界同仁及业外人久闻大名者,莫不敬佩,弄钱挖儿的确透顶也。

当公英雄未遇,局处亭子间如辕下驹时,常发红白帖,一年四季,几于必做阴寿,不曰"先严"即曰"先祖""先伯父""先叔父",列祖列宗,轮流搬出,不愧孝子顺孙。朋友误会他一片孝心,反斥他打秋风,卖陈死人枯骨,网蛛生①《百大秘密:社会写真》说部里乃为蔡君列一回,索隐之曰"蔡一钓",盖讥其碰着尴尬发帖钓一钓也。可是公之钓术,在那时汽车未坐、声名未红、没有办《社晚》时苗头,天下最势利不过者人情(确比秋云更薄也),所以不甚灵验,每次一钓,虽然大鱼不来小鱼来,但这姜子牙,收获无多哪。

蔡公步入飞黄正轨,致力《社晚》数年间洗手不干,反恶他人之滥发红白帖了。交际广阔,过去且曾一钓之人,今日当然被人钓还。写字台上,日有帖子五六份,蔡公对于礼尚往来十二分小心,特备簿记,随时登记稽考,亦采上收下付记账法,这友人送他多少,还他多少。如簿上无名未曾馈赠者,那么不论何等人物,对不起,当场把帖子丢入字篓了案,一拳来,一脚去,果是英雄本色呵。

六年前,欣逢太夫人六秩寿庆,公为雪一钓之耻,乃特别铺张,在故里老宅称觞,那时新坐汽车,神气活现,包小轮一艘,张蔡字大寿,专驶上海塘口间接送沪上宾客。龙社票房社长,社员们理当恭贺,在故宅墙门口搭台彩唱二日,彩衣娱亲,风头出足。浦东乡下老难得看京班戏的,现在安福妈养出这般出场儿子,热闹盈盈,做寿演戏,村里谈论莫不艳羡,蔡家阴公积德才修得如此好子孙。这次庆寿的确无限风光,为公生平唯一得意事,沪上友好前往者虽虾兵蟹将,宣传黄老板、杜先生亲到未成事实,但在乡下人目光内已八面威风、百年难遇的阔绰排场了。

前年蒋委员长五十寿辰,全国弥漫庆寿空气,有老皆庆,无寿不臻。上海人文荟萃,闻人耆老个个足够寿头码子资格,现住谅山的马相伯,期颐寿翁,

---

① 为平襟亚之笔名。

海上唯一老寿星君，国之人瑞也。是年慈溪张啸林先生与阿拉阿德哥（虞洽老），一庆未毕，一寿继起，记者曾有寿年寿月之颂（编张寿特刊，第一篇五百字谈话，每句嵌一寿字，凑满百字，百寿祝文，生面别开。记者笔下寿勿清爽，自己也寿头寿脑了）。蔡公为母称觞，赶在寿潮之前，洋洋自得曰："咱蔡钧徒勿吹牛皮，母亲养我这样的儿子，不负怀孕十月之苦啦。为人子而忤逆，真禽兽勿如呢。"蔡公一钧时代专给呜呼地下的父、祖、伯、叔做阴寿，反使活生生的太夫人向隅，现在串演老莱子（太夫人四十七岁单生，蔡公足称老来子），举行盛大堂会，极力铺张做阳寿，才见公平，真不负太夫人念了三年心经，朝了六载送子观音，才梦熊入怀呢。

自办《社晚》后的蔡公，人随报转，报格日增，人格月盛，全副精神致力报务，一反昔年蔡一钧打秋风作风，而厌恶假名发红白帖，向亲友单刀会，聚敛礼金。自母寿之后，只此一遭，下不为例，倘仍如当初个性，那么死前三年中做起喜庆事来，保证可发一笔小财，别且勿打在如意算盘上，只门墙桃李五六百名，每名孝敬二元，已可收礼金千元开外了。

不过，蔡公节约过分，只知生财，不知散财，交际社会吃十一方本色，而不作兴自掏腰包，假他人宴会大吃豆腐，亲友乡邻门徒欣悉公已登龙，来商缓急，亦抱梁新记一毛不拔主义。看钱太重，流于鄙吝，人缘方面不免太错。凡识蔡公者，齐叹只有他便宜别人，没有别人便宜他。办《社晚》时期，经济信用极好，支付账款清清爽爽，签出支票，不行退票，稳照牌头，雇佣职工，半月一发薪水，亦从不衍期，只遇疾病等意外，预支不大肯答应。又如"八一三"炮声一响，立刻裁员减薪（打对折），三月后，报销飞涨，广告亦复原，全薪却一再恳促，始于年底照常，未满一月而公遇害关门矣。公务上对外对内，生性虽刮皮，尚硬绷绷走得过去，只惜私情太勿顾忌，这才少结人缘。这次的死，原因居多，缺乏人缘，实为主因。倘然人缘好，即为人举公有假想敌图谋收拾他，不是有人打挡，便是有人放笼，勿致死得这样凄惨。

是为笔者等知公有素者的持平之论，惋惜其具阔绰场面，鼎盛事业，魁梧身材，而胸肠太狭隘，使钱太小器。公死地下，常许知言，故请读者勿误会记者忍心"扦讲"（沪谚谈论他人也）。

说起蔡公人缘，亲友都泛泛之交，即同业中人亦均面和心不和，敷衍而已。公对老前辈及《新》《申》两报红员取谄媚态度，对后生小子不如我的报人，取傲慢态度，一副鸳鸯面孔两勿讨好。《社晚》创办后一年，适逢上海新闻记者联谊会扩大组织,强制各报职员入会,依照社会局所颁同业公会条例,成立上海市新闻记者公会。论蔡公资格,报界"卡"字号人物,小报、通讯社、夜报,一身三要,又是报坛陈德征[1],入会本无问题,便因人缘勿佳,公会巨子(监执委诸公)有鉴蔡钓徒大亨脾气,惯善活动,极好名义,专门招摇,入会后势必竞争执委,卡片上"《社会晚报》董事长[2]、新民通讯社社长、浦东同乡会理事"三行荣衔(实则两项都是自己封的),再添上"上海市新闻记者公会理事"彰显身份,更切本业风光。蔡公确存此野心,预定入会后,监事得不到执委逃不了(自己报馆职员已有二十余票了),兴冲冲往大陆商场会所报名入会,岂知冲着《晨报》金雄白(金烯民律师)报界小抖乱,一张嘴巴确是辩才无疑,当场拒绝,答复质问,使浦东大亨的蔡公撞着橡皮钉子,没有落场势,反复争辩一无结果,公会中坚闭关深拒,挖儿顶透的蔡公这是变做张天师有法也难使。最气死我矣的一句话,金氏讽刺道:"这里是新闻记者公会,不是日报公会。倷蔡钓徒现在是《社晚》夜报老板了,应该加入老板集团,与汪伯奇、史量才(那时史未死)、张竹平分坐交椅方对路。怎末惜降尊纡贵,来加入伙计阶级的记者公会呢?哈哈。老兄跑错门路,请打道回馆罢。"这句话,蔡公听了,没有反驳,只得嗒然退出,气满胸膛,发誓道:"此而可忍,孰不可忍?咱蔡钓徒这番别勿出苗头,半生英名,化为乌有。"言下大有不雪此耻誓不为人之概。

记者公会公决坚拒,蔡公没法打进,真以报馆老板资格加入日报公会,则自己所办的是夜报,亦为日报公会所不容。当时蔡公图雪此耻,曾奔走各夜报,企图成立上海市晚报公会,与日报对垒。

当时夜报同业,连自己只有四家(《大晚》《大美》《新闻》《社晚》),《社晚》的资望处殿军(苍头没有突起,未够铁军名实也),蔡公一人起劲,旁人勿理勿睬,以致上海晚报公会空心汤团,不克成为事实。蔡公眼见没人响应,只好偃旗息鼓,雪耻企图,卧薪尝胆,再候机会了。像蔡公般报坛怪杰,终其身

---

[1] 陈德征被戏称为"民国第一伟人"。1926年,陈德征继任上海《民国日报》的总编辑,随后又掌握了国民党上海市党部和文教机关的大权,红极一时。某次《民国日报》发起民意测验,选举"中国的伟人"。揭晓时,第一名为陈德征,第二名为蒋介石。蒋一怒之下将陈押至南京,关了几个月后,勒令各机关此后不得再录用陈。

[2] 玖君注:《社晚》为公独资经营,无所谓有限公司组织,根本没有董事会,却自做官自喝道,喜欢他人称他"蔡董事长",刊诸名刺,榜书办公室,执此一端,可见其余,公会诸公确有先见之明。

郑子良，刊载于《南职月刊》1947年第1卷第7期。

非新闻记者公会会员，去岁年初五财神日却为报殉命，九泉之下，对此问题死难瞑目的吧？

公性鲁莽，冲口说话，只知有己，不知有人，人缘方面格外吃亏。曾忆前年秋间，辣斐舞厅改组加记开幕，前夕欢宴报人，公偕夫人徐美云暨记者同车往，是晚主席为郑子良君。郑与蔡果乱出乱朋友也，乃操吃豆腐口吻致欢迎辞后，向众报告："今晚敝厅略备菲酌，预祝开幕，请诸位大记者笔下揄扬，辱承宠临，莫名荣幸。《社会晚报》蔡钧徒先生偕夫人惠然肯来，益感荣幸。贤伉俪社交明星，长袖善舞，兹请客串，跳一出草裙舞，俾今晚之宴愈增光彩……"云云。在座同乐一致大吃豆腐，热烈鼓掌："好呵！请蔡先生、蔡夫人跳草裙舞呵。"

蔡公与徐女士明知郑子良恶作剧也，哪里肯跳？蔡夙有"大炮"之号，公私会集，每好演说几句浦东辞令，"媲美黄任之"一般出名，现在身当其冲，怎能忍耐？霍然起立答说："兄弟承子良兄看得起，命愚夫妇跳草裙舞，鄙人与内子对于跳舞果然来得，只草裙舞没有向罗宋人讨教，恕难应命，有负众位捧场。老实说，兄弟最会闯穷祸，勿会草裙舞也。"（"闯穷祸""草裙舞"谐音一样，公自命幽默，聊以解嘲）岂知竟成语谶，说也奇怪，明天晚上，真的大闯穷祸。

当晚，徐美云女士走至麦克风前清唱《永别了，弟弟》新歌，作了落头势。舞厅开幕，唱此新歌，也勿吉利。记者当时心中即不谓然，徐女士那时怎知半年后亲尝"永别了，哥哥"（与蔡离异）辛酸滋味呢？终算尽欢而散。明晚正式开幕，公前往捧场，巡礼一周后，登楼至写字间，晤郑氏等老友会谈，说话兴起，大放厥词。公对本厅设备、舞女人选、西菜间烹饪恶劣等，极力批评，大亨架型，目无余子，激怒在座众人，暨舞女大班、大菜司务一般人当场出彩，合演全武行,簇拥蔡公各敬老拳,合上写字间的房门,真的关门打死狗。公身体魁梧,筋肉坚实,看似孔武有力,可是这是众怒难犯,双拳难敌四手,当场维持大亨面目,有种吃斗,不叫饶,勿服输,拳着脸面,痛在心里,嘴里喊:"好!打得好!"

上海人称打相打曰"吃生活",滑稽角色表演女演员捆颊,他真捋到嘴里,咂唇吮舌,自说自话辨辨啥味道?肉麻当有趣,引人捧腹。蔡公这晚吃这生活的确结棍,头面着拳最多,打得脸颊肿起,鼻孔流血,青一块,红一阵。蔡公被打下楼,汽车夫陈庆林与无枪保镖毛金山(是公徒孙,叫他贤贤,此人卖相很好,胖矮身材,常着西装,活似黄君甫,同车跟随,亦能驾驶,遇害时即他驶车)在停车处不知楼上主人在吃生活,闯见之下莫名惊骇。蔡公情无可泄,拿他二人出气,大骂"死人!死人!"驱车往××医院,请某医师验伤裹扎后才打道回衙。徐夫人见公头如笆斗眼如铜铃这副吃相,亦吓一大跳,公倒向床上说出原因,才叹隔晚一语成谶,真的闯穷祸了。公在家养伤四五天,两颊青肿怎罢褪去?但报务冗忙,只得到馆主持,对人说打打别人,拨别人打打,有什么关系?这场交涉,经×闻人周旋,对方请一百客大菜作为赔罪。十日后,吃这吃生活大菜,谁有兴致?记者亦无此胃口,未曾前往也。

蔡公"有会必到,无宴不临",阵上失风,关门被打死狗却属破题儿第一遭。惯吃官司硬好汉,近年来身发财发,对于吃生活倒勿是生意经了。从此目空一切有我无人豪气锐减,自称做人也学乖了,勿再硬出头做大炮也。

他列席任何会集专好寻别人开心,吃人豆腐。譬如有一此倥偬大亨冯云初,成立云社,邀宴报人知名士,蔡在席上,瞥见《晶报》记者跷兄(张超)在座,蔡妒忌他与市商会主席俞佐庭热络也,便动吃醋脑筋,假意去电话间后进来大惊小怪道:"超兄,俞佐庭电话喊你,在公馆里等你。"张超不知捣鬼,闻人呼唤如奉纶音,蔡公暗趁鱼翅上场,超兄果不出所料,牺牲口福,忙不迭一跷一跷去了。

超兄离席,座有识公玄虚者会心微笑。少停,超兄气急慌忙返,指蔡而骂曰:"阿拉上侬格当,俞主席几曾打电话来,侬蔡钓徒听见格鬼叫?"开心已经寻足,合座目击两位抖兄双雄斗智,煞是好看,莫不捧腹。超兄往晤俞氏虽然牺牲鱼翅口福,但"塞翁失马,安知非福"。俞公馆刚有人送景德镇名瓷,俞主席顺手牵羊赠花瓶一对,超兄挟了跷回,有人爱说:"你该谢谢蔡钓徒,没有他施弄空城计,调虎离山,你怎会得到这两个精致花瓶呢?"

蔡公寻别人开心,拨别人寻寻开心,家常便饭,没甚稀奇。不料最后被别人大寻开心六斤四两(头也)宣告脱离关系,这开心寻得不小。谑者爱谓生前好寻别人开心之报,实则据笔者公允批判,公恶作剧如儿戏,确实太谑。不过,论为人亦是直肚肠好人,胸无城府,面皮厚,心跳热,任何事项"百有份",爱出风头,抢做大亨,丝毫没有涵养,肚里喜怒全形于色,故蔡公知彼脾气者,实是空心大炮,一些没有用场。倘是厉害朋友,鬼祟祟阴飕飕,肚里用功夫,临事三思而行,决不莽撞。公能如此,去年不致死于非命的了。

蔡公顽皮脾气,依旧肄业闵行农校时故态,语云"三岁定八岁,八岁定终身"。他学生时代浪漫透顶,同学识其个性,远而避之,勿乐与交也。某次学校级际足球赛,公为一年级球员,二对六后获胜。同队球员趋大街酒楼叫和菜庆功,狼吞虎嚼,抹抹油嘴下楼。他一路抢先抢惠钞,摸出皮夹,咋舌敛手,结果由另一有血①同学付讫。回校途中,公密语某甲曰:"这皮夹摆在制服袋里的,刚才操场赛球时,制服托杨姓同学代拿,这人我素来信他老实,岂知会钞时摸出皮夹,五元钞票两张不翼而飞矣,致抢先惠不出钞……"甲素知杨诚实,蔡公所云完全空城计,装花头,假此说话硬绷场面。甲乃凑趣道:"杨生既然偷你十元钱,应该报告训育主任彻查呵,怎说马马虎虎勿要提起呢?"蔡氏情虚,见甲认真,恐穿绷了吃反手耳光,亟止甲曰:"阿拉写意来些,算我霉气,勿要提起了,勿要提起了……"

从上述一则求学外史足见蔡公天性,"四金刚腾云——悬空八只脚",专掉枪花,施弄挖儿。这劣根性直至小大亨地位依然故态,蔡公的挖儿着实领盆②。一样坐汽车,他设法的华租两界照会,"九三三三""三三三九"二块瓷牌,分钉左右,刚巧当头一个九,拖了清一色三个三。上海地方阔老坐汽车,大爷有的是钱。福特卡、皮而卡、雪佛兰、司蒂倍克、克雷斯勒、奥司汀……甚至装甲避弹亦无不可。随心所欲,但求照会号码整齐,像杜月笙之"七七七七",张善琨之"六六六六",着实不易。华租界照会号码相同益发难能可贵,吴兴富商周湘云"一号"老爷车,哈同曾愿斥五万元代价相易,周尚不允,故有苗头之照会真是吃价。蔡公坐的是中型福特卡,草绿色车身,十分漂亮,配上"九"当头三个"三"压尾的和合照会,挺有台型,大出掼头。公常以此自傲,亲朋

---

① "有血"为上海俗语,指有钱。
② "领盆"为上海方言,意为"服输,买账"。

大世界落弹处被炸之车辆及救火员施救情形,刊载于《远东摄影新闻》1938年第1卷第1期。

同业对他真颜色①,别无话说,甘拜下风也。

坐汽车,果是人生最高欲望,上海地方车如流水马如龙,汽车如江鲫,并无稀奇。惟报人登龙,秃笔空拳能达坐汽车目的,则非容易。同样坐汽车,能媲美大亨,和公馆车并驾齐驱,够漂亮资格更出类拔萃,蔡公坐汽车也算第一流人物了。一辆草绿色福特卡,迷信说一句十分吉利,从坐包车而坐汽车,一帆风顺,报业兴隆,声名鼎盛。岂知坐到"八一三",沪市骚乱,《社晚》馆址望平街临近外滩,流弹四飞,人心惶惶。蔡氏深恐车辆受损,他的眼光观察"孤岛"时局日益恶化,本人亦难立足(他曾对笔者说:"闸北军队退出后,吾报无办头了,本人也只好向香港跑啊。"),当时确有去港准备,第一下便把发轫骏发的汽车卖掉,甚至费九牛二虎之力卖交情设法得来的心爱照会一并出让。论蔡氏这时财力,根本何须卖汽车,再买一二辆尚可能。所以出卖者,当时打算看风头,趁今天不知明天事大骚动局面下,乐得变一票钱捞在腰包里,远走香港,足敷数月旅费。他目击大世界日升楼炸弹之下,一辆辆汽车中弹着火,焚焚如也,烧成蟹壳黄乌龟干,数千元之代价被战神收拾去、炸弹吞噬去,趁吾车完好卖掉,勿担心事。

蔡公交游素广,"八一三"后看风使舵交际军界人物,军委会、军政部、第五路军、八十八师、参谋副官,轧得热络,坐车便由军委会某副官斥一千八百元买去。成交后,命原汽车夫陈庆林黏上特别通行证,循沪锡公路开往后方。岂知驶到中途,昆山附近便遭日机掷中一弹,庆林命不该绝,甩出丈余,负伤

---

① "颜色"为上海方言,即"愣住""发呆"之意,引申为"羡慕""艳羡"之意。

虽重，幸未致死，蔡车则成蟹壳黄啦。

事后得讯，蔡公大拍额角头，成交后出毛病与己无涉，价已收足，霉气的是某副官。咱蔡钧徒样样乖来些，预料非常时期的汽车寿命朝不保暮，毅然决然卖掉，旧车得七成价，心满意足了。不过坐惯汽车改坐包车，非但面子关系，种种不舒服了。并且业务上，这辆汽车为不可少之利器。兜广告坐了汽车去，人家卖面子，送纸版、装报，敏捷勿便，蔡公乃打节省算盘，斥八百买二辆旧的老爷车（一大一小，大者福特轿车，小者奥司汀也），命云飞修理刷新。工匠自己徒弟，与公司当局更有特别交情（云飞工潮，蔡曾插足，公司大班买他的账，月支百元广告费，任凭登几期报头告白）。修车挖打只花二百余元，两部老爷车面目刷新。公初节省坐奥司汀，岂知近年身发财发，大块头坐小车子勿配绷。三天后，易坐轿车，将奥司汀售价七百元。事实上轿车只花三百元。

迷信说一句，人之将死也，必有鬼毛报（沪谚噩耗也）。蔡公出卖坐车时，笔者即奇怪他行动舛常，资力境遇，都许易坐新汽车，怎的反出卖了，改坐包车？候而再买老爷车，小的坐不惯，更换大的，人望高山水望低。蔡公天性夸张，好吹牛绷场面抢做大亨的活动分子，竟打此狗屁倒灶算盘，岂非反常？经验告诉我，任何人一帆风顺时期而言行反常了，定酿变故。蔡公有顶括括的照会，漂亮的汽车不坐，看在一千八百元法币面上，退坐七勿牢攀老爷车，真大开倒车，执此一端，目今回想，确属惨死前回光返照了。

那时公事业骏发，声誉优隆，乔迁报馆于对面《时事新报》旧址，从塔楼（《时报》发源地）下局促一间扩充三楼三底，特装花水门汀门面，踌躇满志之秋。笔者虽轧出苗头勿对，但不敢说他"倒灶"，人情总趋炎附势，谁会信任你的预言呢？

笔者并非自夸，年纪固轻，阅世

时报馆屋图，塔楼，刊载于《时报图画周刊》1920年国庆增刊。

经历目击耳闻倒入木三分,颇具独特见解。咱这现代小刘伯温,谈言微中,亲友惊奇凑趣说:"足下浦东王铁口大可开世界饭店,挂牌营业,抢严芙孙生意,文艺朋友又一下海作相家也。"笔者相术无师自通,舍神妙玄学与虚渺哲理,而全凭人身状貌、处世经验,依现实论断。同乡文友卧佛居士,近著《文友谈相录》亦据此特点出发,高明见解,远驾笔者,良堪钦佩。卧佛兄年事学识均长于吾,常然甘拜下风也。

"实伲"[①]浦东人,有句土谈"三十三,乱刀斩",人生三十三岁实为危险之年。其不祥一似西俗十三,笔者亲友中曾经三十三岁者,是年均意外巨变,幸免死亡,事业必起风波,虽非一概而论,但询问十人,必有七八不利,只二三人平平。蔡公前年三十二岁也。某天笔者起问他今年几岁?不禁代公杞忧,惟公当鼎盛春秋,怎敢推断他明年不利呢?

当场迟疑了一会儿对公道:"论大众流年,三十三岁都不利,阁下现正功成名就如日方中,有进无退,宜无败兆,即有问题,以阁下之气势吞吞,亦可逢凶化吉也。不过当今环境险恶时代,君子应格外自重,'快马跑折脚'则常铭诸座右,常存戒心者也。"公素刚愎自用,对此无稽之谈一阵耳边风,笔者亦勿摆在心浪。讵意不幸言中,公交三十三岁真大出毛病咧。

上海地方,卖相第一。蔡公自坐汽车,办《社晚》四五年来着实身发财发,中等个子,胖圆腰身,面孔饱满,小腹隆然,一副卖相十足大亨架型。美中不足者,公脸颊雀斑如鹭沙,累累隐现。眼为人生"日月",论相部位,主要器官也,蔡公之眉淡而短,一双眼睛更是"果腔色"(白果眼),瞳孔黯黄,露神钝光,如此眉目生在公魁梧身材上殊勿配绷。掌握权威之大亨,眉目宜漆黑威棱,炯

蔡钧徒,刊载于《社会晚报·时装特刊》。

---

① "实伲"为上海浦东方言,即"我们"之意。

炯然使人望而生畏。公弹眼突睛,只形状唬人。

蔡公又具三种怪相:(一)煞眼;(二)牵肩;(三)缠颈。头颈肩三部曲,联带动作,肩胛零碎动,一牵之后,眼睛必煞发煞发①,头颈不自觉缠几缠(状若龟首之伸)。初意公着西装,装硬领,致养成缠颈难看相,待后细细留心,煞眼、牵肩、缠颈,三位一体共同动作后,才知天生个性,怪腔怪状。相书本有乌龟相,人能上相,定然发迹,蔡公走路划发划发②,配以头部动作,竟会之为乌龟、甲鱼益发相像了(有人因彼躯干臃肿,故又指称猪猡相者)。

公之煞眼、牵肩、缠颈,平均五分钟发现三次,朋侪晤谈,目击此小动作莫不会心微笑。公眼圈青黑,媲美神秘女星谈瑛,他不用黛墨化妆,天生皮肤里泛出乌青也。这副黑眼镜亦不吉表征,眉眼部位适当中年(廿九岁至四十四岁)。笔者综上各点,因称公明年起定入否运,当无目今之顺利矣。说此话时,服务台前,宾主相得,据形状论断,毫无诅咒恶意。待前年岁尾,笔者因与社友另办《时代晚报》,公醋劲大发,笔者始辞职。讵意离馆方三日,祸变接连发生:(一)勒令停刊,(二)掷手榴弹,(三)殉报丧身。旬日之间,祸不单行,一勿过二,二勿过三,倒灶万分。同社叹曰:"王定九早轧出苗头勿对,预言很有道理呢。"

蔡钧徒煞眼、牵肩、缠颈三部曲吃相真成猪猡相。据星命术士说:"凡属猪猡相者,势必吃刀,注定流血身亡。"蔡公的结果如此,冥冥中早已钦定。更奇怪的,在世时头颈不自然,常常缠动,同时肩胛零碎动,这次的横死竟拣颈部开刀,大好头颅被砍,实授"一字平肩王",从此颈与肩齐,大舒服而特舒服,勿烦一煞二牵三缠了。生时皮相怪动作,暗示惨死致命伤部位,不常有的奇迹惟公一人,地下有灵,当叹异相害我怪我杀我。

笔者早说,五年来的蔡钧徒身发财发,大亨架型,远非十数年前初到上海浦东阿弟拖鼻涕吃相了。友朋刮目相看,顾镜自傲,跷起大拇指,欣欣然昂藏六尺英武伟丈夫。只尊容雀斑丛集,逼近细视,芝麻饼般有碍美观。公曾购雀斑药水一再涂用,结果这些垒垒黑点隐匿皮下,没法肃清,反因肝火甚旺,斑点愈多。盖雀斑者,生理爆发出来,肝火旺体气热者均患之,区区药水怎能奏功正本清源?最好服平肝凉药与宁静泊处,自然一点一点少下去。像他热衷名利活动分子,欲求消除雀斑,皮肤上乱涂药水,缘木求鱼呢。

---

① "煞忽煞发"为沪语,形容眼睛不停地眨。
② "划发划发"为沪语,即甩来甩去之意。

话说回来,密布蔡公脸颊雀斑虽然影响漂亮形容,可是去春法捕房西爱咸斯路上拾得人头,打开蒲包,血淋淋一颗首级,捕房人当场指认蔡公钓徒也,亦雀斑为记。徐姓翻译指出,即凭雀斑肯定曰"蔡钓徒"啦。唐姓探员到蒲柏路赓余里七号蔡公馆报警说:"阿拉行里昨夜拾着一颗血淋淋死人头,行里先生(探员称翻译曰先生)根据面孔上雀斑说是开《社会晚报》的蔡先生,你们蔡先生是否脸有雀斑呢?快些同我到行里去认看罢。"这时蔡老太太与蔡姊在家,正因一夜勿见蔡公回来,四面八方打电话探问踪迹,现在包探上门,听了上述报告,晴天霹雳,唬得失魂落魄,吓得四肢冰冷。太夫人年事已高,怎禁剧烈刺激,马上倒向藤椅昏厥过去。蔡姊悲泪直流,见老母眩倒更急得尿淋裤裆,搯住太夫人人中(嘴唇与鼻端正中一条凹型边缘),双脚乱跳,狂喊"姆妈醒来姆妈醒来"足足十分钟,太夫人才悠悠醒来,哭出"儿呵肉呵"。唐探员旁观不耐,劝告她们道:"死活没有认定,先自乱做一团糟哭吵中什么用?快些去认明了再说。"

蔡母姊氏乡下妇女,骤遇非常祸变,急得没有主意。通话垃圾桥徐公馆,告诉离妾美云女士,请她到来商议主张。徐美云接到这个电话,亦魂灵出窍,珠泪直流。雇坐祥生①车飞驶莅临。婆媳见面,往日虽是怨家,今日却成亲家,"流泪眼观流泪眼,断肠人对断肠人"。徐女士交际之花,八面玲珑,节哀顺变,叮嘱姑娘(蔡姊)看住婆婆,自己偕唐探员前往捕房认看尸首,"现在尚未分晓,且慢啼哭,待我认看回来,再作道理"。

徐女士被人引进台拉斯脱路②公董局卫生处小病房冷气间,蔡公首级石膏像般供在云母石验尸台上了。肌肤相亲同床合枕下堂妾捧住了离夫头颅,亦细视两颊雀斑与一颗黑痣,斑痣分明,不是蔡钓徒还是谁?有良心的徐女士只哭了:"死得好苦呵。"亦晕倒了。

徐女士是雅歌集女名票,逼尖了娇喉,唱数折《起解》《探监》,哀感顽艳,着实动人。现在捧住了离夫之首,一声"亲夫",杜鹃血泪,巫峡猿啼,格外惨恻,伧俗的《哭妙根笃爷》③不可同日语。当时在场探员、法医、翻译等深深感动,群叹已赋下堂的徐女士,有此热烈表情,情义可风。却说徐女士辨认首级

---

① 即祥生汽车公司。
② 台拉斯脱路即今日的太原路。
③ 《哭妙根笃爷》为王无能的滑稽戏。

亦以雀斑黑痣为证，蔡公的斑痣生前虽有碍观瞻，死后倒据以为凭。后来发现的六七颗人头便吃其在没有暗记，无人相识，才列"无名男尸"，搁置小病房冷气箱月余，始终乏人认领，蔡公较之，不幸有幸哩。

说起黑痣，亦暗记之一，泛泛友交莫名此痣形状。笔者与之每晚对坐同一写字台者，初时亦暗斑莫辩，直至馆中苏州人秦姓练习生某天告我说："蔡先生左颊近下颚那颗青紫暗痣，论相实为凶痣，主不吉，应遭横死"云云，笔者惊奇他何所据而云然？则答称在家时常往玄妙观星相摊畔旁听术士相天下士，断终身祸福，积若干年之经验，亦略有所得。傍晚蔡公到馆，默察暗痣，一经道破，不由疑信参半。事后回思该练习生先见之明，殊堪钦佩呢。

蔡公死前征兆，除辣斐舞厅草裙舞语忏闯穷祸大吃生活，头青脸肿，霉头触到法兰西（该舞厅位法界也）外，坐车发迹之"九三三三""三三三九"草绿色福特卡突然卖去换坐老爷车，七颠八倒，庸人自扰。吾军西撤，上海报市混乱，《申》《大公》等停刊，风雨满城，整个新闻界在风雨飘摇朝不保暮状况下，惟公办之《社晚》反混水捞鱼，趁有历史日报关门大吉机会，兼办《社会晚报晨刊》，世乱纷纷局面中匆匆出版，预告虽云布一礼拜，前年十一月十六日《晨刊》出版，只费一夜筹备，事前毫无准备。讵意明天中午，在馆闲话，大报贩数人谈论明早望平街有大变动，《×报》现在开会，《×报》决议休刊。公闻讯之下，跃然击桌起立曰："别家关门，阿拉倒可派窜头势啦。日报一定出版，一定出版……"霹雳火箭马上进行，公是时有财有势，说得响做得到，印刷所、白报纸、编辑人员都是现成，爱向路透、哈瓦斯、海通等电讯社，新声、华东、沪光等本埠通讯社订送晚稿后，当夜发稿，翌晨五点半望平街已发现《社晚》姊妹刊的《社会晚报晨刊》了。

"孤岛"报市大混乱，蔡公投潮流之机赶出《晨刊》，发行、广告均意外发达。那时停刊报纸有七八家，新出刊物只《社晨》及《力报》等二三张，客户有广告无登处之苦，因是销数浩大，广告拥挤，不兜自来。公兴高采烈全副精神经办，惜公孜孜于近利，只知投机而忘固本，又迷信说一句，不满百日将为报殉命，这是回光返照。措施不免反常，只报名三易，创刊曰《社会晚报晨刊》。二天后，嫌六字太累赘，乃改《社会朝报》。朝廷之"朝"太封建化，此字又有某种嫌疑，读者颇多误会，销路倏降。公爰与同仁聚议，再改《社会晨报》，出版未满一礼拜，三易报名，破海上新闻界记录。现在仔细想来，强弩之末，匆匆兼办《社晨》，表面飞黄腾达，内骨步骤已乱，七颠八倒了。

蔡公办事精神充足，生活俭约，绝无嗜好，果值称道。惟惜刚愎自用，胸无成竹，耳根太软，应付抖乱，办《社晚》发达已"大舞台对过——天晓得"[①]，同业刮目，外界惊佩。公则小人得志，时势英雄，自骄自大。乔迁新址后，地盘宽大，自谥之"董事长"，独立一室，油漆全新，更抱吃豆腐主义，在《晨》《晚》报上大登招请女职员练习生广告，一时年青男女纷纷报名应考，视《社会》报馆为金饭碗。

《社晨》出版如此匆促，这般鲁莽，根基不固，何怪昙花一现。公之死，死于《社晨》而非《社晚》，这因素只有馆中人和笔者等才明白。因为兼创《社晨》适逢上海新闻界空前混乱、青黄不接时期，报销意外发达，内容并无出色，而创刊即一鸣惊人，日销一万六七千份。这数字承平时《时事新报》《晨报》《立报》费百倍资才（资金、人才也）辛苦经营尚不易获得的，蔡公今日一蹴成功，岂非时势造英雄，较老大哥《社晚》之进展更侥幸吗？

《社会》"晨""夕"两姊妹刊出足攒头，同交鸿运，每天两报发行可赚百元左右（那时纸价只二元七八角一令），广告现钞惠登，益发麦克麦克。嗜财若命之蔡公，眼见一手造成两只聚宝盆，日进百金，怎不顾而乐之，心花怒放呢？

上海其他晚报创刊，事先均经相当筹备，股份有限公司组织，推选董监经理负责，资金少自一二万元多至五六万元，印刷部分皆自备卷筒机、排字房。王海山目不识丁，接办《东南晚报》，尚斥一万五千元购买明精卷筒机，惟挖儿透顶之蔡公，自命蔡董事长，报馆组织毫无规模，从附设南洋广告公司内一张写字台发迹，件件挖打，样样划算，可省则省，省至一无可省。例如新闻电，出版一年，尚嫌路透社价昂不用，后来时局紧张，拿"社闻"排第一版，做大题目勿像样了，才采路透电报。挖儿透顶之蔡公并不直接订定，却用间接方法与该社自由车送报人私通，月贿五十元，暗地买一份（这是社役的外快，油印时私下多印一份）。送报人得了这注贿赂，特别巴结，出发送报，第一家投送。这样后门货般批发，月费便宜七八十元。同样一份午稿电报且得优先递送，明知私相授受是犯法的，但看在省钱份上，顾不了许多，乐得便宜。

[①] 此为上海俗语，后转为歇后语，即真假难辨之意。当时广西路、汉口路先后开出了两爿糖食店，店名都叫文魁斋。两店都指责对方是冒牌货，其中一家在店门口挂出一块牌子，上书"天晓得"三个字，还画了乌龟来影射对方。数天后对方也挂出了同样"天晓得"的乌龟牌子。两爿店都开设在大舞台对面，所以就形成了沪语歇后语"大舞台对过——天晓得"。

《社会晚报》1934年3月1日创刊号报头。

《社晚》取巧,私用路透电,抹去社名而刊其消息,渐启该社当局猜疑"《社会晚报》不订本社午稿的怎么照样有类似消息刊布呢?此中定有蹊跷",派员彻查取巧秘密,结果送报人私印电稿出传罪证,水落石出,便报捕拘该送报人讯办,同时向《社晚》严厉交涉,蔡公才着了慌,托人疏通,一场风波终算平息。从此《社晚》正式订稿,月致一百二十元。可怜送报人,老蔡害了他也,饭碗敲碎,更吃了一月官司。

上海报界外史有"造电报"技巧(《民国日报》穷至当衣买纸张,编辑先生叶楚伧、邵力子、管际安、陈德征诸公妇难为无米之炊,外埠电讯只广东一路,其他各省皆无特约拍电员,社讯本埠、外国电亦因欠缴稿费而停运,编者没法奈何,急中生智,参考时事,凭敏锐目光杜撰《本报专电一》《本报专电二》,居然千里眼顺风耳,所造电讯假可乱真),若问偷电报取巧则蔡公发明家,第一个狗屁倒灶者也。

　　紧要声明:路透社当局发现此流弊后,立刻取缔。目今任事送报工役,奉公守法,绝无弊端,各报亦光明正大订稿,爰请两方勿生误会。笔者所述,系过去旧事,只此一次,后不为例矣。

主要的电讯稿,尚如此设法揩油,其他的节省,举一反三,可推想而知,勿烦多述了。印刷部分仍像普通小型报,一般委托代印(海宁路锡金所隔壁弄内中外,后迁爱文义路①,改牌号曰华东),故公办《社晚》,表面张牙舞爪,飞黄腾达,实质小鬼轧大淘,依旧办《龙报》故技,场面稍阔大罢啦。公之门墙

---

① 爱文义路即今日北京西路。

桃李本从印刷所发凡,办《龙报》时,夜间在印刷所校对,吹牛说大话,排印工人吃豆腐:"蔡先生既然狠来些,兜得转,阿拉拜侬做老头子愿吗?"脸厚似牛皮鼓的蔡公哪有不好之理? 拍拍胸脯说:"拜迭两个做老头子,算侬有眼睛,欲拜一个勿收,起码合满十弟兄,同铲进帖子。"排字工友初抱胡调主义乱喊"蔡老头子"吃他的豆腐,后来公之地位日高,拜老头子的徒弟一天多过一天,印刷所里嘴上叫叫的小角色,至此算作开山门高徒,纷以列诸门墙为幸为荣了。印刷所中公之徒弟因是最多,排印《社晚》者皆其高足,在旁监督工作,稍有偷懒,拍得一记头光,老头子高抬贵手,只好服帖。因得直接指挥获无上便宜,《社晚》在"中外""华东"时代,用平面机印刷,出版反较卷筒机同业赶早,每日午后四时光景,第一家发行,第一张在街头叫卖,即具斯魄力故也。

排印房不管自设,报销发达后,工欲善其事必先利其器。平面机印报终非久计,自置卷筒机,论公私人财力、馆中经济、业务需要,均属可能。惜公胆子细小,手面狭隘,视钱如斗大。一二万元买座卷筒机,"塞瑟抖了"①,勿敢尝试。临时抱佛脚,又施取巧挖儿,去联络《中华日报》林柏生,请他承印,月致印费五百元。《社晨》出版,两张生意,报销具涨,印费支出可观,月需七八百元,这样一个巨数蔡公又不免肉痛起来。抱憾吃在没有自备卷筒机的亏,嘴上时常诉苦,大发狠劲道:"咱蔡钓徒办报,办到如此地步。而印刷仍受制于人,不自置卷筒机,真死不瞑目呵。"又说:"无论如何,机器非买不可,这份家当置备了,才定心了。"语虽如是,但终给万千元代价吓住购机之言,永成不兑现的口头支票。

《东南晚报》停刊后,遗下一座卷筒机(明精国货,继《华美晚报》后第二座造成,同时可印红黑两色)。蔡公曾兴问鼎野心,结果亦嫌价昂而成画饼。迨《申》《大公》等报停刊,移汉出版,上海报业卷筒机过剩,那时外汇奇廉,"孤岛"屋贵,占地全间之印报巨机《大公报》清理处,乐愿减价出售,确为购机有意想不到之便宜机会(时代洪流威胁造成者也),笔者等均谓此时不购,更待何时? 公意始动,《大公》卷筒机德国来路货,十二分精良,原价一万六千两,现在旧货一半价便可成交,公虽美其廉,但想想数字终巨大,个人生平从无上万支出(坐的汽车也分期按日付款),看钱沉重,一再盘算,数度谈判,交易终不成。经过半月议价,降进一万元大关,只九千元了,蔡公尚舍勿得不要买。

---

① "塞瑟抖了"为沪语,意为抖抖索索、战战兢兢,此处形容胆小畏惧。

长丰地产公司经理蔡福棠,卓具眼光,公认彼族兄,与他商量,见此便宜货立允垫款,劝公买下。刚愎、耳软、寡断,为公生平三大吃亏。办大事业者,必须具莫大胸襟、广阔手面,才可买伏人心,众生来归。一朵牡丹得绿叶扶持而愈益婑艳了,蔡公确已修到牡丹地位,只惜己无人,不需绿叶,以致偌大报馆,名义上连排字工友在内,亦有七八十人吃他的饭,可是无一心腹。笔者老实自供,《社会》"晨""晚"两部分,职员均薪水主义,只知半个号头①拿到十五天薪金,于愿已足,别事死人勿关。公亦自认独力能支,用不到雇员顾问,即贡刍荛②,他也刚愎自用,不采纳也。以致蔡大炮始终站在火线上冲头阵,非常时尚不知急流勇退。两刊奉令停刊,公又一马当先,结果殉报丧身。倘平日御下宽厚者,那么左右必有心腹,匹马单枪冲撞,势必劝阻,或自告奋勇,请予委任,代往摸通道路,即有危险,有人替死,勿致凡事躬亲,实任"一字平肩大王"了。

　　惟公之治事精神与经济信用确值称道,允推青年模范。二十六岁后,身发财发,体态彪悍,一副大亨派头,吃量却有限。早上八点半起身,冲食一碗麦糊,跳上汽车,开到报馆。途中披阅《新闻报》,留心新广告轧出苗头,某人企业自己相识者,手到擒来。到馆批阅案头文件,拨付某事某人办理后,便亲自出马兜广告去了。

　　十一时半回馆,催各路勤王般打电话至各通讯社催稿子,送来半数后,亲自持往印刷所,编辑部附设那里。公监督两方面威风凛凛,如猫儿镇压耗子,员工仍勿敢偷懒,连呼口香烟都须头光拍来——"呛!快点!"(编辑、记者,则以手掌拍桌警告)《社晚》初办两年,用平面机印刷,出版反早于卷筒机,便得力亲自监督。

　　三点半光景,版子排好,纸型打出,看过大样,他才安心。命工人上架子火速印刷,自己才打道回衙午膳。匆匆食毕,又赶到馆中。如报未送至望平街,那么电话如十二道金牌催送,印所接不胜接。明知蔡老板脾气,勿敢怠慢。报纸发行后,监督账房收款、应接朋友、治理报务,至早八时告毕,广告划样完结,才回公馆晚膳。公极节约,只吃白食(别人请客)而不破钞留膳,宁愿枵腹办公,肝火极旺,办公时必火透三光,拍案叫骂,如此嚣张,亦不寿之征也。

---

① "号头"为沪语,为"一个月"之意。
② 刍荛:割草打柴之人,比喻乡野之人的浅见。

公办事精神，每日在十小时左右，无时无刻不念念于报。早晨梦醒，睁开眼睛，坐马桶如厕即便披阅《新闻报》，看新广告，动兜揽脑筋。从此一天到晚全为报务栗六①，八九时由馆回家进膳，此后终可休息了。岂知他赴宴会、逛舞场，随喜新新五〇六号闻人之群所开公司房间（阿德哥、杜月笙诸氏领衔），游乐不忘报务，处处留心广告生意，逢人宣传《社会晚报》如何如何，三句不离本行。知交因有称他神经病者，办报如此入迷，环顾同业，唯公一人！

乔迁新地点后的《社晚》，表面轰轰烈烈鼎盛春秋，骨子里回光返照、强弩之末。这并非笔者开马后炮说现成话，诸君看了上述笔者脱离原因"离馆三日，风波迭起，人亡报死"便知在下确具先见之明，并非吹牛。若问足下既明见事先，蔡公与君有三同关系，即辞而至他，亦宜恳切告知，俾可趋避，因何卖关子，临别没有赠言，眼瞪瞪旁观蔡公活生生死去？如此说来足下真忍心人了。文友说你谥"平肩大王"，谓君忍心，果属不伦，现在这问题上"忍心"的罪名则抹不掉啦。玖君善辩，还有什么话说吗？

先见之明的笔者早知读者有此一问，故已准备充足理由，欲知当时在下的所谓先见之明，除根据蔡公异相、眉目与年岁部位、三十三岁将蒙不利外，又看他迁地点后办事夸张，语无伦次，任何事项"抖乱发华经"，只知张大场面，不切实际，如招女书记、练习生、聘襄理、雇垫款账房。及买卷筒机三退三缩，办《晨报》三易报名，乱七八糟，一反平日一板三眼工作定律。试想在旧址时，每日尽瘁上述般辛苦，搬进对面新房子，自立董事长办公室后，专讲虚场面，雇女花瓶、女接电生，置打字机，向日一文钱看得斗大狗屁倒灶者，至此学大班气派，一味装阔了。短小精悍的报馆，摇身一变成"大壳风菱"，反呈大而无当。笔者腹诽其妄自尊大，治事精神大异曩昔，又断为反常行为必生变态。公个性刚愎自用，这时更自认我业骏发、名利双收黄金期，你如进言劝谏，何异逆批他的鳞甲？笔者爱识相告辞，另起炉灶，与舍友合办《时代晚报》去了。诸君明白在下的识见，便知那时的地位确不便热狂头上浇冷水，兴旺之秋说破话也，所惜全馆同事全患短视，佥认公事业进展如日方升，各个人兢兢业业，拍马唯恐勿着，此时蔡董事长拆屁也说香。只有笔者一人勿识相，兴发头上呈辞书，暗笑王定九吃饭吃霉（读"占"）了。如此这般饭碗，自己甩碎，可惜呵可惜。半月后，《社晚》倒灶三部曲演全，笔者诣上海殡仪馆吊丧，

---

① "栗六"为沪语，意为忙碌。

才掉转语调，同仁刮目惊叹道："王定九，俫真额角头，佩服你，轧得出苗头。曾几何时，蔡董事长头吃钢刀，赤淋淋一颗噱头不出你'三十三乱刀斩'语言，老兄先见之明，同仁拜服拜服。"笔者回答："岂敢。宁愿兄弟谈言不中，现在公真殉报成仁甩碎饭碗者，诸君饭碗保守派较我自碎饭碗者只多领半月薪水，这先见之明，兄弟确堪自负哩。"

笔者不烦词费，写出上面一段经过，并非自吹自唱，意在暴露公撑大门面而无一心腹职工，完全趋炎附势、多领薪水多吃饭、抱实惠主义者，以致养兵千日而勿克用在一朝，《晨》《夕》两报奉停刊令后，全馆上下面面相觑，听任公个人肚里筹计划策，匹马单枪，乱冲乱撞，结果头颅被钓，成无头尸一徒，引刀成一快，大负少年头。斯堪痛哭流涕长太息者也。笔者不是夸口，此时如未辞职，馆则变生须臾。姊妹刊被禁，必当思索原因，探求缘故，进言于公，代决进退，必要时且当挺身而出，劝公遵重"将钢头不可踱出"（前年春，公鉴本身地位冲要，呈中宣、内政两部申请更换登记，最高负责人（经理）即纳笔者献计，而将钢头踱出，推公高足姚森出面。姚兄在馆骤被称"姚经理，姚经理"即由此一幕假戏也）。前言，识风云气色，知躲避锋头后，公可不死，即死终勿致这般凄惨。笔者悼公殉命，迄今耿耿，深觉公创《社会》，确符"猫叫狗跳"俗谚，辛劳集中一身，分忧无人，代劳无人。笔者脱离后，甚至献议商讨者亦无人，呜呼。公今死矣，死于鲁莽，一也；死于缺乏心腹，二也；死于孤身奋斗，无人劝谏，三也。九泉有灵，甚许知音？抚摸颈下无身，能不泪下滂沱，深悔当初看人勿吃价，有己无人，致吃眼前一大亏乎。呜呼哀哉。休矣吾公。

关于蔡公钧徒的外史，拉杂写来已历月余。蔡公报界怪杰也，怪人怪事，尚多可记。但私德揭发太过分，未免有伤忠厚，爰即日结束，现在作一总结，附带报告身后遗闻罢。

（一）公头颅由前妾徐美云夫人具领后，捧往对面上海殡仪馆。公之首级，虽经一度洗礼，但巡捕检获时又血污狼藉了。故由殡仪馆化妆师施以美容手术，公毕命似在废历年初五夜，欢欢喜喜过新年。头发新经修剪，所以一经整理，乌黑生光，漂而亮之。只惜有头无体，徒遗"死出风头"之苦。

蔡公尸属原定公体未获前暂缓棺殓，后来徐夫人力主"守株待兔"之非，体比头大，昂藏七尺，既无发现，前途渺茫，何苦死等反使头颅没有着落，乃决棺殓。不过，偌大棺木单殓一头亦成问题，当经尸属与全馆同仁连夜流泪公议，悲中生智，想出补救办法：（甲）主神像般请雕琢名工用檀香木雕一木人身体,将头接上;(乙)主用公所办之《礼拜六》《龙报》《社晚》《社晨》四种旧报纸扎成一个纸体,表示公为报殉命,以报作魂灵;(丙)用稻草扎成草人,外包白洋布。三项建议均具见地,(甲)庄重,(乙)富意义,(丙)经济。结果商诸殡仪馆执事,以(丙)项简便易办。蔡老太太、蔡夫人等赞同后,如法炮制,假尸体套上马褂棉袍,头颅安置领口内,躺卧灵床,马脚勿露,不知就里者,还认全尸。翌日《新闻报》刊公尸影,果与阮玲玉一般状态也。

(二)公生前胡调女人本领看似高明,实则他抱吃豆腐主义,视爱情若儿戏。家庭如传舍,老家终年离,得归省一次,即去当天返沪,与结发真名义夫妻也。海上姬人,随遇随离,子嗣问题向不摆勒心浪①。徐美云过门,曾拖一九龄女儿,下堂后仍携去。公于数月后领归一六岁男孩,据云系妍妇所生,向日寄养于人者。此孩貌确肖似,惟下体大卵泡,且性极顽皮。现在这孤哀子由太夫人抚养,垂泪弄孙,悲矣苦哉。

(三)蔡太夫人育一男一女,公之姊氏于归同里丁君仁科,南京第四师范毕业,教育家也。历任浦东中学附小教员、上海县陈行乡行政局长、三林完全小学校长。为人干练,教鞭之暇浸淫艺事(工书画、擅演魔术),长吾乡三林小学颇具成绩,建体育馆,助中学部成立,战后迁校海上(帕克路平和里)。公之孤哀子既在髫龄,徐美云夫人已经下堂,因是丧事家务,悉由进勿出,万事从俭,重视金钱与蔡公同气连枝,姊弟相似也。故家属会议公决头颅单独棺殓后,嫌殡仪馆棺木价贵,至少百元外,丁君夫妇以为殓一人头,买一小棺材好啦,何必多花费呢?爰定五六十元买一具。馆中同仁聆讯,大哗,悲愤填膺,以公在社会上之地位,办报之飞黄腾达,为报殉命,死状若是凄惨,厚殓之不遑,岂有睏小囡棺材之理?身前四轮阶级,死后即求俭,不睏楠木、阴沉,至少睏沙方、圆心、婺源三四百元价值者,人情才说得落,良心才过得去。现悉堂堂《社会晚报》之蔡董事长而睏小囡棺材,真正岂有此理!诸同仁平日对蔡氏家属素不接近,现在遭逢巨变,旁观尸体无着,尸骨未寒,乃争产纷扰已露端倪。公之发妻,婆媳不和,蔡姊则母女骨肉连贯一气,双方争执,清官难断家务事。第三者殊为公生前"月亮夫妻"(月亮里点灯空挂名,名义夫妻也),死后卡字寡孀,名分正室,实权毫无,不及侧室下堂妻,名之卡字倒也恰宜。蔡夫人代抱不平,拔出"勒杀吊死"脾气,明知言语要求无效,乃采特别办法

---

① "摆勒心浪"为沪语,"放在心上"之意。

非常应付,通话赓余里蔡公馆,假称××仗义团警告,略谓:"听说蔡钧徒只睏五六十元小囡棺材是吗?你们真的肉痛金钱,莫怪敝团抱不平。非购五百元楠木棺材者,则以手榴弹奉飨。勿谓言之不预也……"蔡姊接到这怪电话,莫名馆中同仁捣弄的玄虚?恐怖之秋,突闻仗义团警告,如奉纶音,唯唯答应,梨容(哭弟流泪,带雨梨花也)失色,亟告母夫才取消愿议,即向殡仪馆拣选上等棺材。结果终小家气派,选中一百八十元圆心已算大手笔了。实则睏一二百元棺材,上海社会没甚稀奇也,但蔡公经馆中旧同仁一个电话多睏百元,何怪翌日殡殓,公眠灵床,头部化妆,满面春风,似在笑谢同仁仗义苦心。

(四)浦东乡俗,人死三朝大殓(缙绅门第,限春秋冬日),嗣后由七日至七七四十九日,为七个七(五七最大,开丧埋葬,皆于此七)。此外三朝,羽士推算一日为煞回(俗名接煞),《齐东野语》"煞神邪鬼"也。鹰首鸡足,有雌雄两只,雄煞被宋太祖赵匡胤活唊去,故长江以北无煞,惟苏松太旧道属范围仍有此例。接煞为严重节目,赤贫丧家,功德或者可以不做,接煞一则不得不接也。

蔡氏之丧,此次假设母子对调,那么太夫人寿终正寝,饰终盛典,必极哀荣。好大夸张之蔡孝子纷延名人题像赞,亲自撰哀启,一册讣闻,大而且厚,必极古色古香典丽鬲皇能事。首七和尚,二七尼姑,三七羽士,四七素友(业余唪经之中年男妇也)……七七敲,八八念,丧事摆场,必较六十岁做寿更热闹。怎奈太夫人前世敲碎半个木鱼,致养着顶天立地大胖伲子①,而英年夭折,不得善终,影响太夫人他日呜呼,只有孝女(丁氏妻)孝媳而没孝子,由承重孙主丧,邻里艳羡的福气打一对折,且成"黑气临门"倒尽门楣。何怪太夫人自丧明以来,日夜以泪洗面,婆婆老眼红肿如葡萄,真有失明之危。

太夫人当然不是猫哭老鼠,亲生嫡养亲骨肉惨遭非命,痛彻肺腑,挖却心头肉也。可是太夫人生性鄙吝,看钱太重,头颅殡殓,既力主崇俭,事后并不依照乡俗,举行七个七与接煞,延僧道唪经礼忏,超度亡魂,无声没臭头颅向棺材里一塞,眼勿见为净,便算功德圆满。僧道唪经原属迷信,可是像蔡公般生前地位,临难惨遇,做家属的良心上终过不去,似宜以假作真,假座××寺超度一下子,鬼若有灵,才能瞑目也。现在看重金钱,一无动静,蔡公之丧未免太寂寞凄凉,枉空生叱咤风云,社会称大亨,报坛名怪杰。

(五)蔡太夫人一钱如命,擅长家事理财,浦东老家抚孤守寡二十余年

---

① "伲子"为上海方言,儿子之意。

来,积攒近万元。一个目不识丁妇女,求财秘诀得力省俭,利上生利。有人细心推算,一元法币存放生息,七年对合,到第九十八年,十四个复利,竟成一万六千多元。准此类推,欲多上万家财,只要努力实行省俭储蓄呵。太夫人声言子死没有供养,日常开支格外减省,把赓余里七号一幢三层石库门召租六七家,自己白住之外,尚可盈余四十余元,足敷母女媳孙四人一月生活费了。乡下老太太做上海二房东,门槛吃精。望平街报馆那幢房子,"八一三"时公只缴二月押租(三百元)顶下,装修蹩脚,总共不值五百元,却出头与门面租户万茂药材行得价一千三百元。此事公堂兄老总管锡钧居间说洽,爱永享个人白住权利,两处房子如此收益,为公生前意想不到者也。

(总结全篇)纪述蔡公钓徒外史,连续月余,外界批评,议论纷纭。有谓记者忍心的;有谓记者扬人之恶,太伤忠厚的;亦有谓历历如数家珍,蔡案之谜,读本篇《外史》而思过其半的。

记者早已声明,写蔡公胸无成见,心如白纸,故对闲言闲语一笑存之。自审这次纪述蔡公太嫌唠叨,即日起,顺序介绍第三、第四、第五……不再这样勿惜词费,应简的简之,可略的略之。择其荦荦大者,俾免浪费篇幅。不过蔡公怪杰也,殉命奇案也。集奇怪于一身,记者写二万余字给他做行述,尚不冤枉。怪杰妙事多,读后津津有味。

(再谈大王)记者写了《屁股大王严独鹤》《平肩大王蔡钓徒》之后,现在再谈三大王,物色报人,殊乏其选。余子碌碌,均不足道,恰称三大王者,舍前《晶报》老板余大雄莫属? 名之"三日大王"也可。

夫"晶"之拆字格,三个"日"也,故"三日大王"具二义:一即晶报大王也;二则上海三日刊前辈资格之大王。本埠小报逊清季年已有《笑林》《游戏》《点石斋画报》等开风气之先,但四开式之三日刊允推余公大雄创办《晶报》为中兴功臣。原乎《晶》附《神州日报》为拖油瓶(随报附送也),民七,《神州》陆沉(关门大吉),油瓶儿子之《晶》反抚养长大。抚壁学步的堪自立门户,出攒头派窜头了。果然《晶》光炎炎,红遍报坛。二三年间,小报出版,春笋怒发,均奉三日之《晶》为圭臬,余老板同业尊为鼻祖,彼亦夫子直道:"阿拉《晶报》顶括括第一块老招牌匾。"

呜呼! 余公牺牲其半生光荣业绩而流血五步死矣,盖棺有待别论,惟过去报坛历史彰彰在人耳目,颇多可记,弥足珍也。明日起,爰述此"三日大王"之行状焉,所以蔡余并述者,同一大王衔,取其整齐也。

三日大王余大雄

海上报坛，名班红角，水陆英雄荟萃，若论人物，不亚一百零八将也。可是坐虎皮交椅，副大王尊号者，亦凤毛麟角，殊乏其选。记者开宗明义，捧出《屁股大王严独鹤》，再来一出《平肩大王蔡钓徒》后，鼎足而三，《三日大王余大雄》，今后预定介绍《申报》名记者、新兼《晶报》总编辑之徐华却不足称王，降级为将军了。所以私谥蔡公钓徒平肩大王，同文议我忍心，岂知"大王"头衔不易取得。原蔡公在报坛地位也只怪杰将军耳，想起引刀成一恨，大负少年头，才取"一字平肩王"之义，升格大王，既符其生前好为大亨之愿，且于回目上亦显整齐也。区区私衷如此而负忍心罪名，当然勿甘用特，不烦辞费再三声明也。

现在蔡大王功德圆满，余大王继续登坛。却说这位大王，原籍安徽，一只徽骆驼也。春秋四十八岁，举学历顶括括老牌留日学生，戊戌政变失败，康、

余大雄（中排右一），刊载于《上海画报》1932年第803期。

梁亡命三岛那时候,余公方是莘莘学子,早稻田大学政治科一年级生,在留学生中很会活动,办报因缘,亦导源于斯。他眼见康梁学说唯一时髦,倾动中东,乃亦效梁启超笔调作维新论文,投稿保皇会东京分会康梁党徒所办之《留东新报》。主笔湖南志士刘铁魂接稿惊佩余公才具卓凡,修书招致,一见如故。抵掌谈天下事,天生瑜亮,私衷互佩。长日过从,顿成莫逆。康梁东渡,刘首介余氏,刮目相看,录为入室弟子。《留东新报》改组,委余经理,是为三日大王海外办报处女期,附龙从云之始也。

余攻读早稻田二年,亦因康老夫子膺庆应大学中国文学史讲习而转学该校,与当时六君子之一唐才常介弟有壬同窗。余光绪三十一年毕业回国,直诣故都。当时抱负颇大,私意宦海得有奥援,终有出人头地之一日。当时镀银留学生极是吃香,官场中称硬班子,一似翰林散馆做"百里侯",称"虎头牌"。留学生到京稍有门路,××部堂官、××司×员、××行走、××见习……稳照牌头。余有康梁两支硬脚膀,当然五色顶子随己拣,平步青云没稀奇。岂知世事无常,宦途多变,余公到了帝都,豪气凌云,原想效苏秦上国策,费半月撰底稿,耗二昼夜缮奏章,拟龙目赐誓,好一国封相。谁知径军机处投文,大碰钉子,咫尺天颜,英雄无用武之地。余氏脱颖不出,只好屈居末僚,暂任七品小京官内阁中书。在职三年,正想拾级超升,已是辛癸前夜,革命爆发,清廷逊位,余公官梦粉碎,憔悴京华。

民国成立,北洋军阀窃柄,袁世凯企图借尸还魂,改元洪宪,恢复帝制。余公亦充跑龙套,出入筹安会,后来段祺瑞当权,小扇子(徐树铮)主持安福俱乐部,他又摇旗呐喊做小喽啰。可是官星照命,左右不逢源,跑在人前,却落人后。不过,会耍笔杆,留东时期曾办机关报的一段经历,寓京数年,各报投稿迨遍,文名倒鹊起。上海《民立》《中国》《中外新闻》等报,聘为北京特约访员,每日拍发专电,记者身份进出各机关,无上便利,北京记者界中一个活跃的人物。

余氏身材矮小,与贵同乡许静老(世英)大有虎贲中郎之似,跻燕楚高个子彪形汉队中,愈形瘦弱,三尺侏儒,卖相吃瘪。天幸矮子肚里疙瘩多,公的脸颊泛红光,居中赤鼻酒刺累累,劈面相逢,酷似半个关羽。当年天桥相士断他五短身材,蛟龙必非池中物,脸膛红光炎炎,虽然酒刺酿成,但亦富贵之征。现红下半爿,才难功名立就,待至全爿发红则鸿运高照……相士论断至此,公急问他鸿运交到如何程度。这相士是绍兴师爷,爱答:"吭交(读"高")话头,吭交话头。"从此余公晨早晚三次必照镜子,自观起色,拿皮带软尺测量下半兑脸的红光,有否如寒暑表水银柱般向上几度。记者在《平肩大王蔡钓徒》行述中大谈其相,本篇介绍《三日大王余大雄》,三句不离本行,开场就说到他的尊容。的确,外五行之相术,确有玄妙不可思议之价值。余氏赖天赋红脸交鸿运,故都小京官时代,半个关羽,尚碌碌无颜色。等到南下抵沪,加入《神州日报》办附张《晶报》,下半脸的红渐渐向上发展,又红了巧合,延"通红老头子"张丹斧主笔,红对红渗合,天然红且发紫。声名籍籍,名成利就。半个关羽满膛(脸膛也)红,双料通红老头子,合串拿手好戏,红过淞沪半月天,红遍报坛。结果这次流血五步,被刃身亡,赤红颜色作祟呵。综余氏一生,坠红尘,钻红门(母胎),生红脸,交红运,遇红光……红里来,红里去,红且发紫,终于成黑。报界红人,一瞑不视,进殡仪馆,睡向黑漆棺材,余公红运三部曲,信如天桥相士预言"吭交话头"矣。

　　《晶报》之前,上海已有小报,出自文人游戏三昧,不当一桩事业看待,昙花一现也。待余公于《神州日报》关门后,小星替月,拿附张《晶报》独立发行,便在原址自建门户,专心致志经营,才创上海现行小型报规模。论公酬庸,余公足称小型报鼻祖。

　　《晶报》虽小,可是麻雀虽小,五脏俱全。馆屋既厕报街一角,与大报结芳邻,又自排自印,一部老爷平面机,二十年如一日。本市报贩集团"捷音公所"业规:凡望平街无该报招牌之报纸,均不得自理发行,必须委托某一大报贩经纪。唯晶报馆址独占鳌头,乃得自己发行。从前老报馆进门列柜台,早晨小报贩直接此购,雇二三员役应付,取二文一份大报贩利润,"小勿可常算"。鼎盛期,本市销路万数千份,一月十期,聚沙成塔,即斯戈戈,超房租倍余矣。徽

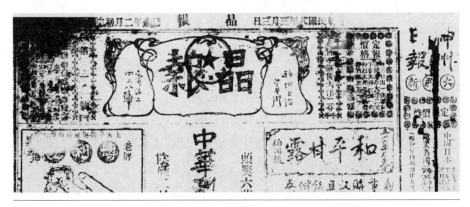

《晶报》创刊号报头,1919年3月3日。

骆驼的余公,商业门槛与贵同乡典当朝奉一般吃精,争此发行权利,曾和捷音公所一再交涉才打出天下(后来《小日报》《上海画报》设馆对邻,叨余公之光,不费吹灰之力,亦得自理发行)。

报纸内容,《晶报》作风从创始到易主,保守它一贯特色。二十余年来,上海小报潮流不知经过几度演化,从风花雪月而社会秘辛、猥亵淫荡、俚俗浪漫、军政新闻、武侠鬼怪、礼拜五派文艺、洋场才子诗词。编讲格式亦起多次改革,横四开、八开、直四开……唯与公主持下之《晶报》,英国保守派般始终厚箍旧马桶。第二版丹翁打油怪诗,娟秀歪斜,奇字,木刻,标题使读者一望而知通红老头子(丹翁)大笔也。小品小说,特约包天笑、钱芥尘、颍川秋水生[①]、孙东吴,暨《申》《新》两报外勤记者红员江红蕉、吴中一、赵君豪、钱华(曾任上海、无锡等地县长)、党人登龙之严慎予(在国闻社《民国日报》时代,亦曾为《晶报》执笔)担任特约,稿费论篇不计字,所以短小精悍,简洁扼要,无他报拖泥带水之弊。供给稿件诸君子,海上报坛第一流人物,亲切见闻,卓尔不群,读《晶报》如啖哀梨,无任爽口。凡善读报,知识程度高尚仕女,莫不赞佩《晶报》文章,余公巧妇也。求质不求量,肯花钱,多付稿酬,选用佳作,这一点编辑手腕,迄今小报仍难效颦,何怪当年唯我独尊,真金不怕火。炎炎晶光照遍文化界,目今后身《晶报》,排日旧报新抄,拜读代表作,确是勿惜多金易得的珠玑。

前日报载新简闽省委兼建设厅长包可永令尊包天笑老太爷,与公私交最厚,和《晶报》关系最密,长篇小说由他一手包办,短篇小品亦源源供应。包老先生骚坛前辈,笔调诙谐,白面书生,吴侬软语,有"包小姐"美号,笔名天笑,谐音"包倷笑",相同英国幽默大师萧伯纳。包倷笑任《晶报》台柱子,有时都挖苦同文,笑勿出——啼笑皆非——引起笔战。包老先生在《晶报》地盘大耍枪花,攻包同文则假他类刊物总攻击。有一时期的《晶报》,为了《晶报》台柱包倷笑挑起同文恶战后,前《金钢钻报》施老板济群(施籍浦东塘桥,内科名医盛茂祥门人也。二十年前,悬壶南市王家码头以卖立退脚肿丸驰名,性好文艺,擅治小说家言,助严独鹤编辑世界书局《红杂志》,礼拜六派健将。施外貌谨愿,言语木讷,笔调则轻灵婉妙。现在摆脱文字生涯,重为冯妇,依旧作良相。惟君子不忘其旧,开《新闻报》半幅辑《医药周刊》,阐扬国医国药,良可钦佩),首先发难,创办《金钢钻报》三日刊,题此报名者即对付

[①] 即陈秋水,原名陈德清,字镜如,自号颍川秋水,上海人,前清庠生。

《晶报》也。

结晶之"晶",明亮亮一块宝物,光溜溜,滑跶跶,甩勿碎,敲不开,唯金钢钻天然克星,琢之雕之,钻凿克晶,得心应手。施攻《晶报》余、包,乃创《金钢钻报》,暗示克星也。该报出版,果然金光炎炎,锋芒毕露,骂包攻余文章特别精彩,双方笔战,热烈万分,势均力敌,《晶》《钻》并耀,当年便宜了读者,云端里瞧厮杀,淋漓尽致,好看煞人么也哥。

《金钢钻报》创刊号报头,1923年10月18日。

《晶报》树敌太多,《金钢钻报》百十回合尚在枪来刀往之际,讵意横垛里又杀出程咬金,吴微雨、胡雄飞、姚吉光、汤笔花(现在改行电台播送故事,原系《福尔摩斯》创办人之一,报名尚出自此公触机,四人集议讨论取名时,汤瞥见案头《福尔摩斯探案全集》而献议,当场公决肯定者。创刊五六期后,即因经手广告费账目不符,发生意气,遭三老板驱斥)。四大天王创办之《福尔摩斯》三日刊,实践"载人所不敢载,刊人所不敢刊"无长信条,不愧报坛神探,一鸣惊人,后来居上。海上小报向宗《晶报》,推为盟主的,自《福尔摩斯》出版,另具崭新姿态,移转风气,浸浸乎夺老大哥(晶)之席焉。

《福尔摩斯》报创刊号报头,1926年7月3日。

余大雄刮目相看,暗暗吃惊。吴微雨等一蹴成功,本报劲敌。召集编辑同仁紧急会议,如何保持锦标抑制侦探报。通红老头子(张丹斧)、吴门包小姐包倧笑包天笑诸君仰体余老板醋意,撰述诗文,不免讥讽,同时《福尔摩斯》特约撰述平襟亚(现业律师,兼中央书店老板)与包倧笑生死冤家、笔尖仇人,各借小报地盘做出气筒,采萧伯纳幽默笔调,谑而且虐的互相针刺,各搔痒处,各剥痛疤。平氏以辑《中国恶讼师》《刀笔菁华》正、续集,纸贵洛阳登龙文坛者,因此挖苦本领刁精古怪,如椽大笔,犀利无匹。"包小姐"棋逢高手,有些招架不住,何况助平之吴微雨大主笔,也是一路诸侯,新兴铁军,声势浩大。《晶报》余、包吃不消两枝刀笔,双管齐下。

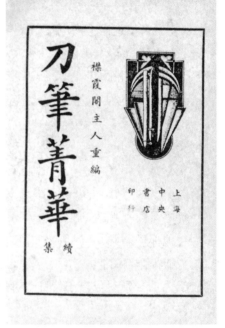

《中国恶讼师》,平襟亚编著,东亚书局1919年3月刊行。

《刀笔菁华》续集,平襟亚编著,上海中央书店1936年刊行。

这场笔战,爰较《金钢钻》更是结棍,钻戒翻头已称"呒高话头",万丈光芒,岂知东方报坛《福尔摩斯》神探,别足苗头,出足风头,派足窜头,十足惯头(真此三头六臂之头,多一头),非但集矢的《晶报》余、包日月无光,便是读者眼花特别缭乱,两报总攻《晶报》。"别人怀宝剑,吾有笔如刀。"拿破仑名言"一枝毛锥足抵三千毛瑟",足见文人之笔何等锋芒何等犀利。那时上海文化界,林语堂尚未登龙成幽默大师,躲在开明书房编译所里,撰著他的《英文读本》,脱胎周越然《模范读本》,情文并茂,生意兴隆,中学生人手一册。世界书房见而眼红,有林述庆者,偷天换日,抄袭林本,脱售版权,因是引起开明、世界一幕双包案,闹得天翻地覆。"林语堂"三字,处女镀金照耀文坛,可是幽默作风,礼拜六派小说家反继承《笑林广记》《世说新语》衣钵,惯善讽刺,《晶》与《金钢钻》《福尔摩斯》三报笔战,包、余、施、胡乎诸子,挖空心思,大驳痛疮。"小姐"细皮白肉,这时遍体鳞伤,带累余大雄陪他中流弹,包倞哭嘤嘤啜泣,哭且不暇,包倞笑勿出了。不过,今日事过境迁,包小姐养着一个大胖儿子可永仁兄,少年得志,平步青云,借一条"循环裙带姊妹花"汲引,和前上海电话局长徐学禹连襟连得真如连理枝,共成交通界后起之秀。一双新贵,从交通部技正而上海电报局长,上周回府明令发表,指日高升新简闽省委兼建设厅长。包天笑十足兑现老太爷,挺好福气,包家有此千里驹,包笑果然笑口大开如弥勒佛。

《晶报》笔战结束,余大雄无聊扫兴,笔尖恢复吟风弄月故技,忽然捧起兔儿爷的钟雪琴了。海上素无男风,断袖之癖,传习北方兔子相公,人妖罢了。逊清季年,国家将亡,真有妖孽,王公大臣偏好走旱道,一部《品花宝鉴》描写相公现形最是活色生香。民国鼎新,群妖敛迹,故都社会残余若干不识人间尚有羞耻事的老妖,古董般点缀旧京,终算有此宝贝。

钟雪琴投师拜祖,化身人妖后,心血来潮,羡慕南方上海花花世界花样众多。像他那样调调儿,尚付阙如,旅沪不少燕赵同乡,洋场不乏逐臭之夫,"一朵能行夜来香"移植海上后,定博轰动,风雨满城也。钟妖抵沪,人地生疏,莫名着手之计?姑营兔窟于大舞台对过,呜呼噫嘻。天晓得之相公果宜与天晓得结芳邻也。

相公不识"相",屁精偏不"精",满怀热望挟了如意算盘到沪的钟雪琴,"船头浪跑马——走投没路",正在乞呼将伯之际,倏有人指点他投奔《晶报》余大雄,此公自命上海通说道:"《晶报》为上海小报元老,余大雄为'三日大王',北里娇娘一经笔底揄扬,倩影刊出,如登龙门,身价百倍。现在你要在上海露脸,非乞援此公勿克扬名千号,和春申色情狂缔欢喜缘也。上海地方诸般可登广告,唯有妓院只有拉客而无登报招徕,有之,其唯倡门才子、洋场文豪笑风吟月之捧。"钟雪琴接受赐教,顿开茅塞。某日傍晚,全副装束往望平街晶楼。逼尖喉咙夹紧屁股的相公,馆员闯见他勿男勿女卖相,齐道"白日见鬼,狐狸精出现",钟妖换出粉红色小卡片,声明求见贵报老板余大雄。余公刚在编辑部里高谈阔论,听见扶梯畔人声吱喳,走出看个究竟,目击鸭舌帽、琵琶襟马甲、粉红缎裤子套云头粉底鞋,特别装束妖异人物。凭他旅京七八载小京官阅历,一望而知相公,两颗乌黑眼珠在罗克镜片内乱转,心中诧异,海上怎有这宝货出现?本馆怎蒙此人妖下顾?当下授过名刺,问明来意,邀请经理室。宾主寒暄,钟雪琴倒灌平津迷汤,余大雄听来熨心舒服,对钟拜托揄扬笔下超生(生计也)没口子答应。是日起,大雄的余公不雄而雌,夜造天晓得兔窟,情投意合,流连忘返,不知东方之既白。《晶报》狂捧相公,一鸣惊人,余公鞠躬尽瘁,排日作起居注,一颦一笑,一言一语,详细记述,予读者深刻印象。沪人好奇,一窝蜂劣根性下,钟雪琴相公淫业竟如他理想,不辞蜀道难,探险家纷纷问津,后门生意空前热闹,三马路兔窟门庭若市,鸽笼斗室淫棍满床,浪友满座。钟雪琴我道大行,沾沾窃喜,衔感余公知遇恩人,逢人标榜,对客夸张,彼此利用。余大雄捧相公生平得意之笔也,记者今日代他写外史,确该大书特书哩。

余籍安徽,皖南歙县,故里是产茶名区,旅沪同乡中很多经营茶业起家的。余公长袖善舞,办报余暇兼营久大茶号,不设门庄,介产销二者之间,博取佣金。他具国际贸易目光,茶叶出口,预测市价涨跌很准,因此获利较他家优厚。论开支,则关门字号,石库门内半壁厢房,雇员六七名,木椅木桌账台,数事而已。余公办事充满英国保守派作风,《晶报》业务若是发达,始终厮守望平街一角危楼。海上新兴摩登写字间多着,但君子不忘其旧,勿作乔迁想也,二十年如一日。造晶楼参观,其编辑部、印刷房者,光线乌黑、灯光惨淡、台椅朽坏、纸张狼藉,在在表示其倚老卖老呢。

久大茶号并非余公独资老板,内有亲友附股。去年四月,他第一次遇险便在此处,凶手侦悉行动每日午前必到,乃伏对面弄口,待余公汽车停下,跳出车门右脚刚欲跨进店堂前,讵意背后枪声"啪啪"爆响,耳畔只觉嚓嚓飞过,说时迟,那时快,余公机警,情知遭人暗算了,急忙扑地,效乌龟步钻进柜台底下蜷伏着,战战兢兢,麻麻糊糊,知觉消失,三魂六魄吓到九霄云里。天命不该此时呜呼哀哉,这才横飞的子弹扑了一个空,斜垛里射去,变成流弹,无巧不巧,打坏了久大茶号账房钱先生,一双摆在天然几下陈年宿古董的破钉靴穿了一个窟洞。凶手谅是小抖乱,发枪后见余公仆地不动,认已中弹,目的既达,脚底揩油逃跑。

是日余公一场虚惊,自出娘肚以来未之有也,久大茶号伙计们也吓得各自逃奔,跑街耳东先生最是惹人好笑,昏头昏脑逃入灶披,躲在江北车夫阿三草铺,蜷伏破被絮里。账房钱先生慌张得在自来水龙头畔团团转,额汗黄豆大,六十光近视眼镜跌成粉碎,徒留两个空圆圈。至于主角的余公躲在柜台,亦串《九更天》,那时一副抖功远较"□老牌"吃价,牙齿捉对儿打架,肩胛零碎动,皮肤里面如装司必灵弹簧,跳荡颤动,面无人色。伙计们待凶手远飑,回进店堂,拖出老板,余公第一句问说:"这里是阴间呢阳间?你我是鬼呢是人?"众人拍拍额角头,笑告他道:"余先生没有遭毒手,子弹落空,毫发未伤呵。怎问鬼勿鬼呢,即请定心,天相吉人,幸免于难也。"余大雄听说如此,不由摸抚头脚,全身一过果然没有赤化,衣袍只有灰尘,面无血迹,自己亦笑称"额角头,额角头"。

海上报人《社晚》蔡钓徒第一个开刀后,满城风雨,自知之明有杀身危险诸子莫不行动约束,起居戒严,《华美》朱作同、《大美》袁伦仁、《文汇》严敦礼众矢之的,格外火烛小心,化装上香港,闭户住公寓,惊涛骇浪中卒告毫发无损。生死虽是大数,人力亦可挽救。余公大雄,上海报坛之雄,小型报中兴功臣,论资格,凌驾蔡、朱、袁、严,但"八一三"大战漩涡,余氏站向另一方面,因是,余公宜高枕无忧,岂知以遭人们注目,施以屠杀,嗾使暴徒"卫生丸"相飨,久大茶号前行凶,余公命里注定刀上死,勿该斯时枪下殒,这才一弹脱空,幸全性命。当他柜台底下被伙计拉出来,镇定了后,先叹一口气说:"阿拉活动社会素主仁义待人,有恩无怨,何方暴徒欲致我于非命,蛇蝎心肠可畏哉,人情枭张也。"又发牢骚道:"阿拉余大雄是赵子龙,混身都是胆,做了不怕,怕了勿做,三寸白郎林是吓勿退的,明枪易躲,暗箭难防,天有眼睛,相手方多此一举,真盲目行动哪……"

上录谈吐,壮自己威风,扎个人台型,伙友面前卖羊三千①而已。实质经此一役,毕竟吓昏,从此勿敢再履久大茶号,有事电话接洽。本人蛰居苏州河北岸,不越雷池一步了。置身此时此地环境中,心想泰山一座何用杞忧,相手方扑了个空,谅不心死,继续谋施辣手。不过,若辈用武无地,插翅飞来不成?余氏满怀乐观,毫不领盆。月余以后,印象淡漠,上海白相人口头禅"勿

---

① "卖羊三千"为上海俗语,指欺诈手段多至不可胜数。

摆勒心浪向啦"。

关于余公不获寿终,盖棺自有定论,记者站第三者立场,并舍其死前行动不论,只就他在报界半生经历,聆悉噩耗,终致悼惜。余公,报坛俊杰也。成就虽只区区小型《晶报》,但属吾党一人,"三日大王"身份,如能不外骛茶利,厮守报坛,不离岗位,那么余大王决不致做剖心比干,逃了一关又一关。鸣呼旅寝,年尚半百已告寿终,余氏之死,爰在记者新闻眼光观察下,报坛俊杰,又弱一个。

金戈将军钱华

（先来一个更正）上节《三日大王余大雄》篇首，涉及《申报》记者、现任《晶报》总编辑之徐华。"钱"误"徐"已是张冠李戴，现任《晶报》总编辑亦有语病，应作前任《晶报》总编辑始切事实。当时读者颇多诘问，爰乘纪述钱氏外史之前，先来一个更正。

钱华浙江慈溪人，阿拉四明中学毕业后，负笈北上，考入燕京大学文科。氏身材中等而肥头胖耳，且满面鬓胡，伟丈夫气概，洵是南人北相也。

钱学生时期很会活动，具演说与新闻两种天才。当他肄业时，刚巧五四学潮高涨，北京的学生领导全国，开××市民大会、总统府请愿、殴打签订××条约××贼、十字街头演说、联合罢课、要挟条件×项等，学生运动如火如荼。钱氏便是活跃的一个，被推学校代表参加会议，与站向官方请愿前线，同时发挥他的新闻天才办"燕京壁报"之外，兼为本京《世界日报》《京报》等写学校通讯，花絮为纬，勿若普通教育新闻之沉闷。他的生龙活虎笔调，编者、读者刮目相看，《世界日报》成舍我、《京报》邵飘萍发现此新人才后，即晤谈，争订特约记者，是为钱投身新闻界序幕因缘也。

钱发育甚早，十九岁少年长成如二十五六青年，兼因胡子关系，领下于思于思磨刮不光，益臻老态。天生一副少年老成模样儿，在充北京国立大学学生联合会代表与新闻记者接近发表谈话时，他已具小要人气概，滔滔而谈，层次井然，袖出底稿，格外有条不紊，简洁扼要。本京记者对钱印象俱佳，许为顶天立地奇男子，他日社会上一条好汉也。

燕京毕业，名列前茅，钱本有志深造，出洋镀金，受家变（丧父）影响，匍匐南下，奔丧回籍，守制三月。在庐舍之中，一似未曾向世前的诸葛亮，运筹帷幄，定鼎天下。钱为个人出路打算，当时少年气盛欲望很高，愤慨国事蜩螗，颇拟投身宦海，做一个轰轰烈烈模范官儿，羞死愧死一般酒囊饭袋贪污官。可是他家境清寒，门第祚薄，并非累世缨簪，缺乏贵亲宦友门路子，怎能平步青云呢？加以他在学运很有名气，官僚们对他这颗"爆裂弹"闻名头痛，谁愿汲引，予以任用呢？

钱氏官迷心窍，一度冲动后，终是自知之明而"着毋庸议"。刚巧蛰居故里，与成舍我通讯，讨论职业出路，成劝他下海做新闻记者，口诛笔伐，很可完成志愿哩。记者并非没出息，只要会活动，亦可登龙转入宦海。

成舍我指示他"毛锥处世亦可登龙"一封信后，钱氏职业的志愿便决定投身做新闻记者了。私意吾国报业落后，记者地位低下，可是旧都报人本人干学生运动时期，曾经玩票，兴致不恶。当时旁观外交记者、政党记者、政论记者、沪报特约通讯记者……派头大来兮，神气活佬现，要人对他戒惧三分，总统府、总理官邸、各部衙门，一纸名刺直进直出，撰文评论国事，理直气壮，一个雷声天下响，何等锋芒？如此看来，一枝毛锥生涯虽然清苦，地位却是清高，不可为而实可为呢。

钱对报业已窥门径，记者活动稍有经验，旧京报馆报人缔结因缘，被召北返，正式下海，充任新闻记者，收驾轻就熟之效。因是欣然命驾，于民国十五年春由原籍坐羊角车到宁波，搭江天轮至沪后，并不耽搁，直诣北站，购津浦联票，重返故乡矣。

抵平后，成舍我喜得英才，特别青睐，委为政治记者，采访府部国会新闻，并加外勤科副科长虚衔尊崇之。

钱在《世界日报》地位，新进新人破格优越，钱心感成知遇降情，努力职务报效之，凭自己天才与交际手腕，日常探访独出奇兵，每获未经人道未见透露之重要消息线索，加强《世界日报》"本京要闻"声势不少，同业惊异，官方亦叹服，齐佩后生可畏，钱华笔扫千军，老大记者无颜色了。

钱氏探访术擅独得之秘，目光犀利，手腕灵活。每夜光临六国饭店舞厅，与当朝贵介眷属交游，有意无意对谈之间，从姨太太谈吐中获得出奇的消息，据此线索再费一番访查工夫，繁篇新闻不劳而获了。当他处女尝试无冕帝王做记者的时候，刚巧十六年革命前夜，北伐党军已掩有华中地盘，吴佩孚挣扎两湖，孙传芳联军五省，举棋不定，旧京政局混乱，军阀官僚崩溃征兆已呈。惟奉直两派回光返照，尚擅作威福耀武扬威。钱氏处身如此杂乱环境中，轧出苗头，胸有成竹，表面装作"阿木林"①羊里羊腔，内骨则明察秋毫，样样吃

---

① "阿木林"为沪语，指呆头呆脑、容易上当受骗的人。

精,桩桩明白。因非如此怎能避免当道注意?蹈邵飘萍、林白水危险,明哲保身。在他势力范围不得不尔,少年老成即此之谓也。

革命前夕,在北京地方充新闻记者的确勿容易,钱氏虽无党无派,可是他一举成名的关系,当道很注意,特派暗探跟踪侦察他行动。钱很机警,假托伤寒病进德国医院避风头,不过,他这时兼任上海《申报》《新闻报》两家北京特约通讯。说起特约通讯,倒是钱公登龙上海报坛的楔子,中间曾经斗争,这段外史的外史颇有足述,兹回忆如下吧。

民十七年前,国都在今北平,政令出自都门,全国观瞻所系。论新闻网的地位最是冲要,上海各报馆对"北京特约通讯"一席特别注重,人选审慎,物色资望相孚、操守廉洁、采访灵动之士担任,殊匪易易。北京为各党各派大本营、军阀官僚活动区,新闻政策皆知利用,上海各报更为若辈心目中企求者;因是,捐了《申》《新》等报"北京特约访员"名义,敢说自有人搬金登门,运动你通讯文字中代为吹嘘,排放烟幕于国人,俾达其挂羊头卖狗肉政治目的。故特约访员如为饕餮之徒,益发得其所哉。偌大北京,贿赂公行,只要你具有挖儿,"天下为私,我道大",持了名刺访甲问乙,源源津贴不劳而获。当时议员有节敬、炭敬、冰敬等陋规,下流的新闻记者混水捞鱼,亦作伸手将军,自开名单收条,乞分杯羹。上述确实旧京新闻界黑幕之一,悬牌"××通讯社",当年不发稿之空洞机关,专门捞津贴,即具此手法也。

撰述《北京特约通讯》文字,果宜简洁老练,内容更须道人未道、入木三分,揭发真相,缕述源流,预言后果,非交游广阔、活动灵敏、目光犀利、富军政常识、时事批判者莫办。所以,《新》《申》两报北京特约访员比在馆记者反审慎周详,既防假名招摇撞骗,又惧财力不胜,敷衍塞责。《申报》担任此席者,秦君墨晒是也。提及此公,来头大,奸桧后人,活跃旧都新闻界饮名藉甚,元老架子,与成舍我、邵飘萍、林白水、管翼贤、王冷斋(七七事变时,任宛平县长者)称五虎将。秦任《申报》北京特约通讯,民六起始,十足年了,馆方对于他的访稿刮目相看,很是满意。只风闻此君挖儿透顶,活动天才高人一等,凡院、府、会、帮津贴,新闻记者公账上都榜上有名,一月收入麦克麦克,旺月与三节超二千元外。如此美缺,怎不促使同道眼红?嫉妒者一再写匿名信向《申报》当局告密。故史量才总理与张蕴和总主笔以匿名攻讦不足为训,置之勿理。后来越写越多,一月连接数封,才密函留平之钱芥尘访查,岂知因此周折造成了钱氏的机会,后生小子取而代之了。

钱芥尘先生，报坛名宿，政海耆老，和"关外王"张作霖父子夙具渊源，对东北方面事务十分熟悉，上海人所谓"兜得转"也。钱先生名士风流，不惯居官，奉张屡欲拨以显职，先生固辞，乞得"中东铁路驻沪办事处处长"名义，寓公海上，和各方联络。"中东路"上海方面没有什么公事办，该机关等于"奉张南方办事处"，专代"关外王"父子办私差而已。钱先生无官一身轻，倏南倏北，优哉游哉。何论勾留平津，旅居沪上，终与报人密切接触，他曾主办上海《神州日报》、北平《燕京日报》，又写得一手好稿子，《晶报》政界秘辛、名公外史均出手笔。钱先生南北新闻圈同样兜得转，后生小子尊称"芥老"而勿名。他亦虚怀若谷，性好奖掖人才，张恨水《啼笑因缘》登龙，亦是芥老居间于上海新闻界东北视察团（该团动机是先生促成，东北当局委为总招待，一如顾维钧之伴随国联调查团）进天下第一关（山海关），抵平游历故宫，视察旧京同业，北京新闻记者联谊会假座六国饭店，招待席上当面介绍于严独鹤。张、严识荆，严卖芥老面子，开放《快活林》地盘试登北派作家小说，岂知《啼笑因缘》披露，轰动读者界，酿成"啼笑迷"，没没无闻流浪故都之文丐张恨水一举成名天下知。饮水思源，芥老确堪夫子自道："张恨水是我介绍出道的。"

钱华之于芥老，更因五百年前共一家的关系。钱在旧京新闻界活动，首蒙芥老注意，面询成舍我："钱华是何等样人？"成氏说出"此子英俊，其材可造"后，芥老亟欲会谈，当托成社长介绍面晤。

钱早知芥老长者，准期往谒备致仰慕之忱，芥老见钱伟丈夫，英风爽露，应答如流，读其文一如其人，私怀欣慰，勤勉周至，接席长夜谈，娓娓忘倦，从此时相过从，钱华改呼芥叔，盖由世谊进一步成亲谊，认通家合谱自族伯叔了。

芥老得此头角峥嵘侄儿，愈加欣慰，捧角般逢人揄扬，赞佩钱氏不去口，钱承老叔口角春风，文名大著。芥老这次得《申报》史量才、张蕴和二老友密电嘱访特约访员秦墨晒行动，心想机会来了。华侄额角顶亮晶晶也，当下存了排秦荐钱念头。一封回电到沪，《申报》史、张果本信任芥老，他说怎样办便怎样办。因是，再电京解秦君之约，聘钱华继任。有历史的《申报》北京特约通讯，仰仗芥老一手提拔，钱华脱颖而出了。

钱借芥老举荐攫得北京特约通讯后，英雄用武有地，上劲采访，平均每周发快函二通，洋洋洒洒，长篇累牍，纪述军政要闻、名流秘辛，索隐显明，观察准确。十六七八三年，为北京政局动荡最剧烈时期，钱华适逢其会，联络各方撰述通讯，揭发政讯新闻时事，读者刮目，氏在《申报》上笔名"华华"，确有锦上添花、画龙点睛之妙。

是时关外河斗（张学良），比不得目下"光杆将军"，当年继承大统，叱咤风云，三省猪卵泡没有戳破，中央重视，特派沪市长张群、警察总监吴铁城双双亲诣沈阳，斡旋易帜。

钱芥尘先生是东北的传声筒，对于张、吴驾临沈阳斡旋易帜，"小张"的态度擅独得之秘，当时各方揣测，皮毛观察怎及芥老幕中人语呢？钱华为此问题日夜拜谒芥老，刺探消息，凡属可以发表者，都由钱华写成通信，快邮代电至沪。《申报》要闻编辑奇怪钱氏英才，他身处北平，可是纪述关外政闻，反比沈阳特约通讯员详确，似有化身术在沈阳亲见亲闻一般，岂知老钱口述，小钱笔录呢？

钱华与《申报》具斯渊源，膺华北通讯重任，馆方十二分奇重，月薪汇给一百二十元，平均一篇通信稿酬十五元了。比较秦墨哂多支二十元，面子沾光，金钱实惠，钱华应该知足的了。

不过，他在故都新闻界里浮沉六七年，时日虽不久，却感到厌倦。十六年迁都以后，北平根本平庸，失去首都领袖地位，新闻价值随之降低。钱本南人，阿拉同乡，乃兴南归之念，心想上海为全国大埠、新都屏障，新闻事业特别发达，本人才具跑到南方去服务，前途才无量，足供展布。厮守北平老营盘，局促当如辕下驹。钱氏动了回南之念，便借归省名义，搭了平浦通车蹑程南下。到沪后，即诣《申报》馆，袖出名刺自我介绍。经理马荫良、总编辑张蕴和见是本馆北平特约访员，虽未识荆，但文字神交多年了，当下不胜欢迎，竭诚招待。三人见面，互致备慕之忱，寒暄既毕，钱单刀直入声明本人南回志愿，乐愿调至上海效劳，请赐玉成准予位置云云。马、张两氏回说"足下英年硕学，当代第一流记者，本报莫名倚重，要求调至上海本埠服务，求之不得。俟兄弟等代陈史老板，是有确切回复也"云云。

第二天傍晚，钱下榻一品香，由司役递进一张请柬，史、马、张三人具名，假座杏花楼洗尘。钱承《申报》最高当局宠招，真的受宠若惊，准时前往。宾主欢洽。这是史老板组织《申报》总管理处聘教育界闻人黄任之运筹帷幄，策动"六十周年《申报》"之返老还童，壁垒崭新，《申报》宛似招贤馆，所聘都是名士，钱华适逢其会，南下自荐，史老板当场应允。钱目的达到，此行不虚，喜不自胜，忙缮函电向北平《世界日报》成舍我陈述衷情，请求原谅他这次的不别而行，为个人出路起见，勿克继续留平共使驱策借报知遇，私心欲然，惟有容图后报矣。

钱于一周后正式到馆走马上任,史老板亲自陪进采访科向旧同仁介绍。此君来头大,北平特约访员、华北名记者,现在老板调他到本馆任职,定荷特达知遇,老同仁怎敌新宠?当然唯唯承命,争着招呼。停会儿,史老板手谕下来,委任钱华为本埠要闻(党政军)外勤记者。海上机关林立,长袖善舞之钱氏参加上海活动后,如鱼得水,更展长才,果然驾轻就熟。一礼拜走暗弄堂摸通门路后,第二星期正式探访,新闻访稿恰如意料胜人一筹。北派记者如京角儿般登台打炮竟然大有苗头,编辑部暗暗赞佩,采访科外勤同仁个个吃惊后来居上,被挤落伍了。《新闻报》蒋剑侯等在市政府值钱氏,"只闻其名,不识其人",记者座中忽有此彪形伟男子,气概大丈夫,丈二和尚摸勿着头脑,勿识此君何许人也。俟传观名刺,赫然《申报》记者钱华,才知北来名记者,何怪近日该报《本埠要闻》忽有特殊消息披露哩。

无冕帝王的新闻记者,担任外勤工作的格外活动,在三百六十行人们眼里莫名向往,无任艳羡。岂知吾国的所谓新闻记者半路出家居多,近十年来,南北著名大学辟设新闻学专科造就报业人材后,才后起称秀,钱华便是铁中铮铮者,名副其实的金戈将军。出马采访政治要闻,晋接的都是本市头儿脑儿的官儿,钱氏虽然阿拉四明人,可是肆业北平多年,几句标准京音国语很自然流利漂亮,和官儿们谈话,同业诸子瞠目结舌,眼看钱氏滔滔刺探絮絮不休。

钱得《申报》地盘,用武有地,大施活动。《申报》人才济济,钱虽后进,却与赵叔雍、赵君豪、金华廷、周瘦鹃一般知名。钱除本身外勤职务外,又由钱芥尘之推毂,兼任《晶报》特约撰选、中国旅行社《旅行杂志》基本撰述。钱氏之笔真大如椽,对小品文缺乏修养,因是小报文稿未出色当行,惟就其采访花絮分别报道,资料方面颇见新颖活泼。

"九一八"事变发生后三月,有闽人祁仍奚者,苍头突起,创办《观海晚报》,是时《时报》噱头《号外》

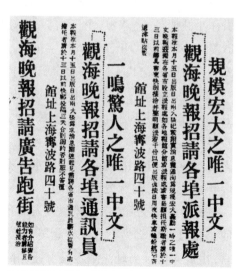

《观海晚报》广告,刊载于《新闻报》1931年12月8日。

尚未发行，沪上夜报市面风气未开，所云夕刊皆具政治臭味，《江南》称第一老牌，《中国》亦具相当历史，寥落凋零，社会漠视。竟想不到六七年来，风起云涌，蔚然称盛也。

祁定创刊《观海晚报》即延钱主任筹备，钱在《申报》之职务本来甚忙，且《申报》馆例，重要职员不得兼任外间同样事务，所以钱氏的兼职秘密性质，完全受祁友情恳托勉强担任的。《观海》规模预期宏大，出两大张，除钱自任总主笔兼电讯编辑外，并聘赵叔雍为名誉总主笔（时评撰述），张梦熊、王定九为本、外埠新闻编辑，吴敬明为副刊《小观海》编辑。

祁氏经历，现在回忆，极富趣味，当年曾因办《观海晚报》发生幕后纠纷，酿成特种粉红色新闻而轰动社会，六七年前海上仕女津津乐道。

原来祁氏向在华北关外政商两界活动，占偌大势力，长袖善舞，曾创协和贸易公司，张作霖、作相、学良、吴佩孚、冯玉祥、张敬尧……军政巨头都是大股东，资金千万元，规模之宏大在天津首屈一指。祁氏腹本便便，身任总理，气派更是豪迈，生活奢华，全埠无匹，公馆汽车八辆之多。某岁放洋赴美考察工商，订购五金机器，路过旧金山，斥三千美元独包花车，美报争载其事，叹曰："彼邦十大富豪，甘拜下风，足证此马之委实来头大。"

祁在津办协和黄金时代，海上甬籍药商张集成（集成药房老主人）长幼爱女梅丽、梅珍均肄业南开大学，祁识之交际场中，先娶其姊，次俪其妹。大姊夫作小妹倩，一箭双雕，皇英故事，花好月圆共度甜蜜光阴时，艳闻流传，皆大欣羡。张家有女"千四金"，梅字排行，媲美宋家三杰，祁氏福慧真不知几时修到？一对姊妹花共入怀抱，黄金美人，人生大欲俱遂，祁氏得意可知焉。

花无百日红，人无百日好。祁正志得意满之际，讵意协和倒闭，亏累五六百万金，被小张拘押。幸妾梅珍与张夫人于凤至手帕情深，为夫乞援，营救得释。梅丽则收拾细软，袖手旁观。祁出狱后乃依小妹居，视大妇作负心人矣。姊妹之间由是交恶，浸成水火不相容。《观海晚报》昙花一现，亦竟受妻妾争风影响，洵意想不到者也。

梅珍颇擅交际，在于凤至夫人前营救夫婿出罪，并在小张处讨得一份差使，"简任祁仍奚为三省保安总司令总办公厅第三处副处长"，祁奉委腹贾做官，由商而仕。当赴沈阳走马上任，祁居官年余，生活反日见拮据，盖大班气派一味摆阔虽已此一时，彼一时，祁仍悍然不顾，硬绷空场面。三省官场豪赌狂嫖，一夜所耗千金无奇，祁处此环境中，左支右绌，渐呈挖肉补疮苦境，卒弃

祁仍奚、褚直督、鲍参谋长合影，刊载于《北洋画报》1928年第168期。

官回平做寓公，杜门谢客，生活倒可节约清闲。

不过，祁正英年（四十岁），致力事业奋发之秋野心不泯，静极思动。"九一八"后南来沪上，初赁宁波路上海银行大楼六〇二、六〇三两号写字间，出版《观海月刊》（内容集剪报材料，成杂志中之杂志）。"观海"两字，即张学良题眉，外界爱传小张后台云。

《观海晚报》创海上新型夜报先声，当时中外通讯社不发午稿因是取材方面首费踌躇，二大张的篇幅，电讯要闻、本埠新闻全无着落，拿什么东西飨读者呢？当时除聘陆诒、吴树人为外勤记者，特约陈梅盦、王义孙为公堂访员外，其他的稿件绝无来源。说穿了真是可笑，钱华以任职《申报》的便利，拿隔晚该报屏弃已付字篓的稿件一箍脑儿袖交过来，废稿利用，试想这样的无办法中之极办法，身任编辑者，真感无米为炊。

赵叔雍笔大如椽，为《申报》"时事新闻"撰述的《社评》洋洋洒洒，誉满鸡林，现为《观海》执笔，三天打泡也很卖力。待后洞烛报馆情形，中止送稿，致群龙无首。为求像一张报起见，钱华庖代，笔者也曾胡诌数篇补白，《观海》编辑部挖肉补疮。经济方面，岂知亦左支右绌，创刊时因祁便便腹贾，卖相挺好，对外宣传法螺浩大，电话簿封面、南京路之牌广告，十二分炫耀，因是外

《观海月刊》1931年3月第1期封面，观海社发行。

间哄传东北系所办，小张后台，拨资×万元，同业遇见笔者等，额手代庆"金饭碗"。谁知祁仍奚外强中干，虎头蛇尾，筹备费耗去四五千元后，第一月经费半月后即呈枯竭现象，结果终因钱（经费）与醋（姊妹花妻妾争风）的关系，而昙花一现停刊了。

《观海》出版满月，祁仍奚经济周转不灵，更因家庭醋风波为大妇软禁，避不见面，馆中失了主宰，对外信用破产。钱华虽想力挽狂澜，怎奈斯报基础未固，受不住风浪。三天后，祁着大妇梅珍出面，委孙祖基律师清理《月刊》《夜报》两部同仁，各领本月薪金解散。大刀阔斧企图办理的《观海晚报》意外短命夭折。视后三月出版之《大晚报》，赓继至今，隐居上海晚报元老，非但祁氏慨叹，便是钱华，偶提《观海》往事，亦深悔良禽失于择木哩。

钱华总编《观海》失败后，原箍旧马桶，仍致力《申报》采访职务，灰心外骛，不再"拉勒篮里全是菜"兼任他家职务了。《申报》当局器重其才，《观海》事虽有风闻，并不追究，免戳破了面子上过不去。钱因是格外感奋，安心供职，着力"本埠要闻"的采集，六十周年纪念后的《申报》本有"返老还童"口号，钱为该报干部人员之一，当然格外卖力。

"一·二八""八一三"两度战役，改充战地记者，躬往吴淞、江湾、宝山、庙行火线晤十九路军、第五路军、八十八师长官。金戈将军的钱君驰骋疆场，人地相宜，所得战讯出色当行。本埠新闻界人才济济，但能与他同期抗衡者殊无第二人。馆方给津贴金酬庸，采访科同仁视为异数。天地良心说一句，钱华在上海新闻界活动意识向来健全，态度很是光明，同道对他只有赞美而无毁谤。不过，自从前年《申报》停刊后，行动发现飘忽。初期传闻，一般老朋友还不甚相信，待后他接办《晶报》，渐渐证实，确属灰色，知交们才扼腕他的"转变"。"呜呼××××"堕落为"××××"矣。

《晶报》，三日大王余大雄基业也。前年起，余登龙别径，弃故业如敝屣，钱华以多年特约撰述渊源，仍由钱芥尘之撮合，而归钱承盆改组，继续出版。《晶报》为上海老牌小型报，短俏雅谑的文稿、一鳞半爪的报道，拥有五六千基本读者，潜势力相当雄厚。钱见该报大可利用，乃自告奋勇，大报记者兼任小报老板，事实胜于雄辩。钱对外声明，接办《晶报》，游戏三昧，了无臭味。可是逐日露布的字里行间，终有蛛丝马迹，致遭《文汇报》副刊《世纪风》吹毛求疵，大剥痛疮，酿成村妇骂街式的橡战，钱独扛橡笔，亲撰还骂文章，肝火甚旺的他，一稿草得面红耳赤，暴露宁波人本色，破口大骂"高季琳①（《世纪风》编辑）啥东西？"了。

　　笔战烟幕弹烟消火灭，岂知真枪实弹登场，暴徒预伏跑马厅路龙门路口，伺钱坐车行近，横里杀出程咬金，"砰砰"乱响，钱中弹要害，当场身死。海上报人又多一个莫名其妙牺牲者了。余、钱老友，《晶报》新旧老板也，讵意相隔六阅月，钱步余后尘追踪黄泉路上，共处枉死城中。九泉相见，各抚创口话酸辛。

　　关于钱氏的立场，姑作悬案，棺虽盖而不定论。惟就人才眼光，那么他当有为英年牺牲在这大时代里，亦罹暗杀惨果，终堪惋惜而悼念的。氏任职《申报》七八年来，稍有居积，身后不甚萧条，不过，死后的寂寞凄凉较之朱惺公之轰轰烈烈，相判霄壤。是则，金戈将军亦是报坛一条好汉，死因勿明勿白才落如此下场，未免冤哉枉也呢，唉。

　　附带声明：

　　笔者写《报人外史》二月余矣，介绍人物尚只四位，且死者占其三，因是引起读书误会，《报人外史》成阴恻恻之鬼史矣。须知行文之初，卢前王后原无固定，惟悬揣该报人之社会注意程度而尽先纪述，蔡（钓徒）、余（大雄）、钱（华）三公同属第一流报人，同登鬼箓者，为叙录整齐及并告读者起见，爰顺次写出，物以类聚，文以鬼聚也。现在无巧不成书，《大美晚报·夜光》编辑朱惺公又于日前成仁，惺公之死空前轰烈，岂可搁置勿谈，爰下节再来一出仍是死者，读者已多误会，用特附笔声明。

定九白

---

① 即作家柯灵。

铁头将军朱惺公

朱惺公初署松庐,江苏丹阳吕城镇人氏,今年整整四秩,适当登龙报坛奋发有为之秋,讵意无情铁弹贯穿其绞脑沥汁,易升斗之文化人生命源泉大小脑,呜呼尚飨,寿终不寝于北河南路。惺公身后博各方热烈同情,赙仪恤金不期立集,旬日之间,聚沙成塔已达万元,破古今文人身后萧条记录。公游九京,英灵不爽,必当含笑。且求仁得仁,死重泰山,不负凌霄宏志,头颅有价(精神与经济,双料价值),更可无憾。但弃中年丽英夫人,七岁遗孤,论儿女私情,终不免"死难瞑目"丢不下家国吧?

现代没有科举,咱们扛笔杆朋友,勿再"十年窗下无人问,一举成名天下知"平步青云获飞黄腾达机会了。目今小学生开蒙,老师怎会启示:"读!读!读!书中自有颜如玉,书中自有黄金屋。"所以牵不住"裙带","学"决不会优而"仕",只有注定苦命,过"文人终穷"凄惨日子。惺公,咱们圈内人也,当然跳不出如来掌心。掮的果是如椽大笔,可是文星没有照命之前,自杭而沪,浮沉文化出版界十数年,始终偃蹇,宏愿难图,壮志不伸。文丐生活,甘苦自知,这次如不进《大美》任《夜光》编辑,人以报名,那么朱惺公之为惺公,依然吴下阿蒙,倦眼惺公,颓废不振,哪会死出风头轰轰烈烈

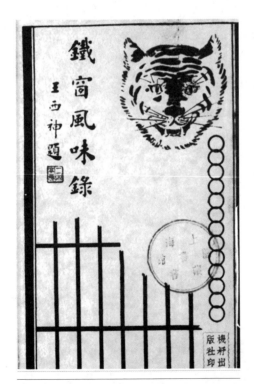

《铁窗风味录》,朱惺公著,上海机杼出版社1933年刊行。

呢？呜呼噫嘻。信乎穷通有命，运势有时不可相强的。

惺公四眼侏儒，身材矮阔，背微驼，行时伛偻，小老头子卖相，暮气沉沉。其貌的是不扬，但真应了"人不可貌相"这句话。惺公腹笥富足，才高八斗。或许推崇过分，那便打个对折吧。他很具自知之明，因天才限制，爱刻苦用功，新旧文学，一炉兼治。进《大美》辑《夜光》后，诗兴勃发，排夕披露大作，海上骚坛，推为祭酒。公性好酒，交友宴集，把杯吟哦，益发得其所哉。逸兴遄飞，痛浮大白，综惺公一生，任职《大美》一年七个月，足当"黄金时代"。境地相宜，行文乃极慷慨激昂了。

笔者早说"吾国报人，十九半路出家"，惺公也是中途改行的。当他十五岁那年，在故乡丹阳县立第五高小毕业后，家贫勿克升造，经其大伯荐引进丹阳县城大街恒泰衣庄为学徒。外貌谨愿忠厚木讷的惺公，才华内蕴。惺公习业内地衣庄时代，揩油灯、倒夜壶、洗地板、换水烟筒，学徒苦投孜孜操作，了无超异常儿之处。不过，于国学似具夙慧，每夜店务理楚，同事先生呼呼入梦，他则一灯如豆，偷偷看书。夜漏更深，始抛卷枕畔。翌晨一清早又爬起来，曦微光线下，凭窗临池，练习大小楷了。惺公之置身报坛，登龙至今日地位，根底便打在此时，真不容易呢。

惺公在杭任屁股编辑，曾发生不少逸闻艳史。某次曾被新新通讯社社长王一新调侃，拿粉红色洋信笺写上娟秀字迹，撰成短篇小品，假署"芸香女史"名义投稿公前。经半月源源呈正均荷赐刊后，进一步附函道谢，露才子佳人文字因缘意思。惺公意动，覆书绸缪，纸面如火如荼。郎情妾意热烈至难解难分时，西贝而带柄的芸香女史实行作弄，便订约相会恶作剧。惺公不知同道王一新捣的鬼，欣然整容，换穿了一套新西装，覆约前往。岂知枯坐湖滨第六公园三小时，始终不见鱼雁情人踪影。俟惺公失望，拂袖欲走，冷不防树丛里跳出一个程咬金，王一新拉住惺公笑道："松庐先生情哥哥呵，芸香女史没有失你约呵，远在天边，近在眼前。"惺公满腹牢骚无可发泄，瞻顾徘徊，迟疑莫释的当儿，突然聆听王一新一顿抢白，丈二和尚摸不着头脑。刁滑的王一新哈哈大笑，指着自己鼻子道："芸香女史，便是我也。"

惺公才知上当，羞愧万分，拔步欲遁，一新拉着不释，并将松庐寄去的三四封情书扬给他看道："你的证据在我手里呵。"惺公没奈何，只得邀往湖滨西园酒家，破钞悭囊，请了一次客，赎回王一新手里的情书，免艳事传扬，变成活现形丑史。惺公意想不到受人捉弄后，懊丧万分，卧床三日，始照常到馆。

岂知最后因缘,与何丽英女士的结合,仍靠文稿作介征求得来哩。

向读者告罪,去夏膺陶社长之命,为本报撰《报人外史》,圈内人说圈内话,尚荷读者嘉许,连续二月余。入秋后,因作者染恙,返里中辍,虽承陶社长一再敦促,读者纷函诘询,作者疏懒,一曝十寒,嘴上谈兵,口虽唯唯承诺,而笔毫无犯,勿成只字也。兹值本报革新,作者亦宜重整旗鼓,再行登坛点将,故《报人外史》始于今日重又露脸焉。

机杼出版社广告,刊载于《时事新报》1934年7月18日。

去秋《报人外史》写到朱惺公中断,没有下文交代,殊使读者失望,现在接续前稿,总结他的身后,下回总算分解了。

敝同行中,身后风光允推朱惺公唯我独尊,确具无冕之王气派。搁路狙击,死时虽惨,殡仪却极哀荣,万国殡仪馆大殓,瞻仰遗容者千人空巷(次于阮玲玉万人空巷也)。远处战都的蒋总裁,据报噩耗特电慰唁,并致优恤金三千元。"屁股编辑"呜呼哀哉,而接到最高领袖"××先生遗属礼鉴:蒋中正叩渝侍秘×印",天字第一号阔电报,岂非不胜荣幸?惺公九泉有灵,定必含笑吧?

朱惺公之死,轰动上海,传播全国,本埠《大美》忠实读者,纷致赙金。治丧委员会结算总数,并入蒋委会员长三千元、中宣部一千元,暨重庆、香港、昆明、长沙等各地记者公会、当地报馆,经收赙仪三千六百余元,与《大美晚报》《大美报》《大美周报》，三报同人公份八百五十七元，共计二万八千余元。当时有人建议拿这笔款项存放殷实银行生息，月息七厘，年得近二千元，由朱夫人何丽英领取作生活费，足够和遗孤度日了。这算盘打得最稳妥。不过，另有人发表意见，认为本办法太呆板平凡了，惺公之死，既具非常价值，二万八千余赙金，集之匪易，不宜若是处置，该举办一件有声有色而又具永久纪念性质之生利事业，使惺公英名格外不朽，呜呼。惺公，寒士也，生前处境艰穷，某次具函黄雨斋氏告贷，黄氏商界陶朱而具孟尝风度，立致五十金。惺公德之，知友前每揄扬黄之风义，盛称报人登龙者，唯有黄氏不忘故旧云。身后多金，聚讼不决，钱，这东西，真有些莫名其妙呢。

这笔身后公赙金的支配成了悬案，治丧委员会委员十二人皆大美报馆中坚分子，赙金经收的又是大美会计部，因此，这笔钱搁置大美三楼巨型银箱里足有半月之久。报馆门口本来有法租界麦兰捕房，特叠沙包，日夜拨捕四名驻岗保护的，当然勿患盗劫。不过，巨款搁置，平白损失利息，爰经治丧委员会再度集议，公决暂时活储四行储蓄会。

据闻朱夫人何丽英对于公赙金之被第三方面支配，自己勿克处置表示遗憾。不过，场面上难以明白争取。何女士是惺公执笔西子湖畔登报征婚求得的爱侣，当时曾发生发噱趣史。天作之合，结缡八九年来，伉俪情深，惺公很爱她，编辑《时代日报》时，曾把"玉皇大帝"芳名假设信箱，吊读者胃口，后来便拿这材料编辑《爱河中一百对怨偶》单行本，与《驭夫术》《御妻术》，同为惺公自费出版的名著。惺公殁身成仁，何女士哀毁逾恒，抢地呼天，对人表示，如无遗孤，誓必同殉。"松"庐（惺公原名）烈士的夫

何丽英，刊载于《爱河中一百对怨偶》（何丽英著），上海机杼出版社1933年刊行。

人,"松"筠柏操,这是敢保证的,二万八千余元公赙即拨交何女士亲自保管,她定能毋负各方期望,尽未亡人责任,抚养小惺公成立的。可是治丧委员会诸执事办事精细,思虑周到,公认何女士果属挺有人格满有节操的知识妇女,怎奈上海社会的环境太恶劣,一个寡孀拥资数万,哪得不引起歹人觊觎而酿生意外呢?

此事迄今未有解决,何女士每月生活费系向馆方支领惺公原薪八十元,数目已经不少,适值"孤岛"百物昂贵,一家三口差可维持布衣菜饭。何女士很俭约,未亡人身份更缟素无华。她最近宣称等待治丧委员会办理结束,搬回杭州去和老母同居。母家祖遗矮屋三椽,依母而居,既省房租,内地生活亦较上海低廉,如此八十元月薪,有盈无绌了。

惺公遗闻不止如此,现在姑且带住,读者欲知其详,拭目以待治丧委员会辑印的哀思录罢。

好好先生李浩然

《新闻报》的资格后于《申报》,可是这位后生小子却是时势英雄,广告发行都超老大哥之上。不过很矛盾的,"新"字冠首的《新闻报》一贯守成政策,故步自封,并不革新。老牌的《申报》,"六十年纪念"倒鼓起黄忠精神,不服老,返老还童,广延新人,大事革新,一株老干茁放同气连枝新蓓蕾,图书馆、补习学校,馆主史公量才如不寿终正寝于沪杭公路,深信尚多展布咧。

上海报业瑜亮,《新闻报》《申报》主持者手腕大相径庭,可是两报有唯一相同之点,便是馆中总主笔那只高位子,都由两位"哑尔曼"①道貌岸然正襟危坐,终身服务,连坐二三十年,不越主笔室一步。二位总主笔乃成两报活古董,分庭抗礼,各率一军,为海上报坛佳话。

若问这二位"哑尔曼"姓甚名谁?提起两马来头大,勿烦记者介绍。道德文章,如雷贯耳,早是哪个不知,谁人勿晓了。《申报》张蕴和老先生方于去冬作故,该报刊布遗像与略史,无论识与不识,同声慨叹"报人其萎",新闻耆老又弱一个。

《新闻报》总主笔李浩然老先生,陕西籍,孝廉公也,旧学卓具根底。逊清季年,有鉴新学昌明,乃不受科举笼络,从三家村冷板凳上一跃而起,肩了竹囊,闯出潼关,浩然长行(李先生"浩然"笔名即是离籍时鼓励自己志气而取的)。他先到洛阳亲戚家住下,再定行踪。原来的盘算想循京汉路北上直诣帝都,心想皇城之中人文荟萃,欲图出身,唯有入虎穴才得虎子。后来转念一想,不禁欲打自己耳光,本人出关目的全图呼吸新空气,倘仍向牛角尖里钻,何必长途跋涉呢?当时心中十五只吊桶七上八下的,结果,最后决定舍鲍鱼之肆的北京,改趋新兴都市的上海,受浦江新潮的洗礼。

逊清季年,上海首开风气,革命党人新派学者都托庇租界,办报结社,宣

---

① "哑尔曼",为old man的洋泾浜沪语,指"老头儿,老先生"。

传鼓吹。清廷禁网虽密，但对这批激烈分子，仰仗特别背景，停留十里洋场活动，只得假作痴聋放任他们。公然抨击，大胆咒骂，新派分子风头出足。东西南北维新志士齐来春申江畔，附骥追随，为事为荣，李老先生的中途变卦亦向上海这条路跑，动机亦是如此。

陕西佬的李氏，一脚踏上黄浦江头，真的人地生疏，举目无亲，更兼言语不通，深度近视眼，呆望着马车、东洋车如梭来去，自己不知到哪里去安顿。幸亏那时洋泾浜没有填满成爱多亚路，沿浜开满招商客寓，码头上接客茶房，一轧苗头，便知破题儿第一遭到上海的外江佬，上前招待，接过书箱铺盖，导往二洋浜畔一家"平安"牌号的二等栈房住下。

李老先生真做海上寓公后，自忖旅费有限，这样栖息客栈、果腹饭店，只消费而不生产，坐吃囊空，终非办法，乃胸怀焦急，眠食勿安。某天外出，向茶房索纸包裹东西，递给一张《申报》。李圣人门徒惜字若命，在陕西原籍教读时，路拾字纸，投炉焚化，现见一张油光纸满天星印有字迹，岂可包裹，乃安放一旁，另在箱奁内翻出一块蓝布包袱，扎束停当，扬长出外去了（据先生自述为包裹了短衫裤上混堂洗澡）。

傍晚回寓，依床休息，顺手拿起那张《申报》浏览，刚是第二张满载诗赋歌词风花雪月文章，他读得津津有味，情不自禁，摇头荡脚，拍床叫绝。后来看到末尾征稿小启内开给酬办法，李老先生心想客中无俚，诗赋文辞，可以卖钱，生财小道，当夜便磨墨握管，写了几首《蝶恋花》词，投稿《申报》。岂知一纸稿笺做了他于役新闻业三十余年的线索。

四十年前油光纸单面印刷的《申》《新》两报，并无固定屁股副刊地位，大小由之，随新闻公告伸缩，诗赋文辞补白而已。所订稿酬不是千字单位，而讲条例，如五言七绝等诗，每首作一条，酬制钱一百廿文，戋戋此数，目今折合四分大洋，只可买二只大饼。但在当年，洋价值八百六十文，生活简单，百物廉贱，李先生打公馆的平安客栈，单铺房间五十八文一夜连小账，每日两餐，上附近正和馆吃咸肉豆腐汤，三块肉，二碗饭，二十四钱耳，因此吟诗一绝，领得稿酬可照两天开销，一百廿文数目很感满足了。

李老先生胸怀大才，跳出潼关时，书箱琴剑，浩然长征，志气凌云，原想北上京华，拾青取紫，登龙做宦，舒我怀抱的。现在中途改辙到上海，看风使舵，留学潮流挺时髦，机会许可本人也打算乘风破万里浪，出国呼吸新鲜空气，三年汗漫游，攫得洋博士头衔归来，胜过寒窗十载本国秀才举人百倍。李老先生的如意算盘，来沪途中打得很精通，意志飙举，兴趣勃发。岂知脚踏上海，吃人地生疏大亏，蛰伏小客栈里做寓公，旅居无俚，投稿为活，雕虫小技，大负□英雄心，因此文稿虽在报端披露，衷怀终是悻悻。

沪南高昌庙江南制造局（民国后称兵工厂）系曾文正公（国藩）奏请慈禧太后拨国币二千万元兴办的，延英德工程师设计，造枪造炮等厂，煞费苦心。曾逝世后，李鸿章继承遗志，一般尽筹硕划，李思屏除客卿、广储人才、自为国用起见，特于光绪二十九年春奏准开设广方言馆。那时新学方在萌芽，上海有南洋公学、格致书院、敬业书院等，规模粗具，算为高级学府了。李相国英明练达，熟悉洋务，深知富国强兵非培植工科人才不可，乃在制造局大范围内开广方言馆，招贤馆般容纳人才，为国取士。李慎重将事，亲自到沪主持开馆典礼，本文主角的李老先生叨五百年前共一家之光，进馆任教习了。

广方言馆树之风声，人文荟萃，李老先生开馆元勋，当然负士林硕望，洋泾浜畔客栈寓公一旦登堂入室，高坐讲坛，一似英雄用武有地。他在馆数年，春风时雨，乐有不少子弟。现在和他并肩任《新闻报》副总主笔、编辑《快活林》报屁股扬名的严独鹤先生即三千桃李之一，迄今虽共事一馆，职位相埒，可是便因这经历，仍事以师礼尊呼先生，二十余年来如一日也。

湖北张之洞提倡中学为体、西学为用，广方言馆便为实验机关，除李氏等积学宿儒外，更延揽东西洋留学生与欧美日本技师翻译书报，自办印刷工场，李兼任编辑科副主任，由此对印刷事宜涉猎门径，书报编撰积具经验。

"时来风送滕王阁"，李先生初履春申，举目无亲，一筹莫展，蜷伏小客栈，投稿作生计。自入广方言馆，谈笑有鸿儒，往来无白丁，声誉鹊起，友朋也多起来了。三年后，刚巧《新闻报》需要主笔，美国大班福开森耳李氏文名，特往高昌庙拜会刘备，三请诸葛亮般三访广方言馆，第一二次李谦辞勿就。直至时隔半年，该馆奉旨停闭，理由顽固，王公奏闻上海广方言馆容纳新派党人，提倡邪说，印行激烈反满书籍，福开森第一个获悉（馆中接北京快电），洵是不忘旧的君子呢。民国元年起，上海报界与团体一同大转变，《新闻报》和《申报》两根报坛台柱子，夤缘时会，益发烘云托月，鼎盛春秋。闭塞的民智不识报纸为何物的，兹受革命洗礼关心时事，目能识丁者都爱看报了。海上日报众望所归，内地各省纷纷订购，运递到埠抢售精光，两报本外埠销数突增七八千份。同时上海租界开始它"安乐窝"特性，逃难仕女四集，工商业刺激繁荣，欧风东渐，广告术萌芽，《新》《申》两报的告白刊户日见增多。收入丰裕,篇幅乃膨胀了,对开两张添加一张。内容方面因新闻来源源源不绝,国内外大事日有发生,纪不胜纪,原来的混合编辑法废除,分门别类,提纲挈领。革新之始,馆方数度集义,李老先生为贡献最多之一人,他主张国内军政大事冠首,排一二版;国外电讯次之,列第三版;本地风光,上海范围内形形色色,则由本埠新闻兼收并蓄,每日排足四五两版;殿军之第六版,余兴文艺,供读者茶余酒后。他目击朝野维新,旧文艺太沉闷了,馆方向视这一栏聊备一格,采敷衍态度,不设专席编辑,李先生乘革新机会献议当局,应延新学文人负责主持。洋大班福开森、华经理汪汉溪均韪其议,后来严独鹤被罗致,任《快活林》编辑,成报屁股大王,李老先生原动力。

清末民初,海上新闻界高潮突起,为党人所掀起也,于右任、戴季陶、邵力子、徐血儿、章炳麟、陈佩忍、叶楚伧……笔大如椽,日撰洋洋洒洒时评,攻击清政、鼓吹革命。诸氏蕴有热力文章,转移报界风气与读者视线,养成一般读者披阅日报首看时评习惯。《民立》《民呼》《民吁》《苏报》等爱请各主笔特别卖力,时评之一外,接一连三……连篇累牍,洋洋大观(各报另外特约社外人执笔,按篇致酬)。《大公报》星期论文五十元润资,实有师承。

李先生初进《新闻报》,初生犊儿不怕虎,精神抖擞,颇具作为。报务改革特别献议,他有鉴读者时评热,乃主张每版刊载《时评》,归各版编者就本栏题材评述。这计划实行时,四版编者名角会串般各陈见解,各抒伟论,很受读者欢迎。抓取当日新闻题材铺张叙述,予读者深一层观感,这方法确是佳良。李先生时任第二版主笔,《时评二》便是他播音的地盘。

《新闻报》是金门槛养老堂,进门任职,待遇优异,任何报馆望尘莫及,职员生活安裕心不外骛,当然把图上进。《新闻报》虽非典当,可是职员升迁也

《张季鸾同学五十寿序》,李浩然撰,刊载于《新闻报》1937年3月18日。

是牛步化,大有上级不出缺下级难超升之概。李先生编辑第二版,一贯十多年,直至民国九年才升总主笔,每天负写一篇《总评》,不烦审阅电讯了。

　　大块文章的时评,看似一报的开锣戏目,岂知压轴正本,故由总主笔主演呢。李氏国学卓具根底、世界眼光、政治观察力、各科常识,来沪领略新空气,于役书报界确富经验,握管撰述游刃有余。李先生的世界眼光真的丰而且富,有一时期,他每日评论题目完全国界以外,不是美国如何如何便是法国、德国怎样怎样。执的是国产管城子,写的是仓颉古体字,却似拿了帕克笔在写蟹行文。李先生不是上海《新闻报》的总主笔,而为英吉利《泰晤士报》总主笔了。

　　《时评》题材十分广泛,国外风光偶一为之,原无不可,倘每天跳不出如来掌心,始终论述世界政治、社会工商百业,舍近图远,未免太千篇一例了。吾国军政工商全未上轨,学步欧美,李先生站在全国第一家大报馆论坛上,正该自我批判,对本国事件发挥伟言谠论指导读者、贡献社会,使被批评的可遵循采纳纠正改良,不负自己如椽大笔,并顾及舆论权威与报格。

　　高明的李先生乃不及于此,天天评论国际新闻,日日撰述海外风光,莫测高深。读者厌倦,看到题目立感头痛,一般人赠予他的荣誉这时一致收回,齐说洋迷主笔李浩然作风再不转变,真使咱们浩然长太息了。李先生听到外界讥讽,会心微笑,默不计较,盖他的所以操如此笔调名,别有用心,情非得已也。

　　李总主笔洵洵儒雅,旅沪二十余年,依然故我,不改书生本色。虽坐《新闻报》第一把交椅,驰名南北,读者景仰,可是他不交际不活动,乐天知命,安坐主笔室中撰写他避重就轻的海外奇谈或时评,曾经有多次机会请他出宰苏皖浙××等县做百里侯,一并拒却,自称:"新闻纸为吾终身事业,《新闻报》是我李某养老堂也。"

　　私生活俭约,处世态度和蔼,全馆同事对此老前辈畲服无闲言,宴饮场不常出席。"八一三"前一年,陕军师长冯钦哉晋京公干,道出沪上,设宴新雅酒店招待新闻界,先生以乡谊密切关系才姗姗来迟,与冯并肩连座,叽里咕噜,大攀其陕音乡谈。小子等叨陪末座,洗耳果然恭听,可是山东人吃麦冬,一懂勿懂。是日冯师长应某记者之请,于手册上即席挥毫,书"春秋笔法",隶字笔力遒劲,武人允文是拭目相看。李先生也兴然提笔,写"吾党健者",清新俊逸,可一风格,关中人杰,各具千秋。

李先生今年高寿六十七岁了,服务《新闻报》三十余年来如一日。"八一三"后,名位依旧,事实上不当握管,目今《社评》取消后更勿著一字了。再越三年,古稀遐龄,退职养老,馆方一笔历年储蓄的退职金拨付,数目可观,尽可以乐其晚年了。

小记者严谔声

纪述了《新闻报》大主笔李浩然，联想到同馆小记者别名的严谔声，大小由之，乃紧接介绍严先生和读者见面罢。

提起"小记者"三字，他拥有大量的读者，然而读者们多半不详何许人也。笔者一再有人询及："小记者是哪个？此君今年几岁？真的小弟弟吗？"和《新闻夜报·夜话》作者丈二和尚"厨司"[①]，同样摸勿着头脑。实则小记者，严谔声是也。全国第一家大报馆的大编辑，勿着笔者滥竽小型报，专写小报文稿，小字为署。所以严先生的小记者完全谦虚，宁为鸡口，毋为牛后意也。

提起严氏的出身又不算小，此马来头大哩。"快活之鹤"严独鹤的介弟，阿兄荣任《新闻报》副总主笔，兼副刊编辑，阿弟附兄骥足，荐引同事，更春色平分，各拥一方副刊地盘，同享编报屁股盛名。"八一三"以前，兄主《快活林》化身的《新园林》，弟主《茶话》，每日各摆擂台，运用笔风，大别苗头，很有掼头，施尽噱头……自然出足风头。年兄年弟，《新闻报》昆季花（尚有小阿弟严畹滋君任该报翻译记者，三年前病逝，两位老兄哭之恸，各于《谈话》追悼，赚读者不少眼泪，目今该报三兄弟三缺一了）。且为报坛劳莱、哈台，一双老搭档唱滑稽戏（嬉笑俏皮文章），小记者服务报界外，兼是上海社会活动分子，苗头勿是一眼眼，窜头势不小，笔者爱冠"长袖善舞"也。

《新闻报》是金饭碗，在职人员爱都安分守己，像李浩然、严独鹤等，数度有人介绍登龙，出宰百里，二公坚决谢绝，勿愿离馆升迁。小记者的严谔声，挖儿大来兮，他采图近政策，参加马路政客群中从事社团活动，马路政客指望报纸上日见大名，张扬公私事件，兹承严先生折节下交，有一位报人合伙正中下怀，无任欢迎。严叨职名记者地位之光，加入任何公团，得到大众捧场。新

[①] 丈二和尚"厨司"指蒋剑侯。"丈二和尚"为其别署，"厨司"为其笔名。

进分子便和老委员并肩以秘书文书科长、宣传主任相属。严先生登龙有道，极感兴味，黑夜编报屁股，白天走团体，同样地拿了笔杆记录着，夜以继日，双管齐下，小记者过人精神使同事同业交相惊佩。

严先生兼职的社团都属上海第一流正式机关，市商会、华人纳税会、国货商品陈列所、记者公会……王晓籁、俞佐庭很器重他，机要的死人文件也常请他撰拟。俞主商会时期，该会主办的商业补习夜校便和严分任正副校长。事实上，俞别的公私忙不了，校务乃由严主持。小记者的精神真厉害，兼了如许公职当不自满，"一·二八"前夜心血来潮创办新声通讯社，发稿范围保持"社团之花"本邑。吾国通讯社十九政治背景，海上通讯事业，老牌如国闻、大中、太平洋，都拿后台老板津贴给他做传声筒，蒙色彩很浓。小记者凭丰富的新闻经验，借长袖善舞的社团地位，创办新声社，不落窠臼别辟蹊径，改拿本市范围内各社团做背景，名义上果无军政大佬响亮，但采聚沙成塔办法，津贴方面反获之实惠，且无风险，安定泰山（政治后台，随政潮兴衰也）。法定公团根深蒂固，不倒翁也，一经开户，给付津贴××元长期支票，永照牌头。新声社经济丰富，历数年如一日，得力严先生别具只眼，另有手法，才获唯我独尊美满成绩。

报馆待遇，通讯社稿费的菲薄外行人决不相信，多至十元少则五元（这是六七年前的定例，现在酌加一倍了），通讯社爱不倚稿费作捐注，生财另有大道，唯一目的，每天印发的新闻稿，得蒙编辑先生特垂青眼"照样刊登"，社名不删去，挂列一二三条地位，占重要篇幅使读者披阅，左一个××社记者，右一个××社记者，再来一个××社的末尾压轴，一则稿子三见大名，这种光荣如膺九锡。上海自有通讯社以来，一千一百条新闻里难遇上开三位一体的，惟自严先生主办的新声社成立打破了以往记录，本人任职的《新闻报·本埠新闻》，新声社稿子十有七八采登，社名更触目皆是，空前烘云托月，新声哪得不一鸣惊人后来居上呢？

持平批判，新声社初期的消息确属灵通，各位记者写作精彩，只惜《新闻报·本埠新闻》编辑太看重同事私情，于严记者新声社的稿子既蒙不择精粗而刊登过滥之嫌，不删社名，因此接连发现，又似捧场过火反流肉麻，不免引起人家背后议论。严先生最近皈依吾主耶稣，日来在《茶话》大谈其耶稣是有道理。"责人也宽，约己也严"的小记者兼大社长对于笔者上面内行人语幕中人话，谅必点头称善，勿嫌吹毛求疵吧。

严先生私生活俭朴,参加社会活动,交际的都闻人大亨,出入的侪巨第公馆,可是他是一棵青莲,沾淤泥而不染,力排虚荣观念,本人身体力行,更督率家人子弟不可饱暖生骄盈。他常对儿女说:"你们看你的爸爸很写意吧?岂知现在的写意都是当年的困苦换来的。我幼小时远没有你们幸福,皮鞋过三十岁才第一次穿着,二十岁时只赚五元钱,可是我不以为苦也……"

严先生参与社团活动,便凭这点操守得到公众同情,交相敬佩,《新闻报》当局传统安稳守己主义,本来对于职员兼公职是不准的,惟严力避招摇,并无标榜,才破格默许,诚信素孚,足当无愧。

"一·二八"后,《新闻报》副刊《快活林》亦随环境演变而客串《啼笑因缘》,由笑而啼哭且不暇之世,笑于何有?乃改名《新园林》,旧瓶装新酒,仍由"快活之鹤"跳加官。这次"八一三"后,该报"严记报屁股"受纸贵影响节减篇幅,贤昆仲各领一座的文字擂台终于兄让弟先,恢复了先生主编的《茶话》。小记者老牌别署,另提"讷厂"新笔名,"茶"余酒后的"话"确该从"言"也,此"言"又明白告诉人,言内有言,金人缄口,明哲保身。严先生毕竟小字为号,小心翼翼和该报总主笔李浩然某一时期每日时评专论海外奇谈,苦心孤诣不谋吻合,前后辉映,各具千秋。

《茶话》言论,"内言"原则名副其实,所采材料、谈论范围非国内事件即"孤岛"即景,揭发社会黑幕、指导青年修养、贡献生活经验、发表考试员生题目……严先生切切实实、诚诚恳恳精神极得读者拥护。《茶话》插图仍由杨清磬执笔,抓取社会题材,颇尽讽刺幽旨。另增漫画眉书,恢复该报故马"星"驰作风,投合小市民胃口。别小觑狭狭方块,不少人先睹为快。目今的《茶

《茶话》专栏,刊载于《新闻报》1941年10月23日。

话》不愧图文并茂,"严记报屁股",年兄年弟终同样风格呢。

严先生一身数要忙不过来,《茶话》辑务爰委周君鸡晨充副手,整理来件,拟答问信,选择投稿,笔政很忙。事实上,严先生总其大成而已。周君与总理王伯奇具葭莩谊,进馆后,性好文艺,与刘春华同拜严独鹤为老师,《新园林》也是他助编,现在小记者借才阿兄移作《茶话》之助,周君和师叔合串,亦不胜荣幸。

严谔声先生,海上活跃报人,而约己有道,处世有方的严正君子,不凡才具,大小由之,小记者登龙之大记者也。

接连介绍了《新闻报》李浩然、严谔声,现在掉转笔尖,向《申报》圈子里勾描同行,拙作卢前王后,原无用心,意到笔随,但免读者误会偏重起见,乃采间花章法。《申报》老牌自居,点及该报报人,爱情老将首先出马,至于绍伊先生,上面冠"土老头儿"头衔,未读正文之前,当然莫名其妙,斥小子斗胆对同行前辈太亵渎失敬。实则"土老头儿"私谥,下回分解了后,斥我者,保证会心微笑哩,哈哈。

土老头儿瞿绍伊

闲言叙过,文归正传,却说瞿先生绍伊,单名钺,别署无用(只赚百无一用是书生,故名),实伲浦东人也。一江之隔之浦东,三面环水,濒海襟江临浦,上海、南汇、川沙、奉贤、金山五县地界,区域相当广阔,笔者和他同乡不同县(先生川沙,余籍上海)。川沙位浦东东南隅东海角一涨滩,逊清时尚设海防厅,民国后才升格列县,面积五邑中最狭小。先生出生于川沙东门外瞿家路口,全村百十户,瞿姓占十之七八。瞿氏世家,先生的祖与父合族之长,小康乡绅,祖贡生,父举人,书包翻身,门楣装金。先生与介弟绍衡(业医师,向悬牌北平,十年前南回,在沪开业,组瞿氏夫妇医院,名满杏林)秉承家学,髫龄研读经书,当年科举为学优而仕的敲门砖,父老期望子弟趋功名青云路。绍伊先生历应童子试、县考甲等第十八名、府考中式、秀才及第,时年十九。南京乡试,本同秋闱连捷中举人的,可是他接受了表兄黄炎培(任之)的新潮思想,便弃功名如敝屣。黄是当代大教育家,他两人谊切知亲,年事又相若,自小在一块儿读书游耍,先生得进《申报》亦黄氏举荐者也。

瞿先生丢弃功名后,和表兄黄炎培俩一搭一档,一吹一唱。先在

瞿绍伊,刊载于《华安合群保寿公司二十周纪念刊》1932年纪念刊。

川沙城里办启智学堂,德智体三育并重。那时值甲午中日战败之后,有识者提倡军国民教育,新派学堂体育课注重德国式步兵操典,瞿先生等雇了巧匠,制造数十杆木壳枪供学生枪操之用。岂知内地风气闭塞,革命造反传说嚣张,启智学堂制备了木壳枪,糊涂官的川沙厅贪功来捉落帽风,幸亏瞿、黄得讯较早,三十六着走为上策,一溜烟逃进上海租界。

黄炎培和宝山袁观澜双双再走三岛,瞿先生本欲附骥同行的,后来忽然得着哈尔滨快电,该埠成立司法警察教练所,邀他去当教习,才罢跨海东游,而搭火车北出古北口了。

他在哈埠服务十一二年之久,虽国体鼎革,哈尔滨以特别区的关系并不改弦更张,司法警察教练所成绩优良,瞿先生秀才做教育,资格本来不合,可是他看风使舵,抵彼后,课余之暇,研读法律专书,一部《大清全律》虽难背诵,但能每指出×事在第×页第×条,记忆力的强,令人佩服。

哈尔滨特级法院成立,先生初兼见习推事,一年半后升民庭正推事官,折狱具异才,片言解决,政声颇佳。先生得南回沪上悬挂做大律师,基础实筑于哈尔滨也。

《申报》故主史量才,竹布长衫到上海,由广方言馆出身,坐了多年冷板凳,承受《申报》后始竿头日上,驰名南北者也。爰和"西门破靴党"省教育会(上海市党部旧址,在西门,故有此名称)名角儿黄炎培、袁观澜、贾季英等出橐同道,知己朋友黄氏蒙学阀恶名,革命军底定淞沪,查办孙传芳接近人物,黄被人检举,下令通缉("九一八"后开放党禁,集合全国领袖,黄才应召赴京,渐与中央亲近),狼狈无依,投奔老友。史念旧情,出任泰山石敢当庇护之,惟以大才檠檠如黄如何容纳倒是问题。触动灵机,转念《申报》六十周年将届,新闻事业白热化,大可借此名义整饬一番,本人忙于其他公私报事不暇顾问,委任老友后更可全盘付托矣。

史与黄数度机密叙议,决定大计,报务黄负全责。曾任教育总长手创中华职业教育社的炎培先生,经理一家报馆当然游刃有余,他的计划书真的洋洋数千言,纲举目张,《申报》返老还童后的诸般事业,图书馆、月刊、年鉴、补习学校、函授学校等,运筹帷幄,早经成议。总管理处正式成立,黄荣任处长,手书总字第一号布告按部就班,纸上谈兵者接一连二成为事实了。

瞿和黄同乡、同学、同亲(亲戚也),三同关系比众密切。黄未膺《申报》总管理处处长之前,某天,瞿往西门林荫路黄邸晤叙,闲话中闲提起上海滩浪律师多如江鲫，生意你抢我夺，着实不易，何怪倒霉律师，所（事务所也）可罗雀，本人悬牌以来，大案小件尚源源不绝，只是公费收入勉强敷衍，最好寻桩副业，弄个兼职贴补贴补，才可裕如呢。

瞿先生见黄氏垂询意欲兼何种职位，他老先生莞尔笑答："书生别无他长，只会涂鸦胡诌弄笔杆耳。"黄氏听到笔杆，拍掌叫好道："机缘凑巧，前天宴会席上晤及《申报》史老板，他问我：'你办的职业教育社附设的职业介绍部，听说人才济济，登记者二三千名，过半数大学程度文艺之士，敝馆编辑部需要职员，委托物色，不知如何手续？'现在老弟需要弄笔杆的兼职，这不是贴对陆家浜吗？走马荐诸葛，当筵荐瞿钺好啦。"

瞿先生心想《申》《新》两报人称金门槛，凭面子关系尚难插足，怎会公开征求呢？爰示怀疑，反诘老表兄。黄氏解释道："史老板曾向我诉苦，用人难，难用人，亲朋推毂，八行吹嘘，应接勿暇，应允了哪个好？为示大公，故亦举行征聘，省却麻烦，避免开罪，别具苦衷，宜予谅解。"至此瞿先生才正式拜托，说明报馆兼职正中下怀，律师兼记者规程通融，无碍公务，工作时间日夜相反，更不抵触。至于编辑经验，我俩一吹一唱，老搭档了，老表兄定能信任代为吹嘘也。

原来浦东两家地方报《新浦东》与《浦东旬报》，两氏均为发起人（报眉黄氏手书），瞿先生且为编辑者，馆址设上海，编印发行于沪，且是半月刊，因此职务清闲，"无用"笔名即发源于报。每期撰小评两则，短小精干，批评本乡地方事件一针见血，颇得讽人之旨。民国十六年革新内容，易名"老白春秋"，题材广泛，上自军国大事，下迄乡里琐闻，旁及掌故秘史，"拉入篮里就是菜"，无话不谈，意到笔随。行文如白居易诗，妇孺都解。笔调老辣，鞭辟入里。老白春秋，名副其实，深受读者欢迎。瞿先生具此手腕兼编辑差使，本十载窗下积八年经验（义务编辑《浦报》八载）当然胜任愉快。

黄炎培和史量才，交情特别，介绍编辑，闲话一句。

史以瞿先生法坛耆宿，学术名士，进馆后，爰高其位置，立擢为本埠新闻社会版编辑，一年后，迁升本埠新闻正编辑，待黄氏亦进《申报》组总管理处任处长，老表兄弟老搭档，请兼总管理处秘书长。瞿在《申报》的地位步步高升，金饭碗集团内已属异数了。

瞿先生老成持重，处世谦和，执律师业超异流俗，本半生经历，凛然"讼则终凶"，遇可和解，终劝当事人退让迁就。常说："打官司好比做戏，真戏假做才有趣,假戏真做便乏味了。"他对同事朋友老少和气,故于《申报》人缘很好,提起瞿老先生没有一个不说好人的。

私生活节约,布衣同志会会员,虽不佞佛而有居士修养,好疏食、戒杀生、屏绝烟酒恶嗜,摄生有术,五十七岁年过半百"哑尔曼"了,日理律务出庭辩护,晚操辑务,东方鱼肚白才打道回衙进寓所弄堂,萧萧马鸣——倒老爷出勤矣。普通青年人敬谢不敏,而瞿先生十年如一日,胜任愉快。"八一三"后三月,《申报》迫于环境,忍痛休刊,他晚间没有了工作,及感家居寂寞,不亲糨糊、剪刀、红墨水(编辑生活)的无聊。某君拉他进舞场,瞿先生坐未满一小时,已感"蓬拆蓬拆"爵士乐头胀苦裂,临阵脱逃。介绍舞女给他,更说"八十岁学吹打"而坐怀不乱,瞿先生诚报人中道学先生也。

白雪公主赵君豪

《申报》诸大编辑先生中，现在介绍与读者行见面礼的赵君豪，允推摩登漂亮，唯一写意快乐了，笔者爱私谥"白雪公主"。

赵先生今年春秋三十八岁，正当奋发英年，任事《申报》资格很老。他是圣约翰大学高才生，性好文艺，志切新闻，恳托接近史老板的父执某公介绍，更效毛遂，写了一封中英合璧的自荐信上呈史老板。果然给他双管齐下奏效，史老板应允位置。赵接到复信，内附聘书，这时心头十五只吊桶七上八下立刻丢开，心花怒放，比较幸中航空券头奖更朵朵开。

进馆服务，初时助辑"地方新闻"，每天拆阅江浙两省苏州、杭州、南京、镇江、宜兴、嘉兴、常州、平湖、无锡、昆山、硖石、宁波、绍兴、金华各地特约访员来信，选择新闻，审视内容是否重要。内地访员大都当地报馆记者兼职，取巧的几个明目张胆，做闻（新闻也）抄公，把自己报载本邑大事照抄一二条付邮。远在上海的编辑不是千里眼顺风耳，一字不易，贸然付刊，俟沪报运到该埠，当地读者看了本邑双包案新闻，不由失笑，还道上海大报反剪地方报材料哩。这种伎俩，从前地方通讯员衣钵相传，彼此师承，沪报编辑"木而搁之"，直待赵氏处女尝试这职务，高瞻远瞩，识破玄虚，想法揭穿，地方通讯员才遭遇克星。

他正本清源，分函上开各地报馆，请按日寄递一份，从此写字台上每天堆置大堆报章。赵君不惜工夫，提早到馆逐一展览，发现每则重要新闻，提起红笔画一三角作标记，拿特约访员来稿对比是否化身姑娘，或系另起炉灶。经他这般鉴别了后，内地访员西洋镜拆穿，不能取巧了。《申报》的地方新闻因此面目一新，迥异往昔，赵君编辑这般精细，《申报》殊庆得人。

上海银行总经理陈光甫手腕灵活，头脑新颖，创办中国旅行社附属机关。旅行事业在吾国尚是新事业，需要宣传，爰出版《旅行杂志》，编辑这把位置几经物色，聘赵承乏。当时报人闻悉银行界创办文艺刊物必定金饭碗，夤亲介

赵君豪，刊载于《复旦大学新闻学系纪念刊》1930年。　《旅行杂志》1927年第1卷第1期创刊号封面。

绍，毛遂自荐，逐鹿者很多。赵无动乎衷，意想不到这位置落到自己头上。原来陈光甫采人才主义，问中国旅行社前社长、开国元勋龚湘涛："上海文艺界，盗名欺世者既多，更都沾染名士习气，益发使人对之头痛，欲聘有真才实学而又不染名士酸腔者，敢问有无其人？"

龚氏回答，请三日为期，访贤奉复。龚商贾也，平日与文艺人物绝鲜接触，现在接受了这项使命，不知是谁诸葛，倒感踌躇起来。

龚急中生智，心想《申报》为老牌老大哥，该馆人才定必济济。主意打定，前往访贤，不露声色，授刺只说参观参观。馆方当派赵君引导，两人见面，若寓夙缘，观毕各部，重归应接室，坐下语谈入港，龚竟忘掉"兴辞"，足见当时娓娓清谈如胶似漆了。

这一，赵君一表人才，风采照人，使龚识荆心仪；二则谈吐爽利，有问必答，井然有序，益使龚钦佩。辞归回社后，窃喜不虚此行，第二天便往总行禀复陈光甫，举荐《申报》赵君豪。陈氏备案查访一过，赵君确为干才，乃决定发出聘书。赵君本人直至应龚社长宠召二度见面，告诉他上次参观寓意，始恍悟机会这样东西真可遇不可强求，本人之得蒙垂青，洵"时来风送滕王阁"了。

《旅行杂志》创刊以来已具八年历史，赵君尽心编辑，数年如一日。该志背景雄厚，印刷用纸特别讲究，不惜重价，图文并茂，首创活体字与重磅道林纸（目今纸价昂贵才改用上白报纸），广聘特约撰述，国内名流学者、文艺作家及负笈国外留学生中健笔好游之士，齐被罗致。赵君假此机缘结识不少旅行之友，本人亦特别卖力，每期撰写专访介绍名人的旅游感想，叶恭绰、黄炎培、黄伯樵……常有图文交他发表。《旅行杂志》乃成全国独一无二的专门杂志，中国旅行社业务年有进展，遍设分社于各省巨埠，兴名胜区所，该志销行，跟着普及国内与外洋欧美，战前每期曾达七千份。

赵君的足迹随着《旅行杂志》广泛的销路亦遍南北，埋首《申报》编辑室的名编辑，"秀才不出门，能知天下事"，兹活跃旅行界，舟车跋涉，成识途老

陈光甫，刊载于《上海银行公会年报》1921年3月。

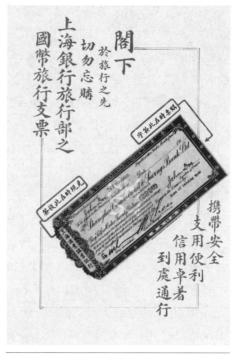

上海银行旅行支票广告，刊载于《旅行杂志》1927年第1卷第1期创刊号。

马了。

十六年革命军光复淞沪后，各报外勤着力竞争，《新闻报》顾执中、蒋剑侯，《时事新报》原洗凡、沈秋雁，《时报》胡憨珠、金雄白，《民报》吴中一都是采访健将，当时号称"红记者"也。《申报》老大哥资格，外勤阵容人才鼎盛，更站领导第一条战线，吾师黄雨斋先生便是最活跃的一个。他跑社会新闻手腕惊人，捕房法院执事人员一致联络，因是别人得不到的新闻，唯有黄氏抢着先筹翌晨刊布，读者刮目，同道钦佩，八面玲珑，独占鳌头。象征后事业成功，报人登龙，跻海上闻人之林，握"孤岛"银号牛耳。

《申报》当局为加强外勤工作，原有金华亭、钱华（去年被杀）、朱铭新诸子外，特调赵君豪跨出编辑室也跑时事新闻。赵君是个宋玉风度的美男子，平日温文尔雅，岂知静如处女，动若脱兔，允文允武，访要人、跑机关，成绩优异。当时《申报》常载名流谈话，十有八九出君手笔，爰与吾师黄雨斋为《申报》外勤记者瑜亮，同得史老板倚重。两人亦自比劳莱哈台老搭档，公情私谊要好得来，现虽分道扬镳，可是黄赵友谊迄今深切诚挚。

十七年春，上海新闻界应东北张学良之邀，组织观光团前往关外视察军政、实业、教育、新闻等，张委中东铁路驻沪办事处处长钱芥尘代为招待。五大报各推代表三人，《申报》马荫良、赵叔雍二公外，赵君膺选，这是空前的机会。北行搭轮至大连转赴沈阳，归途则进天下第一关，绕道平津南回。赵君兼编《旅行杂志》，水陆兼程跋涉五千里正中下怀，欣然参与了。

上海新闻界观光团这次壮游，殊为大规模的演出，沿途备受党政军机关与同业盛大招待。赵君参与其间，比众活跃，"白雪公主"风度，不愧来自上海漂亮记者，兼为全国第一流专门杂志《旅行杂志》顺带采访材料，图文并重，帕克笔与柯达克镜相并用，此行收获，爰以赵君独多（张恨水《啼笑因缘》说部成名亦借这次机缘，观光团回城抵平，故都报界欢宴中央公园来兮雨轩，张叨陪末座，以投寄《新闻报·快活林》《京尘幻梦录》迟迟未见采刊，兹见招待名单编辑人严独鹤大名，有缘千里来相会，窃喜不胜，亟挽归芥尘当筵介绍。严回沪后，情面难却，检出旧稿，改名《啼笑因缘》，待不肖生《嵩山拳叟》完篇后接登，北派作家破天荒露脸，讵意张十年都门无人闻，投稿海上天下知。设无观光团过镜，严、张迄今暌违，《啼笑因缘》终告啼笑不得，晶城幻梦登录无路也）。

赵君参加东北观光团归来后，最近十年来，足迹又遍华中、华南，受总社委任往庐山、衡岳等名胜处所成立中国旅行社招待所。他兼公带私,极游观之乐,太史公游名山大川而成名山事业,赵君如此汗漫游,识见学历的增加不言而喻。因是他编辑《旅行杂志》兴趣浓厚,精神饱满,实在这职务太优美了。

同道爱比拟他的兼职为老家(《申报》)金屋(《旅行杂志》)白雪公主,左右逢源。海上报人如赵之牡丹绿叶相得益彰者,同馆唯紫罗兰盦主人周瘦鹃堪与媲美。

赵君"君子不忘其旧",对于登龙门径的《申报》,何论内外勤职务,并不因兼美差而弃旧爱新,孜孜兀兀,十五六年如一日。他常说:"人生终有一种嗜好,若论我嗜好,则新闻旅行是也,当编辑记者果蒙'无冕王'荣誉,但吃一行怨一行,同道很多叹苦不过,本人观感与众两样,编辑夜生活,常年埋首灯下。讲句笑话,丧失闺房幸福,断送敦伦行乐,可是世上发生的新闻第一个看到,别人明晨阅报始知,编辑者破晓回寓,全盘明了矣。至于记者,奔波采访,东碰西撞,上自军政要人名流专家,下迄巨盗小偷,接触各级社会,周旋形形色色,手足口舌果然偏劳,但眼界口福大开,阅历倍增。请客宴集不需送礼,无用道谢,比吃十方的和尚多几方,阿要写意?再讲到旅行,必属光阴、经济两俱宽裕才想到'腰缠十万贯,骑鹤上扬州',探幽穷胜,游山玩景,及时行乐,无逾于此。正因编辑《旅行杂志》承馆方鉴谅,蒙社方雅命,每年平均一二次离埠出游,宾至如归。荷同社招待,绝无'出门一里,勿及屋里'缺憾。更叨公务出游,毋须自费之光,揩油旅行,益发优哉游哉。本人嗜好这二者,一似瘾君子爱好阿芙蓉,其瘾日增月盛也。"

前年十一月,《申报》停刊,迁港出版,赵君因《旅行杂志》牵绊,勿克随往,每晚治事惯常的,突然空闲,反感双手做什么事两脚向哪方走,像他白雪公主仪表理应风流自

赵君豪夫人吴静波,亦为《申报》记者,刊载于《上海画报》1931年第727期。

赏,逛逛舞场,轧轧女友,昔因职务夜不得暇,现在意想不到"司倒泼"①停止,正中下怀,脱空身子玩耍玩耍。岂知赵君有福不会享,真的"坐了登天亮",通宵工作,早睡不入梦,闲在府上重弹故调,利用书斋做编辑室,孤凄静寂,禁止家人进内,单个儿伏案握管,只闻"飕飕飕春蚕食叶",你道他在写什么东西?他在编述中国之报业一书呵。

新闻学书籍坊间出版约计二三十种,此种人首推《时事新报》黄天鹏著作最多,同社周孝庵见而技痒,亦撰《实验新闻学》。赵君著作有见及此,推荫出新,不作空泛的学理探讨,而写切实的经验供状,自我范围,把从事《申报》《旅行杂志》编辑、采访、发行等经历自传式阐扬,比较周孝庵的《实验新闻学》更切实扼要,殊为新闻从业员一面鲜明的镜子,有志无冕王者一个指南针。

赵君利用《申报》迁港出版本人小休机会,在寓写作,计耗二阅月光阴完成这部新著。质的特出既如上述,形的美观更值称道。记者早说《旅行杂志》排印独一,赵君对于自己的心血结晶当然格外出色当行。不过脱稿付梓恰逢欧战爆发,"孤岛"纸贵,原定用重磅米色道林的,突然飞涨三四倍,估算成本吃重,不得已退而求其次。他和《申报》旧臣新近作故的天虚我生商量,向家庭工业社同一企业集团的利用造纸厂定造加料连史纸,改换线装,厚厚一册,粗看似宋椠元刊,古色古香,倒很文雅大方。

《申报》藏报室,除本身第一号至目下完整无缺外(现在每天选登的五十七年以前旧报新抄,即录自存报),中外各地的书报杂志历年

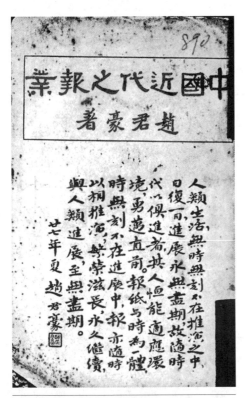

《中国近代之报业》,赵君豪著,1938年9月初版,瞿绍伊发行。

---

① 英语stop之洋泾浜音译,"停止"之意。

尽量搜罗，"八一三"前曾编目统计，共有二千余种一千七百余册，不少孤张珍本，虽悬重金难求第二。赵君有此宝藏，商假影印，书中附加的插图便是如此来源。封面亲笔题跋，字体颜筋柳骨，遒劲秀媚，酷肖吴前市长铁城，赵君不特是仪表漂亮的白雪公主，且具风流才人手笔哩。

蜜司忒赵常着西装，丰度俊逸，脸白唇红，三十七八年纪宛似二十开外青春少年，一张和蔼的春风得意楼脸蛋，毕肖中西药房孩儿面。不过心思缜密，处事精细，少年老成，一些没有孩子脾气。待人接物八面玲珑，因此交游遍南北，一经识荆，齐感"白雪公主"的赵君豪的确讨人欢喜，谁都乐与亲近，君亦长袖善舞者也。

自由之花周瘦鹃

周瘦鹃先生在《申报》的地位，和《新闻报》严独鹤相埒登龙小史同出一辙，周郎《自由谈》，严记《快活林》，包办两大报报屁股。十年前"自由之鹃"与"快活之鹤"，海派文坛祭酒、礼拜六派盟主，并重鸡林，各方宴请报人，座无严先生和周先生算不得盛会。东道主事先托人代邀，刊期专车迎迓，临时缺席，电话速驾，务必双双惠临，才觉蓬荜增辉，合座生光，周、严如此重要，洵无限光荣焉。

不过周先生在《申报》近十年来小有变迁，没有严独鹤交当生运，任职《新闻报》一帆风顺，从编殿军的副刊步步高升至副总主笔，亚元屁股头周则《申报》返老还童（六十周年纪念），故史老板厌旧迎新，任用新人黄炎培、陈彬龢、李公朴、俞颂华、黎烈文……周记《自由谈》地盘首被缴械，后生可畏，留法新文艺家黎烈文抢摆擂台，周先生心血灌溉十五六年一朵自由之花，根深蒂固，老园丁相期白首的了，岂知"返老还童"口号下，摧枯拉朽，周先生第一个受排挤攒出自由园地，意想不到袭击，怎不意懒心灰呢？蛰居吴门紫罗兰盦，拟效陶渊明《归去来兮》，种花东篱下，翘首望虎丘了。

故史老板见周丧失《自由谈》地盘后彷徨无着落也，体念旧人，特别安慰，增辟《春秋》栏，使周失之东隅，收之桑榆。玩惯报屁股的周先生，依然拖条尾巴，于愿已足，礼拜六文艺早受新兴文艺袭击，黯然失色，老矣朽也。周先生掌握旧文坛权威十多年，顾影自怜，光顶尊首，既添茎茎白发，更稀秃不少黑发，前额"五月不毛"，的确春秋垂老，换编《春秋》，倒名副其实呢。

周小南门民立中学出身，苏小乡亲（祖籍苏州），天资聪慧，中英文卓具根底，中学生造诣，大学生甘拜下风。未进《申报》以前，投稿杂志报章，那时王钝根主编《礼拜六》半月刊，发表他的小说译作最多，以是知名文坛。天虚我生（陈蝶仙）编《常识》，办家庭工业社，出品无敌牌牙粉，营业有意想不到之效力后，面渐团团，脱去瘦削文丐寒酸态，摆脱《自由谈》《常识》副刊辑务，向

周瘦鹃化装小影,刊载于《礼拜六》1915年第41期。　　《礼拜六》1915年第67期封面,丁悚所绘。

《申报》提出辞呈,投笔经商矣。

天虚我生在《申报》宾主相得,爱于当局热烈挽留时,徐庶走马荐诸葛般介绍周瘦鹃庖代,陈于《礼拜六》同文独许周后生可畏,乃识拔他进《申报》继己笔政。周之于陈,生平第一知遇,日后成名,红且发紫,饮水思源,感陈奖掖,始终事以师礼。前月天虚我生的蝶"仙"老丈真作"仙"游,大殓世界殡仪馆之日,周赶往祭吊,讨穿白长衫,抚棺恸哭,便因此一段文字因缘感恩知遇也。

周进《申报》,编辑《自由谈》文名日隆,成海派文坛盟主,大东书局总理许骏声网罗名士编辑书籍杂志,周亦受聘,主持《半月》杂志,一贯《礼拜六》作风,在民十前后风行一时,三卷后改名《紫罗兰》。说起《紫罗兰》,"人面桃花相映红"般,很有一段旖旎风光的外史足述。

周爱花成癖,尤爱紫罗兰,寓沪石库门时代已螺丝壳里做道场,就天井一角艺植盆景。俟移居吴门,纸上谈兵的紫罗兰盫支票兑现,真的惨淡经营成一所优雅园林了。周如愿以偿,意兴勃勃,广植紫罗兰,大蓄金鱼,文人登龙,有此象牙塔,殊堪自负使一般文丐羡煞愧煞。

文人癖性不一,周先生垂青花中紫罗兰,既别致又风雅,□□书斋曰"紫罗兰盦",又改《半月》杂志为《紫罗兰》,和严独鹤受世界书局之聘主辑《红杂志》后改《红玫瑰》,两位报屁股名编者兼馆外职务亦走一条轨道,无独有偶,洵文坛佳话。

《半月》1921年第1卷第1期封面。　　《紫罗兰》1925年第1卷第2号封面。

《紫罗兰》半月刊外兼创《紫兰花片》小型杂志,三十二开本日记簿式,活页装订,玲珑精致。这是周先生的个人刊物,唱独脚戏配双簧般完全一己的作品。他在大东书局大交其紫罗兰花鸿运时,无巧不成书,春申江上忽然从天南翩翩飞来一头黄莺儿——歌舞明星紫罗兰,芳名恰是紫罗兰呵。

这时期上海歌舞界有黎明晖小父亲、标准美人徐来的标准丈夫(五年前脱辐移交给唐生智阿弟唐生明了)黎锦晖,一曲《葡萄仙子》《毛毛雨下个不停》……汇集新潮,掀动全埠。南国少女紫罗兰,小小年纪,天赋珠喉,挟技来沪,艺人登台例须联欢文艺界,俾捧场揄扬。"快活之鹤""自由之鹃",文士班头此中领袖,紫罗兰抵埠后,欣悉鹃编辑酷爱紫罗兰花,爱花及人,本人适投

100

其好,乃挽接近周先生者召见。紫罗兰姑娘绝顶聪明,拜谒那天,身着紫罗兰色绸舞衣,发束紫罗兰缎带,丫角发辫加插紫罗兰花朵……另携紫罗兰花篮,有紫皆备,无兰不臻。周先生接见之下笑逐颜开,欣慰紫罗兰盦破天荒第一遭光降本盦风光,嘉宾投合所好,吾道大行,对于紫罗兰姑娘特别垂青,热烈招待,声言"有缘千里来相会,本人嗜好的紫罗兰花,人海中意想不到有你这如花美女,妙舞轻歌,蜚声南国,更来沪上广播新声,本人既属护花使者,是当尽力捧场,如梅党之结梅社,创组紫罗兰社,务使红极发紫,不负爱花及人一段因缘"云云。

紫罗兰初次来沪,芳龄二七,聪明伶俐的少女登台鬻艺,周先生全力捧场,卖座鼎盛。紫罗兰感周吹嘘,拜为义父,从此紫罗兰盦主人平添一朵能行白牡丹,解语名花,周编《自由谈》《紫罗兰》《紫兰花片》,满载紫罗兰图文,名士红粉,奇缘投合,诚文坛佳话艺海盛事也。

紫罗兰姑娘数度来沪,周义父捧场如仪,联华影业公司全盛时代试拍粤语声片,处女作《银汉双星》即聘她担任,紫罗兰解语名花,成长秀发,双十妙年华,银幕相见,灼灼艳光逼人视线。现名花有主(在港与林姓侨商之子结合)伉俪情深,息影歌坛,持家做主妇,绿叶成荫子满枝(二儿一女小母亲)矣。

十六年,革命军光复淞沪,新文艺潮泛滥,创造社郁达夫、张天翼、王独清、成仿吾等高揭文艺革命旗帜,《阿Q》作者鲁迅,新文艺权威、新青年偶像,鸳鸯蝴蝶的礼拜六派痛遭袭击,来势汹汹,潮流所趋,无法抵御,《紫罗兰》等杂志纷纷停刊,周先生眼见风色不对,宣告下野。

周恂恂儒雅,书生本色,处世态度一似他清新行文,和淡神逸,抱田园诗人志趣,厌恶长安居尘俗烦嚣,乃于十九年秋购地吴门桃花坞营建紫罗兰小筑,外中内西正屋六椽之外,四周庭园遍植花木。先生胸具丘壑,园景设计超尘绝俗,一石、一丘、

紫罗兰女士,刊载于《良友》1927年第21期。

一亭、一榭……位置恰宜，备见匠心。自营此别墅后，商准馆方，副刊辑务添聘黄寄萍君助理，本人每月莅沪到馆理事一次，实际上遥领名义编辑，苏居艺花、蓄鱼、读书、写作……叱咤风云之文坛主帅，功成名就解甲归田，周先生急流勇退知足常乐，典型幸福文人、清福报人也。

《申报》六十周年，史老板大刀阔斧，引用新人，成立总管理处，宣言"返老还童"，口头支票果然桩桩件件兑现。《第一时评》改聘陈彬龢执笔，此公苏联通也，新硎初试，毕露锋芒，标新炫异论调首遭中央当局注意。《文艺副刊》周先生，编辑礼拜六派本色风花雪月根本染勿上政治臭味，岂知史老板心血来潮，把《自由谈》这方地盘也命令周氏退避三舍，礼让予留法学生黎烈文。黎饱吸新空气，接手编辑，老店新开，大变色彩，闹出不少风波。

周先生是保守派，新文艺浪潮激荡，《自由谈》提防慎密，始终无隙可入，意想不到移交给横里跳出的程咬金黎烈文。此公为求组班登台有声有色，轰动读者耳目，特邀天字第一号名角打炮，暗地去约鲁迅写小品，化名"何家干"，发表牢骚杂感。绍兴师爷遗风，新刀笔刁钻毒辣，专揭痛疮，引起当道密切侦查何人执笔什么色彩。

黎编《自由谈》改变作风，延张资平写长篇，新时代的转变。张亦红且发紫的多产作家也，利于《申报》优厚稿费，自问十足卖力特别上劲写作。岂知接连刊登一月零五天后忽然腰斩，事先黎大编辑并无通知，完全凭个人大刀阔斧，要斩就斩，要杀就杀，实践程咬金三斧头拿张资平第一个开刀。张遭此惨遇，当然不服气，策动笔战。双方各有撑腰人物，以致文字谩骂狗血喷头，报屁股酿脓疮只此一家老《申报》，迄今海派文坛史大书特书这一页外史。

《申报》"返老还童"牺牲了周先生《自由谈》园地，史老板自己却横死沪杭公路断送生命。还是周先生幸运，吴门紫罗兰小筑落成，为享清福遥领笔政了，被黎烈文夺取副刊地盘，初时很觉伤心，待另辟《春秋》，收之桑榆，又用武有地了。

《自由谈》地盘的移转在周先生本身，得失无关宏旨，原已遥领编辑，居太上皇地位，不过面子上过勿去，多年怀抱的宁馨儿一旦脱离保姆资格，似乎伤情。幸史老板笃念旧情，另辟《春秋》，一似《新闻报·新园林茶话》，二个报屁股，各自发展，两全之道也。

《春秋》题名亦周亲拟，应合海派文坛幽默潮流，林语堂创《论语》大出掼头，四书五经古书名辞竞相翻版，周亦采此调调儿。不过，内容取材仍勿脱

"礼拜六派"本色,加添素描特写革新了些,一似缠足女子放大脚,新文艺人爱锡周"礼拜五派",盖此"礼拜六"升一格了。

周先生性情恬淡,看透人生观,抱知足常乐主义,处世谦和,动止安详。他毕生经历和清新流利著作一般通达,会享清福,构造了紫罗兰小筑后,退隐做田园诗人。倘没有这项"八一三"兵燹,至今安居吴门哩。

本届淞沪战事爆发,初时留在苏州观望风色,三月后,国军西撤,苏锡弃守,才匆卒逃难。和侦探小说作家程小青合伙,皖省有亲戚,乃与周水陆兼程往歙县投奔,程戚见不远千里而来,不亦悦乎,极尽地主之谊,招待尽礼,安顿崇山峻岭之麓,寄居清溪流水之侧,置身淡墨山水成图画中人,程、周得其所哉。长日无俚,读书写作文,偶然兴起登山,樵柴行猎,采茶寻胜,世外小桃源。虽处骚乱大时代,而这里没有风鹤之惊,程、周如不受生活鞭策,乐愿终老是乡。勾留经年,悉"孤岛"安全,辗转来沪,周先生谈起该地生活俭朴低廉,和海上今日相较,绝然两个世界,早知长安居大不易,谁愿返申呢?

周先生由皖回沪后,重进《申报》继负副刊编辑之职,不过纸贵洛阳,馆方为节省篇幅,缩小地盘之外,更把《春秋》与《自由谈》轮流露脸,两天各占一日,因此实际工打了对折,月编十五期。大才槃槃之周大编辑,不劳黄寄萍助理,单个儿唱独脚戏尚嫌清闲,惜墨如金的周先生乃赋诗作文发表小报杂志增光篇幅了。

《申报》添出《星期增刊》,纪述国际动态,素描各地风光,撷拾珍闻秘辛,

上海文艺家在吴门周瘦鹃先生住宅紫兰小筑留影,(自右至左)前排:涂鼎元、涂夫人、李夫人、李常觉、叶英;后排:丁聪、周璇、严华、徐健、金佩鱼、丁悚、张云奄、王汝嘉、周瘦鹃、王夫人、涂筱巢、蒋保鳌、蒋夫人、张夫人、周夫人,刊载于《社会画报》1935年第58期。

阐明科学创造,内容精警活泼。编辑头衔同仁逐鹿者颇多,结果落到周肩上,委他兼理,因与黄寄萍君老搭档,与黄对音连弹,两人合作。

周书香子弟出身清寒,但青年运即步入黄金时代,称霸文坛报界,二十余年略有居积,斥二万余金构紫罗兰小筑,名虽莳花养鱼,过田园诗人恬淡生活,实则躲在精致的象牙塔,窗明几净,大享布尔乔亚文豪清福。所以他笔尖刻画美丽图案画也,淡墨山水画也,五彩翎毛花卉也……读周氏大作,铅字如明珠粒粒,毫光万道。

避乱皖南与程小青俩真的实验田园生活,起居转变,思想易观。回沪后,又值"孤岛"百物昂贵长安居大不易高潮,周先生私生活极力节约,埋头苦干,所编副刊取材亦趋向实际生活的体味,各级社会动态的印象与黑幕的拆穿。现读《春秋》,便知予言不谬,实有所见而云然也。

周先生典型文弱书生,瘦长个子,秃发尖颚,常戴墨晶眼镜,写稿爱用钢笔写紫罗兰墨水,字体挺秀,如出妙龄女郎手迹。

襟霞阁主平襟亚

接连介绍的报人都属《申》《新》两大报范围,未免清一色太嫌单调了,今天掉转笔锋,记述小型报名记者数位后,再点大报健将罢。

礼拜六文坛、吴门星社小说家奠柱石、鸳鸯蝴蝶作家则虞山徐枕亚(《玉梨魂》著者)、江都李涵秋居祭酒。江浙人文荟萃,姑苏、常熟姊妹县兄弟邦,山明水丽,钟灵毓秀。本篇主角平襟亚先生,翁常熟同乡,虞山二亚(徐、平),文名藉藉,风度翩翩,典型风流才子也。二君登龙门径海上事业,更相合拍,一般小说家、名记者、大老板(书局)三部曲也。

襟亚先生书香子弟,倜傥不群,蚤岁聪慧异常儿,髫龄诵诗文,朗朗上口,一目数行。家道中落,所受私塾教育先后七八年,国学卓具根底,弱冠已忝为人师。邻村某富绅耳平生才学冠乡里,延任家庭教师,课子女焉(氏尝试作三家村小学究,虽坐冷板凳,天性活动,乃多情史逸事,夫子自道之《人海潮》说部,开场数回即忆述当年也)。

氏于上海交易所狂潮澎湃黄浦江头时(民六),搭内河轮船,书箱琴剑,一肩行李,翩然到埠。在乡时已洽小说家言,投稿海上报章杂志,文名鹊起。莅沪后,遍访亲友,打算出路。先生温恂如张良,软腕交际,皆大欢迎。老名士廉南湖、钮永建、陈蝶仙、杨了公均许可畏后生,乐与游

平襟亚,中国近代影像资料数据库收藏。

宴。氏当年已具林语堂派，谈吐幽默诙谐，谈笑风生，座无平生不欢。廉南湖这时投机热，××交易所董事长、董事名义多至五六家，今天拉股，明天创立，后天开幕。这时事浮于人，平先生追随老名士群中，大起忙头，初到上海马上发财，得花花绿绿股票价值巨万，春风得意，上海黄金铺地，信是不诬。

平先生头脑聪颖，心思细密，见人未见，发人未发，形诸谈吐，诙妙隽永，保证会心微笑，写成文章清新轻灵，别具佳构，另有妙谛（本报昨刊《雨斋雅集》，对当筵风光之"雨斋"两字信手拈来，妙绪环生。茶余酒后应酬文字已都惊人笔，其他著作之胜人一筹足见一斑）。致力事业，透视内骨，了然指掌，操奇计赢，故谓文人的头脑、白相人手脚、交际家应酬，集三者之长，经营商业不臻成功，吾不信也。

平先生竹布长衫到上海，获住洋房坐汽车，臻文士班头商场冠首者，使其过人智慧，长袖善舞。海上交易所潮，凡夫俗子倾家荡产牺牲生命者比比，廉南湖等老名士亦不免老岛失辟，陷小万柳堂易主悲惨结果。惟先生看风使舵，轧出苗头，大出捆头，惊涛骇浪中独告得利。茅庐初出，小诸葛智囊，朋从惊佩焉。

金钱万能，上海地方有本生其利，任何生意都可做，金子、股票、纱花、面粉、杂粮一等投机事业，电话接洽，多头空头，足不出门，法币滚进来，所谓赚钱不吃力，吃力勿赚钱。平先生兼营的生意经很多，不涉报人范围，手腕特殊，现在言归正传，叙述他活动书报两界的外史罢。

《刀笔菁华》一书，正续两集，民九辑印以来，每年二三版，总计二十年来，销数别说《啼笑因缘》望尘莫及，且已造成海上出版界最高纪录。这两部《刀笔》文章的集锦者，便是襟霞阁主人处女尝试出版第一声，它的动机富奇趣，确有意想不到之效力。

江浙两省，恶讼人才辈出，刀笔文章炙脍众口，一字生死玩瘟官于手掌，弄是非于黑白。平先生教读余暇，公私书牍中搜集此种材料，投寄周瘦鹃主编之《礼拜六》周刊，每期一则，奇峰突出，翻云覆雨之力笔诉状，读者激赏，偶辍一二期，催询函件雪片飞来，周一一转递，请氏连续勿断。平先生见读者如此刀笔热，乃触动灵机，辑印单行本自费出版。平先生今日中央书店老板，别树一帜，同业相互推崇，但在二十年前尚是门外汉，莫名排印手续，每令纸价若干，三十六开本能印多少亦茫无头绪，推销寄售更无门路。

平先生真的脚踏实地，一股脑儿委托印刷所包办，装订成书，亲自出马送四马路,势利莫如书贾,对此冷镬爆热栗,百果眼相看,随便摆两本算啦。讵意广告刊布后,各书店《刀笔菁华》大出生意,供不应求,各家齐向平寓添书。这时平先生回里看赛会,沪寓托泰山坐镇。俟他由处回沪,壁角所堆的存书,全数沙蟹[1]。四马路同行前倨后恭,纷遣学徒登门,笑靥请求添货,《刀笔菁华》纸贵洛阳,意外奇迹。平先生处女尝试,城外开店未打纸型,火速再版,"特别快车"亦隔半月矣。

《刀笔菁华》一鸣惊人,赶辑续集,大东书局沈骏声亲躐平寓,请编《中国恶讼师》,同时平先生自费出版吃着甜头,更上一层楼,纠集股份创设共和书局。以先生过人智慧、出众才华,印行新书部部有苗头,本本有噱头,同业读者交相刮目。共和营业初期鼎盛春秋,平老板兼总经理洵不平凡,确具颜色。

共和结束并非亏本,原因潇洒襟怀的平先生不愿顶了石臼做戏,牺牲珍贵脑汁支持偌大开销,意志消极,运用俏皮的笔调,创刊《开心报》。民十二三年,上海报汛泛滥,骆无涯《荒唐世界》作俑,一时《叽里咕噜》《牵丝攀藤》,陆离光怪杂合乱拌,先生这时适有《百大秘密》新著,为事先宣传起见,适应潮流创办《开心报》,摘录《百大秘密》一鳞半爪,吊读者胃口,原意确是寻寻开心。

《百大秘密》,社会写真,一座照妖镜也。每则文稿主角一经索隐,其人其事活跃纸面,《开心报》采登《伍大姐按摩得腻友》《吕碧城豢狗轶闻》引起交际花陆小曼与女文豪吕碧城等诉讼。那时革命军尚未光复淞沪,本埠法院处军阀控制之下,陆、吕与军政当局皆有往返,平先生一介文士,不敌英雄识时俊杰,抱好男不与女斗主义,避地吴门。满腹牢骚无可发泄,乃闭门著作,穷

《开心》报1926年2月28日第1版报头。

---

[1] "沙蟹"为英语show hand的洋泾浜沪语,原本是一种扑克牌赌博的术语,沪语读作"梭哈",意思是"殆尽、精光"。

六阅月光阴,成洋洋六十万言《人海潮》新著。平先生别署"网蛛生",顾名思义,大有寄寓也。

刀笔登龙的平先生对于诉讼根本不当一回事,《福尔摩斯》出版,他和主笔吴微雨两人出名不畏强御好事非,律师信当它请客帖,法院传票视县花符局票,上公堂尤如法学院做旁听生。那时《福尔摩斯》撰述,平任台柱,和《晶报》包天笑大开笔战,震动礼拜六文坛,嬉笑怒骂新刀笔文章,挖苦包小姐(天笑)啼笑皆非。平氏妙文传诵一时,不过吕碧城凭借特殊潜势力,平具自知之明,抱"乖人勿吃眼前亏"主义,实行回避。岂知闭户家居胎育了一部社会长篇《人海潮》,脱稿后,"时来风送滕王阁",适值革命军克复淞沪,军阀势力崩溃,吕碧城反步平先生后尘溜之乎也。平先生却借了新著重返春申青天白日旗下,大模大样出版《人海潮》与《百大秘密》,且由《人海潮》一书奠今日中央书店始基。得失祸福,洵如浮萍,随波逐流,勿可捉摸呢。

中央书店的创立原系三公司性质(世界书局总经理沈知方、副经理李春荣与平先生是也),《人海潮》说部问世,名重鸡林,风行南北,初版五千部,未

《百大秘密》,平襟亚著,上海共和书局1925年刊行。

《人海潮》,平襟亚著,新村书社1927年刊行。

满一月照样沙蟹。赶印再版同时,《百大秘密》亦露脸登场,印刷装订均极精美,《百大秘密》拿"伏辨""租妻据"做封画,更幽默发噱,阅之喷饭。

《人海潮》与《百大秘密》因属先生牢骚笔墨,所以字里真真,唤之欲出,当时轰动文坛震惊社会。《福尔摩斯》曾刊索隐,《人海潮》中的沈衣云便是天子自道,书中描摹和湘云一段啼笑因缘,缠绵情致,殊使天下有情人不成眷属者,同声一哭。冷艳幽芳,铅字粒如播散兰香,读之神往,《红楼梦》如红烧大杂烩,《人海潮》如清炖鱼汤,至于《百大秘密》,陆离光怪似万花筒,杜十娘怒沉的一只百宝箱呢。

《人海潮》续集《人心大变》,前部有余不尽笔法,后部联贯脉络,一气呵成,读者至此才感满足。中央书店新硎初试,一鸣惊人,获利不赀。平先生冯妇重为,再任书店经理,大刀阔斧地整理旧著,出版新书,异军突起,成海上书业别动队。

红屋世界书局沈知方铩羽回沪后,经平先生等拉拢,重组的出版阵营也。夤缘时会,世界"红且发紫",从二三万小资本扩展至五百万股份大公司,与商务、中华争一日之短长,并肩称三大亨,着实匪易。中央书店无形联号,全国世界书局代售外,账款的汇付比众迅速,平时经济流通格外灵动,世界收买青莲阁原址翻建大厦迁往后,中央书店也从麦家圈老式房子继承世界里世界银行地盘。

中央书店迁址后,大展经纶,初时广约撰述,出版日用参考书。上海的出版潮流时在递嬗,社会小说潮、武侠侦探潮、法律书潮、情书潮、日用参考书潮(《××顾问》《××门径》《××百日通》《××快览》等是也)、尺牍潮……(记者承平先生不弃,一再委约编著《上海门径》《上海顾问》《写信字算门径》、各类尺牍、快览及《闺房医库》《性病自疗》等新旧医籍二十余种)。

智慧过人识见卓异的平先生,计划出版非但应合潮流,更如预言家般提先下手,除《刀笔菁华》《法律顾问》只此一家外;他如《辰州符》(祝由科秘籍)、《人鬼交通录》《冯韵笙女士情书》等,奇书公开,更为书业佳话,别人学勿相像者也。

"八一三"前,纸价便宜,每令二元七八角(较之目下洛阳纸贵,相差十二三倍),上海标点旧籍翻印者,"新文化"(樊春霖)掌执牛耳。平、樊知交,樊素钦佩平不凡才华,两人原有合作企图,后来平先生因中央书店扩充范围,乃自立阵营标点古书,影印秘籍,这时广益书局亦另起"大达"炉灶,三角争雄,推陈出新,各为广销路打算。

标点书锦标又为平夺得,原来新文化老牌标点书因售价低廉的关系,粗制滥造,印刷模糊,用纸黄劣,牛皮纸封面更不值大雅一盼;大达特定蜡光牛皮纸做封面已算漂亮,篇幅生光了。岂知平先生特延名漫画家张光宇、胡考构图五彩套印一张封面,如缩型月彩牌,绚灿都丽,张、胡立体流线型填图更典雅绝伦(新文化、大达等东施效颦,彩绘封面,终勿及中央的精致、古色生香)。仿宋字排印,雪白报纸,标点书套上摩登装,价廉书美,平先生这般设计,不惜薄利多卖,裨益文化,福利读者不浅。

标点书潮流中央后来居上,魄力的雄伟同业惊佩。这时的中央书店已由三公司合并为三位一体,沈、李两老板退股,归平先生一人独力支撑,具斯宏模,书生营商不弱腹贾,足为吾辈寒儒扬眉吐气。信乎长袖善舞者,做一样像一样也。

平先生温恭如张良,机智若诸葛,交游广阔,谈笑有鸿儒,往来都大亨。氏具林语堂风度,冷隽说白、插科打诨洗耳恭听,会心微笑之余,不由你不捧腹喷饭。语语解颐,伶嘴俐舌,天生雄辩家,因是终年转变,入上海法学院读律,五年窗下博得法学士头衔,呈请司法行政部请领律师免试证书,岂知世风不古,友道凌夷,某君忌才,阴谋破坏,领证爱生症结,实则放冷箭,朋友太不自量了。平先生时代,刀笔舌剑,周旋社会,已所向披靡,兼具大律师资格后,益发智多星,挟嫌诬告,根本勿要摆勒心浪。平大律师轻描淡写,略筹对策,司法行政部免试证书终于发下。

海上律师,江一平称祭酒,"一平"这雅篆恰合身份,简洁显明,再切当没有了。衮衮大律师名录中,有名"包赢"者,姓氏宛如一月打官司保险胜诉公司,妙果妙矣,灵果灵矣。其如太开山见佛,反贻穷凶极恶之嫌何?查遍全沪一千五六百位律师大名,不是记者瞎捧场,平先生"平衡"两字,姓与名连缀,洵属天造地设,律师名字无出其右,既平且衡。特一法院新厦屋顶,水泥墙面镂有一架天秤模型,昭示执法持平,"平衡"便是这意义,平大律师事务所信封笺上方可印这天秤图型,美具难并,更叹双绝哩。

报人读律者,有周孝庵、王维桢、金烯民(雄白现变色)、余哲民(空我)、瞿钺、王培源诸子,悬牌开业,锋头都没平大律师之健。这时记者编著《上海顾问》于中央书店,姚平(啸秋现亦做律师了)、不佞三人之同室办公,事务所辟东厢楼,房屋虽老爷,可是装潢摩登。"室雅何须大,花香不在多",海上闻人、各界名流、书报巨头、知交亲友纷馈贺礼,中央书店变成礼品局,银盾、杯、爵、花瓶、匾对、屏轴、幛联……琳琳琅琅,美不胜收。记者等佐理收礼、布置,忙忙碌碌。平装律师身份,特置一九三六顺风公牌一辆,从二轮(包车)升格至四轮(汽车),淡湖色"马托卡",五年来"柏油马路团团转",漆色常新,上海地方混称一声坐汽车,抛锚老爷车,与一九三×流线型新家伙相判霄壤,座上客的台型,苗头勿是一眼眼[①]。(坐老爷车还是阳春面加甘,免免罢。)

开业吉期前夕,假座"一家春"宴客,来宾济济,刀叉狼藉,平大律师满面春风,招待周全。是日放冷箭同行亦翩然莅止道贺,平律师涵养功深,炉火纯青,当它呒介事,毫勿形诸辞色,一般握手肃坐。记者冷眼旁观,此君做贼心虚,态度毕竟尴尬,两颊赤化,莫名内疚,无任惶愧哩。

律师开业,《新》《申》两报巨幅受任法律顾问广告越大越阔,愈多愈崇,木刻字体、盖罩梅兰芳,吃瘪蝴蝶顾兰君。平氏交游广阔,上通三界,下及九流,文化街同业(书局)老板家家有交情,因是常年法律顾问,记者客串临时书记帮同缮写,一号又一号,一张又一张,三册足百证书,两天沙蟹广告刊布,全封面常排勿落。半年后,淞沪警备司令杨虎亦慕氏深湛法学、敏捷辩才、烂熟世故、神明公事而聘为该部法律顾问,解原任詹纪凤职。詹氏成名得力于先生捧场(《福尔摩斯》报上揄扬),平地一声雷,先生亦执行律务,前客让后客,扳指头算得到也。

勿畏强御、好惹是非、刀笔才子、锦心绣口的平先生,法庭经验很丰富,不过以大律师身份披罩宽博法衣,宛似羽士法师袍笏登坛,毕竟新娘子吃汤圆——破天荒第一次呵。

曾忆经办第一案为公共租界戈登路捕房破获大规模贩卖吗啡机关,被逮人犯十七名中有常熟少年华蕙芳者(十八岁),列名第九被告,嫌疑重大。华父"土老头儿",犬子坐牢,惶急发极,"船头浪跑马",一筹莫展,欣悉里人平氏新营律务,视为救星,奔到中央书店请求出庭辩护,拯之脱罪。

平律师排场豪阔,架子却勿辣来些[②],同乡情谊一口答应。本案捕房律师为王耀堂(新近退职,自营律务),承审刑庭长为驰名法界的"活阎罗"吴廷琪。当情推测,初审内幕复杂,尚须侦查案,辩获律师能办到交保已天大本

[①] "苗头勿是一眼眼"为沪语,意为"派头不小"。
[②] "勿辣来些"为沪语,意为"不太行",此处指平襟亚不搭架子。

领了。

本案例外,华蕙芳额角亮晶晶,天幸老父代聘处女出庭的平律师。捕房律师王耀堂素钦先生才华,私交甚笃,兹逢新任律师处女出庭,给予面子,赠予利市,对第九被告毫不顶山头,反代解脱说:"捕房所能证明第九被告者,只因他见探捕进内,接电话对外通风,惟这电话是否放笼,则乏指证,爰对被告律师声辩嫌疑不足,望求无罪,认为同意,不予反对。"吴推事板板六十四者,这天顺水人情亦给平律师天大面子,十七人犯只华蕙芳当庭脱梢,第一、二、三、四被告所请的范刚、江一平等老牌名律师退庭后,向平致贺:"厉害!厉害!老兄名不虚传,出马成功,甘拜下风。"平为华辩护毫无把握,当庭宣告无罪,自己勿相信自己,无巧不成书,便宜了华蕙芳父子。平先生眷念乡谊,非但谦不居功,且勿受分文公费,出马得利,确比挣一万八千开心呢。

恂恂儒雅的平先生,大有纶巾羽扇诸葛风度。记者曾共晨夕办事,从没有见他发过脾气。对于店中经济调剂、外来人事纠葛毫不形诸表面,依然故我,雍容布置,第三者搜窥行径。氏虽精持筹握算,但不脱书生本色,与书贾交游而免近朱成赤,不沾习气。自己过来人,洞鉴文人终穷,生涯清苦,收稿给费比众提高爽利,遇有告贷,慨然解囊,请客吃饭,对门杏花楼、背后正兴馆(慈淑大楼饭店弄)真的家常便饭。这两天春日时菜,竹笋炖腌鲜、小黄鱼豆腐羹、莴苣笋、面杖鱼炒蛋……皆属"老太婆烧香,爱佛",平氏口腹之欲的爱物也,三日两头光顾,十元八元吃一顿,当它呒介事。勿若庸俗市侩视钱若命,吃了一碗咸肉豆腐汤,问价三百六十文,合洋一角二分,伸着舌头叹贵,恨不喉咙发痒,回笼吐出,原璧归赵,狗屁倒灶哩。

和他宴饮更有意想不到之效力,浅斟细谈娓娓讲论,上下五千年,纵横十万里,古佚闻,今秘辛,他是不缺一角的万宝全书、锋利无比的刀笔才子、包打胜诉的法律顾

上海女子银行,刊载于《小姐》1937年第5期。

问,兼三教九流门径嫖赌吃着通……试想如此头衔这般经历,操着半苏半熟(苏州常熟)糯米(软也)话,使聆者一会儿会心微笑,一忽儿哈哈嘻笑,捧腹大笑,最后"啊唷唅,吃勿消"(笑痛肚肠筋也)。欧美卫生家云:"人若每日做唐伯虎(三笑),延年益寿。"现在和平先生接席当筵客串《三笑》更可"眉头勿皱,增福增寿",比服××社的长寿丸更灵光呢,哈哈。

平先生和女子有缘,曾和女文豪吕碧城、交际花陆小曼构讼外,去年因中央书店租赁的新重庆路余庆里书栈,业主女子银行借口房龄老朽,租约期满,通告房客迁移,欲行翻造。余庆里是一条大弄堂,住户百余号四五百家,"孤岛"人满之秋,寻房子比登天还难,五六百家乔迁确是严重问题,平先生乃挺身而出,与钱化佛等组房客联合会,坚决反对翻造。

女子银行方面曾以断水与打竹篦笆威胁,纶巾羽扇的平先生好整以暇,镇静应付。双方兴讼,数次庭讯,舌剑唇枪,殊形激烈。平氏成竹在胸,不慌不忙相见公堂外,又要弄笔墨,揭载启事文中对女子银行几位英雌当局运用新刀笔,明嘲暗讽,使对方拜读啼笑皆非。海上缙绅姚子让女儿姚女士任行长,恼羞成怒,控平唆使拆篱笆,这正合班门弄斧。氏现为大律师,初非当年小说家时代向吕碧城雌伏了,准备应诉,从容不迫,结果胜利,宣告无罪。事后他在《社会日报》上刊载一文,忆述本人三次与娘儿对簿公堂的经过,又很幽默呢。

先生为报人中的清客、书贾中的逸士,本报《社日》《说日》等,时有阁主署名的轻灵小品,片段解颐,信手拈来,皆成妙谛,阔斧(长篇)短刀(小品)十八般武艺,件件皆精。

好了,关于先生外史连续多天写已不少,虽然趣妙人物的平先生尚有许多珍闻艳屑,容后得有机会再加补充,现在姑且结束罢。

《福尔摩斯》吴微雨

福尔摩斯是英国名侦探小说作家哥南·道尔理想人物,随着说部的风行,家喻户晓有这样一位突额隆鼻抽板烟斗的神探了,现在吴氏等采为报名,奇峰突出,很是新异,同时他们题名亦有一幕奇迹。

当吴、胡、姚、汤四头集议办报之际,各人搜索枯肠,命题报名提出的名称,金认不大高明,汤笔花触景生情,他睹见写字台上安放着一部《福尔摩斯探案》,便指示众人道:"福尔摩斯是驰名大侦探,我报既抱揭发社会隐私,拿他为名,倒很配合呢。"一语道破,三人称妙。

《福尔摩斯》未出版时,上海四开小报《晶报》《金钢钻》《海报》称三大亨,自《福尔摩斯》呱呱坠地一举成名,全埠知后,乃成四大天王,各摊万余读者。那时小报销路黄金时代,超一万大关并非异数,四五千份已起码蹩脚,今日相较反退步短缩,何怪报界前辈慨叹小报呒办头了。

《福尔摩斯》初出版时,四根台柱,吴微雨笔大如椽,坐编辑交椅;姚吉光画笔生花,插图妙制生面别开,篇幅增光,任插画作者兼事务主任(少年老成,办事勤慎);胡雄飞、汤笔花交际广阔,长袖善舞,分领广告部正副。四人分掌,各司专职,上海自有小报以来,人才从无如此整齐者也。

《福尔摩斯》创刊号报头,1926年7月3日。

处女问世，篇幅一张半，盖罩他家，图文并茂，广告拥挤，非如此不克容纳也。不过五期后，核算成本，长此受亏，乃裁减半张，同时汤笔花意见不合，一月即告脱离，四大天王三缺一了。

吴氏微雨、农花二昆仲，小型报祭酒，上海报海一双"翻江鼠"也，曾掀动不少风潮，轰轰烈烈有声有色，突破记录。

微雨办报登龙，转入另一社会，现在四雄阶级一路诸侯，洗手不握笔杆，报人资格放弃多年。可是此公过去报坛不失以为重要人物，很多外史足述，且与平襟亚老搭档，于纸面串演双簧，叫座力坚强，介绍平氏既毕，吴公未便向隅，接连点将及他罢。

民国十四年北伐前夜，上海的小报横四开泛滥，骆无涯主干的《荒唐世界》首开风气，第一作俑。无聊文人见桃色新闻之皆大欢迎，办"横报"之有钱可赚也，群相效颦，今天《叽哩咕噜》，明天《糊里糊涂》，后天《牵丝攀藤》……陆离光怪，雨后春笋。报名如此俚俗，内容的龌龊，不阅可知，满纸荒唐，胡闹得太不成话，上海自有小报三四十年来，这时期的报俗最堕落了。

吴氏昆仲吴门人氏，书香子弟，寓沪营商，业余投稿报章杂志，健笔如椽，倚马可待，目击横报泛滥，非特攸关社会风化，且为报界之玷。某天和胡雄飞、姚吉光、汤笔花三四友好叙在一处谈聊天，三句不离本行，提及横报不堪承教问题，在座诸君子莫不义愤填膺，拍案击桌，齐呼"要不得要不得"！

横报要不得，什么样子的小报才要得呢？三个臭皮匠合成一个诸葛亮，亭子间聚义、写字台讨论，结果自我创造，合办《福尔摩斯》显真颜色，给大众做模范。茅庐定计，出版问世，竟然一鸣惊人，获意想不到之效力。

上海小报创始逊清末叶，光绪年间，《笑林》《繁华》（李伯元、吴趼人主干）小说诗赋文艺面外，通篇风花雪月，捧伶誉妓，游戏笔墨，无裨军国社会。清

《荒唐世界》1926年10月5日报头。

廷禁网高张,前朝文字狱凛然可鉴,明哲保身,环境使然,浸成报坛风气。

鼎革后七八年,《晶报》中兴,印刷编辑果呈显著进步,但内容取材,依然寿星唱曲——老调。风花雪月为经,小说文艺为纬,国号共和,言论自由,北洋军阀秉政,变本加厉,钳制舆论,南北大报尚噤若寒蝉,区区小报安敢捋虎须乎?

吴微雨君主编《福尔摩斯》却不管死活,真抱大无畏精神,施展探家手腕,采集社会黑幕,名公巨阀秘辛赤裸裸露布外,兼效《官场现形记》笔法,剥揭军政巨头、各级机关的疮疤,显微镜、爱克司光般映现读者眼帘,实践"刊人不敢刊、载人不敢载"。试想一张小报具斯内容,一鸣之下,怎会不惊人呢?

《福尔摩斯》内容突破记录,造成报销一万五六千份异数,吴、胡、姚三老板眼见同仁预定的方针不错,广大的销路昭示前程远大,有待奋力进去。三人益发本位努力。微雨君身任主笔,首居要冲,出版未满一月,交涉事已发生多起,小抖乱挟斧上门单刀相会,大律师警告信飞来,勿谓言之不预也。此外亲友传言,同行骇告,吴成众矢之的,齐欲得而甘心。

福尔摩斯四大台柱(吴氏昆仲、雄飞、吉光)外,所延特约撰述若平襟亚、叶如音、胡憨珠、秦瘦鸥、王培源……都是文坛好汉,报界健将,供给的文稿精彩绝伦,篇幅生光。

六马路跑马厅畔(今东方饭店对面)单间门面(后附开华生书店)旧址,屋椽低矮的办公室变成报人总会,那时没有"翼楼雅集",各报同文齐推《福尔摩斯》为祭酒,吴君微雨若盟主,每日午后三四时许,咨尔多士,络绎移玉,济济一室,座上客满。三句不离本行,报道新闻,谈论报经,吴坐编辑室耳目口手四者并用,最是忙碌。

将星云集,主帅的吴微雨抡动大刀阔斧,不怕树敌,不惮积怨,老虎头上敢拍苍蝇,《新儒林外史》首向《晶报》挑战,故余大雄与包天笑两人被骂得狗血喷头。海上闻人、闺秀名媛隐私被人揭发更赤裸无遗,酿成的法律纠纷,该报到"一周年纪念"拿律师信制版,统计四十六封,十九和解了案。吴氏上公堂,不啻法学院充旁听生,临时法院推事官亦感麻烦,一波未平,一波又起,吴大主笔据供软糯苏白,不是木佬之西子湖畔人,既属"空头"而非"铁头",怎地不怕官司走马灯式又来了呢?

塞翁失马,安知非福,吴氏日后地位的成功,岂知得力于纠纷迭起,奔走闻人之门,现身公庭之上,不打不成相识,空心怨家反变实心朋友,交游广阔,兜得转了。

报人与各级社会接触,口诛笔伐,地位超然,长袖善舞者登龙有捷径,清贫文士数载活动,不难共闻人交游,与大亨缔交,汽车代步,刮目相看,杰出报人,即具此种好身手,吴氏亦其一也。

吴氏登龙,丢弃笔杆,掉三寸不烂舌坐了汽车作苏秦,闲话一句,鲁仲连般排难解纷,俨然小大亨身份,投八仙桥钩培里某大闻人门下,孺子可教,颇蒙青睐,一登龙门,窜头势当然勿是一眼眼。

吴与唐嘉鹏出褱弟兄,交谊最笃。唐任大世界经理时代,每晚聚首一处,同进共出,影形不离。唐遇难之夕,吴与他坐在写字间内闲话,忽然白老鼠脱脚,跳到唐左臂,唐一吓,肩胛颤动,鼠受震跳到隔座吴的右臂,吴忙施周信芳麒派抖功,白鼠纵跃遁去。

当时议论纷纭,有说老鼠脱脚霉气的,须当心横祸临身;有的说白老鼠是白财神,跌到身上,反主发财。吴氏虽不迷信,但凭空构此征兆,叮嘱唐火烛小心。岂知半小时后散场出门,王兴高等凶徒早已十面埋伏,瞥唐跨入车厢,联珠弹发。吴汽车停在对面马路,刚和唐道别欲跨下人行道,枪声已起,流弹飕飕擦耳飞过。吴情知不妙,飞奔对面,飞车逃脱。第二天晚上,虞洽老、李景林、张啸林为国术表演招宴新闻界于大西洋,惊魂甫定之吴氏亦来与宴,语记者等隔宵祸变,尚汗毛站班,自拍额角头,终算亮晶晶,险险乎同游地下,危危乎试尝卫生丸滋味。

唐嘉鹏死后,吴氏痛失良朋,宵游无伴,于邑不欢者□□。不过,"八仙桥"八把交椅有了出缺,便由他替坐。吴虽文士出身,但转入另一社会成特种人物后,派头改变,言语举止完全两样,走起路来大摇大摆,双手荡甩如翻水袖,左右手食指所御两只钻戒,光芒四射,一副墨晶眼镜,台型格外扎足,孔夫子卵泡——文绉绉。耍笔杆的小报编辑,借《福尔摩斯》登龙阶梯,算获福尔摩斯身份,如包字头模样文派武化。

开国功臣吴先生,参加社会活动后无暇顾及《福尔摩斯》,小型报大王,人才济济,今日誉满鸡林的《社会日报》经理陈听潮(灵犀)即为该时擢拔上来。吴、胡、姚老板精诚团结,友谊和睦,十数年来,从无间隙,该报事业进展原素,便在这点,难能可贵也。

吴无形忾离,辞去主编名义后,由其介弟农花担任。此君亦是报人佼佼,具胆量，具手腕，黄陆案轰动社会，特往苏州吴塔陆根荣故里访，除文字详细报道外，摄有照片传真纸上，美具难并。现在大小报章盛行特写专访，十四年前《福尔摩斯》首创，农花第一个发明。谬承不弃，延笔者为撰述，亦给"本报特派记者"名义写这路文稿。

《福尔摩斯》非但小报公会，且成小报集中营，农君自继兄职后又出余绪，创刊《福报》，取"福尔摩斯"一字头衔，成姊妹刊物，异样取材，别种笔调分道扬镳，销路最高纪录曾至万数千份。

该报同仁后又办《克雷斯》，推陈听潮主编，《社会日报》则十人合股（胡雄飞、吴农花、姚吉光、陈听潮、黄转陶、冯若梅诸子），最初计划由小型进为中型，对开一大张。发行二月后，终以经济不胜停版了（现在的《社会日报》系胡雄飞收买旧股后，独资出版者，但三年前又告让渡，现为股份公司，推陈听潮任经理）。一馆三报，小型报这时允称黄金时代。

《克雷斯》创刊号，1930年4月3日。

三公司的《福尔摩斯》，吴微雨第一个脱离，胡雄飞重建《社日》阵营后，亦退出范围，最后三位一体归姚吉光独办。很可惜的，"八一三"后，姚君另有展布，把卓具光荣历史的《福尔摩斯》停刊了。

报界丧失这位侦探家后，作风又趋风花雪月、小说小品为主，新闻报道反居补白，微雨君爱兴"勿堪回首话当年"感慨也。

吊儿郎当唐大郎

唐云裳大郎,海上报人清客,文坛一怪物也,人称"第一枝笔"。南国星相家有名"真左笔"者,自称老牌于前,唐氏的笔只能屈居笔三笔四地位,勿足独占鳌头呢。

梦笔生花,文人本色,封建士人靠笔登龙。民国后,偃文修武,军阀当令,枪杆走运,横扫千里的笔杆儿反被丘八爷控制,丘氏门徒丘九一一甘拜下风,被挟制南人不复反矣。

三寸狼毫的笔,象形太"那个",可是私谥"大郎"仁兄,摇摇摆摆——钟卵子般左右文坛,坦白自供,裤裆淋漓(英雄病),恰切吊儿郎当身份。这枝第一枝笔,话说回来,确属前无古人,后乏来者呢。

唐籍嘉定,银行拣票生出身,天生与笔有缘。对花花绿绿的法币反看不顺眼,于银饭碗感到厌倦,满腹牢骚,寄情吟咏,未来"第一枝笔"的唐仁兄,本厂自酿的尿(诗的借用)才媲美糖尿病的"×先生",唐尿蕴蓄糖质,一首吟成,读者津津,兼具黏力,吸引不少糖诗迷,《唐诗三百首》,古文坛诗的结晶也,洋场才子第一枝笔勿失宗风咧。

今日的唐大郎活跃报界,称霸词坛,红且发紫,可是他改行经历简短,连头结尾尽多十年。第一个发掘"第一枝笔"者,《东方日报》创刊主人徐善宏,前往三顾茅庐请出这位诸葛亮也。

云裳仁兄与徐老板善宏接谈之下,怦然心动,机械性的银饭碗确感厌倦,自由职业的无冕王不妨尝试,适合吊儿郎当本性,乃满口应允,"第一枝笔"初次出马,荣任《东方日报》编辑了。

海上报人都半路出家,吾国提倡新闻教育尚只十年,故报坛前辈皆借天才与实验,没有一人曾受专门训练获新闻学博士、硕士、学士头衔(近十年来才有新闻系毕业生插足,但很奇怪的,新闻新人后来勿克居上,知名之士仍属普通天才家),唐氏便是天才中的天才,新硎初试,名重鸡林。

他进身报界吊儿郎当,抱游戏三昧,票友下海登台串唱要求叫座,非惊世末由骇俗,坐在抽水马桶翻阅《金瓶梅》,拍股叫绝,老牌第一枝王凤洲奇妙杰作,字里行间蕴蓄魅力,津津有味,一回一回接着看下去,自己部下的第一枝笔也摇头晃脑精神抖擞。唐仁兄善吟即景诗,朗朗诗声与潺潺尿声交响,即景生情,袭取武大郎"三寸丁"雅篆,借作本人别署,既别致又风趣。银行小郎(拣票生)升格任主笔,徐庶(徐善宏)亲访诸葛,东方日出一点红,由是登龙,享"第一枝笔"盛名。此郎来头大,"大郎"为名恰切身份,吊儿郎当稚气似未脱,但笔大如椽,交关杜①("大"也)来些邪气拉其(洋泾浜"大"也)。大郎之大,大而有当(不是裤裆),名符其人。

唐氏大郎,始意冒"三寸丁"牌,可是露脸文坛不是武松阿兄嘴脸,面效"独占花魁卖油郎"之颦,尿声潺潺如开足自来水龙头。油料丰富,则如卖油郎肩挑的两只油篓子,《东方日报》日刊大作(非捧场大郎作品也),打油诗调调儿,油腔十足,皆大欢迎,大郎真如卖油郎般独占词坛啦。

吟风弄月的小型报,打油诗贴配陆家浜,"唐氏第一枝笔"未曾封笔之前尚难定评,天公地道说一句,勿失宗风的唐诗确具相当天分,取材奥妙,押韵新奇,更合大众脾胃,诗名鹊起,洵非幸致,不过"第一枝笔"稍嫌夸张太肉麻啦。

大郎投身报界后,挟如椽大笔,又施展吊儿郎当交际手腕,投海上闻人×××门下,当掮吾师金字招牌,名师高徒益发吃价,不是吾师(仿不是我的朋友胡适之例)的×先生,桃李盈门,盖罩孔夫子三千子弟。唐为徒弟班头,犹子路般领袖七十二贤,最得吾师宠爱,师生之间如坐春风,雅谑吃豆腐,忘去名分,交关乐位,邪气焐心②。

唐除擅诗词外,又属札记身边文学圣手,《社会日报·高唐散记》连续五六年了,《东方日报·怀素楼缀语》《小说日报·云裳日记》是他忠实的外史。文章的可贵大胆率真,唐仁兄有小江平(金满成)、章衣萍(摸屁股诗人)气概,坦白自供,淋漓尽致,流白浊,斩咸肉,捧坤伶……甚至和玉皇大帝敦伦,睡梦里幽会(幽冥路上,顶括括幽会也)素君(唐夫人),吻可爱儿子苹果脸颊……桩桩件件全收笔底,入诸吟咏,记之随笔,赤裸裸无隐,"操它娘"等妙

---

① "交关杜"为沪语,意为"相当大"。
② 沪语,"交关乐位"意为"相当舒服","邪气焐心"意为"极为适意"。

句,更和"管它娘"各具千秋。

大郎诗文佳妙,人更风趣,轧朋友一见如故,胸无城府。此公尊容酷肖孩儿面,滴溜滚圆,稚气未脱。出语天真,写人不敢写,语人勿敢语,座有大郎,谈笑风生皆大欢喜,否则索然无味。周旋白相社会学得小大亨气概,书生根子英雄本色,趣人趣谈、快人快话兼而有之。

此公对付娘儿手腕亦极高明,跑跑八仙桥,蹓蹓神秘路,食肉门槛虽老鸟(读刁)失辟,吊儿郎当的健儿,泣血稽颡流白浊,但积"睏过二三百女人"(大郎自供)之经验,毕竟苗头勿是一眼眼。何怪他最近日记中云:"追随舅氏(钱梯舟老先生,逝死匝月)死亦瞑目,英雄病勿摆心浪向,即打开天窗说亮话(杨梅结毒烂鼻透顶)亦当它呒介事。"克洛忒路①韩庄②,唐氏外室,金屋储娇也,通宵舞厅必修课室,夜夜光临。这几天,提鸟笼携林儿,兴会淋漓,优哉游哉哩。

大郎舅氏钱梯丹,老名士也,科举登龙,游幕陇西,行万里路多见闻,遂为

唐大郎与坤伶金素琴合影,刊载于《影舞新闻》1938年第5卷第7期。

---

① 克洛忒路即今日的柳林路。
② "韩庄"为上海八仙桥附近风月场所的俗称,原为"韩肉庄",后来小报文人毕依虹在《晶报》撰文《韩庄一瞥记》,由此称为"韩庄"。

《社日》忆述陇上语，笔致古茂，读之盎然。前月谢世，大郎随侍在侧，亲视含殓，哀毁逾恒，极尽半子之礼。《散记》《缀语》数述病情身后，读者亦为黯然。跌宕欢场吊儿郎当之大郎仁兄，全本喜剧题材，倏转悲哀论调，足证现实生活感人之深，移人之速也。

不过，话说回来，看了近期大郎的《散记》《缀语》《日记》，林儿为伴，俪影双双，夜夜上舞场，天天到翼楼，挖花、赢铜钱、呷咖啡、谈情话、陪吾师问文酒会……豪情逸兴仍复不浅，狂奴故态依然，梯丹先生尸骨未寒，大郎若是未免猫哭老鼠，舅氏地下有灵，其兴孺子不可教何？

名虽空洞，寒不可衣，饥勿足食。可是三代以上，唯恐不名，芸芸众生钩心斗角所为何来？一言蔽之，争名夺利罢了。咱们大郎仁兄要叨名的光不费吹灰之力，茅庐初出，一举成名合埠知，第一枝笔挂"欢场才子"正牌，报人清客，东涂西抹，日夜逛游。试读其日记，不出拜师访友、看戏观影、游园携侣、宵夜舞场、咸肉韩庄、入局挖花、出席宴会、腻谈咖啡座、翼楼味之素、后台（黄金）跑龙套（玩票彩排）……担任三四家小报"身边文学"，打油竹枝诗词，丐文所入"有限昂势"，一百五十元左右，当今生活高昂之秋，以之瞻家，尚属不裕，乃大郎吊儿郎当，场面富丽，起居漂亮（一络小开派头），绝无吾辈寒醋窘态"文人终穷"。大郎例外，岂银行小郎出身者，点金有术乎？

大郎生活的写意来些，亨名之赐也，上海滩浪非但"有土斯有财"（道契阶级），"有名亦有利"，会场之花、马路政客天天开会演说忙，无暇致力业务，理当喝西北风，岂知住洋房、坐汽车、金屋藏娇、麦克麦克，和洋行买办、银行行长一般起居，此中奥妙，老上海略如思索，不烦拆穿西洋镜，可思过半矣？

大郎名士风流，潇洒不群，得力第一枝笔，名盛财旺，势所必然，艺华影片公司曾聘为宣传部长，久仰大名，重金礼聘者也。

艺华公司严春堂、幼祥乔梓经营的企业，一切效异外特起新华之颦，张善琨委龚之方（龚亦报人，与记者浦东同乡，《上海报》同文，君副署红人，曾和潘毅华合办《响报》，进共舞台撰《红莲寺》广告，以土白号召，别树一帜，博"龚满堂"之誉，"红人"真红，日发紫矣）任宣传部长，乃物色唐大郎主宣传。唐荣任部长后，运用第一枝笔克尽厥职，艺华出品叫座力强，大郎凌烟阁功臣哩。

坤伶金素琴、素雯，红氍毹姊妹花也。大郎矢诚效忠，竭力捧场，笔、口、手三用，第一枝笔品题，还有什么闲话？确有意想不到之效力。金感恩知己，

"郎啊哥啊"娇娇滴滴亲亲热热,前次去港,鱼雁时通,唐抄录《日记》,胶漆之情,倒似今日之表彰林儿也。

唐与王家小妹美玉、女弟雪艳亦曾友好。合众影片公司成立,拍摄《文素臣》,缺乏女配角,合众当局翼楼台柱朱石麟、胡梯维与唐"出×弟兄",言听计从,大郎荐小妹当然闲话一句。事已议妥,横里跳出程咬金,软糯的苏州娘儿耳朵根也软,忽听从义父顾问秦哈哈的说白,中途变卦更改草约,所提条件太苛求,合众不能接受,王乐愿退牌,大郎一番美意白费,心思一场空。莫名气愤,洋洋洒洒写千百言

王雪艳,刊载于《影与戏》1937年第1卷第7期。

冤状式文章,责小妹子太意志游移,勿讲交情,从此"玉节节"茄门相①。大郎心目中无雪艳其人,笔下亦誓死勿提王家小妹矣。

大郎热心人也,何怪热心人招揽是非多。自受王雪艳半吊子刺激,涉世经验告诉他往后"自扫门前霜,别管王家雪",好心没好报,反惹意外烦恼,小大亨气概之唐仁兄哪得不气破胸膛?

牯岭路人安里,"一·二八"后形成小望平报馆街,华东通讯社(沈秋雁,战后去港,上海报界小阿媛现活跃香岛,长袖善舞者何往而不利也)、《金钢钻》《东方日报》租赁石库门比邻而居,报人若陈灵犀、徐善宏、卢溢芳、邓荫先、冯若梅……公馆亦设里内,大郎与陈演"同居之爱"。灵犀夫人,标准内助,儿女绕膝,治家井井有条,大郎细君亡故,鸾胶迄未重续。浪漫人生观,风流不羁才,视家庭如传舍,停午出门,破晓回衙,"依文泰"通宵,"推仔厅"达旦,携了林儿也很乐会,一夜夫妻的临时夫人更捞一把拣拣,匹马单枪杀上八仙桥,酣战×百回合,"英雄病"的唐大哥,不愧英雄本色。

断弦大郎不蒙深刻影响,恰好发泄他吊儿郎当的特性,四月里蔷薇处处

---

① "茄门相"为沪语,意为"很勉强"。

开,和鬟丝①牵丝攀藤,庄子鼓盆,大郎同调啦(鼓,舞场洋铜鼓,盆,邀女吃大菜盆子)。

报界清客、洋场才子的大郎,趣人妙事多,外史写不完尽,日夜排演连台好戏(《日记》便最好的剧目)。笔者相知不深,已唠唠叨叨写了如许,倘请他宵游老搭档龚满堂撰述,定然洋洋大观。大郎外史,小江平勿得擅美于前哩。

笔者附言:

《说日②·云裳日记》谬荷赞许异样笔调、特色作风,老太婆臭脚带拙作,怎敢当"第一枝笔"品题,兹承激赏,徒增汗惭,岂笔者吃了阁下豆腐,一报还一报,亦来吃吃我乎?一笑。

---

① "鬟丝"为欢场切口。指相好的、情人、情妇。
② 《说日》指《小说日报》。

爱去先生王小逸

战后小型报作风丕变,海派刊物沾染京派(《华北实报》《平报》《白话报》……),长篇小说亦连篇累牍,占主要成分。每家小报特约七八人执笔,《小说日报》之创刊,即迎合潮流而诞生者也。

长篇名作家,传统魁星照命,文运洋溢。清末李伯元(南亭亭长)、吴趼人称霸文坛,一时瑜亮;民国后江都李涵秋、平江不肖生(向恺然)分道扬镳,李以社会鸣,向以武侠著名春申;"礼拜六"文坛,海上漱石生(孙玉声)、张春帆(《九尾龟》作者)、百花同日生(张秋虫)、网蛛生(平襟亚)及吴门包天笑、顾明道、程瞻庐、程小青……均负重望,驰誉鸡林,新著出版,纸贵洛阳。近十年来,上海文坛六十年风水轮流转,横里跳出程咬金,伏枥北平憔悴京华的张恨水苍头突起,挟《啼笑因缘》抢坐文艺擂台第一把交椅,红且发紫,文运之佳,无出其右,恨水不恨,如鱼得水了。

披阅二年来,本埠小报长篇作者有署名"捉刀人"与"爱去先生",药料甘草,有报皆捉,无刊不爱,很多读者目为闷葫芦,访问"捉刀人"是哪个?"爱去先生"不知何许人也?

捉刀人、爱去先生,吾家小逸双料别署也。一江之隔,敝乡浦东不乏杰出报人,顾执中、陆诒、瞿绍伊、王小逸、张恂子、姚吉光、顾卧佛、乔雅郐(红薇)及区区,共有十余人在报界混混,文坛溜溜。文运照着"捉刀人",各报争聘撰述,日写语文长篇近十种,独占鳌头,丐文状元公了。

爱去先生,浦东南汇县人也,高高个子,胖胖身材,红红脸色,讷讷谈吐,目架矮骒①,外表近似南货店阿大、粮食店经理,书香子弟无文弱书生气息。绞脑沥汁丐文为活者,凭你斗米十肉虎背熊腰,不幸耍笔杆吃饭,保证消瘦可怜,肌肤黄种本色,黄黄如也;头发未老先白,双鬓呈霜,花花如也;双目终朝

---
① "矮骒"指水晶眼镜。

伏案深夜写作,眯眯(近视)如也。

吾家小逸除患近视,乞灵吴良材外,余皆迥异流俗,一副卖相完全生意人物。谁知此公文名鼎盛,笔调细腻,擅长风花雪月,熟悉男女之道,纸上谈兵,想入非非,活灵活现,曹雪芹无他大胆,王凤洲没他小心。人果不可貌相,海水不可斗量,凡识荆州者,齐道爱去先生忠厚老实,和笔下风流判若两人;相知不深,真使人疑心小逸作品另有幕后,名副其实"捉刀人"呢?

浦左吾宗(王氏)颇多诗礼传家缙绅门第,小逸尊人去冬谢世,贤昆仲经纪丧务,场面很可派司,五七领帖、净土庵开吊,同文往奠者颇多。文人终穷,"哑尔曼"寿终正寝,罪孽深重,不自陨灭的不孝,能尽礼数,当今生活高昂之秋,花千百元丧费,小逸虽然多产,稿费收入麦克[①],但亦须一载窗下白辛苦哩。

浦东濒海(东海)襟江(长江)临浦(黄浦),辖上、南、川、奉、金五县,形似半岛。浦东同乡会未成立前,设有浦东同人会出版《新浦东报》,主干川沙黄炎培、主笔同邑瞿无用(绍伊)。苏省地方报中,《新浦东》很有历史,内容亦甚精彩。

王小逸漫画像,刊载于《吉普》1946年第1卷第23期。

吾家小逸与张恂子(周浦人,名崇鼎,执业律师,现兼绿宝剧场编辑)一般书香子弟,国学卓具根底,执教豫园萃秀堂生海豆米业小学,张任教务长,王任四年级级任。二君对于报纸本是城外开店——外行(城里做野猴王才内行),不过,天性好耍笔杆儿,狗叫猫跳,芸窗余暇,埋首草稿,投刊《海报》,与吴觉迷、何药樵、徐哲身同为台柱。翰墨因缘,渐渐鼓动办报兴趣,张、王会商之下,《浦东旬报》呱呱坠地,与父老

---

① "麦克"为英语many的洋泾浜音译,意为"钱多"。

见面。

张任主干,王为主笔,名虽浦东的地方十日刊,大本营却筑于上海。编辑部,萃秀堂教员室也;发行部,菜市街王春山也(王为经理小报四大金刚冠首,《生活》《福尔摩斯》《金钢钻》……著名小报大半归他推销,魄功雄厚,积资十余万,行行出状元,望平街状元公,七年前逝世矣);印刷所,小南门南洋印刷所也。对开篇幅,颇具规模。两人兴致很好,王工作吃重,论说、新闻、谈话、小品、小说……甚至校对一手包办,才本倚马,千言立就。独脚戏乃如同宗王无能,超然流俗,老牌第一。现在很多人惊佩爱去先生多产,岂知经验肇基斯时,老吃老做了。

《浦东旬报》和《新浦东》一对姊妹花,五县人士争快先睹,每期销行三千余份,不愧地方报冠军了。张、王兴致很好,创刊五年,竿头日上。十七年春,张恂子东渡习法律,舍友进早稻田大学为旁听生,谋攫律师证书。小逸与之老搭档,张去三岛后,报务委之一人双料独脚戏,吾家"报坛王无能"的小逸先生渐感顶了石臼做戏,《浦东旬报》终于是年五月停刊,寿终正寝了。

报务结束,辞去豆米业小学校务,寓居西门王家阙路杜门却扫,潜心著作,专治小说家言。那时上海出版界风行社会说部,小逸应大东书局聘约,撰述《春水微波》长篇,洋洋四十万言,布局新奇,情节香艳,笔致缠绵。这部处女作梓行问世,一鸣惊人,名重鸡林。当时网蛛生(平襟亚)的《人海潮》、百花同日生(张秋虫)的《新山海经》正出攒头,小逸的《春水微波》鼎足而三,掀起说海巨潮,文名藉藉,"王小逸"三字,立跻红作家之林。

十余年来,专治长篇巨著,一贯作风有句皆香,无辞不艳。小逸貌甚谨愿,笔底放诞,风流蕴藉,"写人不敢写,道人勿能道",描摹男女之道抽尔剥丝、丝丝入扣,形容两性动作千奇百怪、活灵活现。董二嫂、小江平无此性经历,张竞生、仇什洲读王氏奇文敬谢不敏,亦叹观止。捉刀人说部拥广泛读者,各报争聘成药料甘草,便在苗头勿是一眼眼也。

来岚声君任事通易银行,大刀阔斧,坚毅干练事业家也。小型报老板《社日》胡雄飞、《大晶》冯梦云与氏称三杰焉。来君服膺"人去找事做"苦干主义,手捧银饭碗,庸俗者心满意足,决不外骛,来君却自找麻烦,创刊了《世界晨报》,再来一张《时代日报》,定登《新》《申》全封面广告,首破纪录。《时代》问世,更出足攒头,附赠五彩画刊,延名漫画家《王先生》作者叶浅予主

《蝶恋花》，王小逸著，上海书报联合出版社刊行。　《石榴红》，王小逸著，万象书屋1947年刊行。

编，美具难并的小报迄今无出其右，永保"否司脱"①锦标。

分报编辑亦来君首创，身后哀荣的朱惺公即氏识拔，负"畸形社会"版全责，王小逸亦为君特垂青眼，请撰长篇，"捉刀人"笔名始于此时。《歪嘴吹笔录》《王公馆》《蝶恋花》《迷人洞》……一部又一部香艳作品，勿待《社日》采登他《鸾和散辑》，才文名洋溢，这时的捉刀人已很吃香。来君兼创震华书局，预备大规模出版，爱对捉刀人的小说请开特别快车，接一连三缴卷。来君支付捉刀人的稿费三四千元，小逸勿执教鞭，专握笔杆，闭门造车（小逸才华盖世，年华则老大），故其所造之车，足称老汉×车啦。哈哈，纸上谈兵，写写意意，麦克麦克，计字卖钱生涯鼎盛。

"八一三"淞沪大战，小逸初住西门，镇静沉着，诸葛军师般"城楼观山景"，窗前看铁鸟，晒台望烽火。接仗三月，沪南弃守，民国路铁门人潮汹涌，他才着急，收拾细软，率领家人也向租界逃难。历年庋藏的书报，迫于环境，

---

① "否司脱"为音译 first 的沪语音译，意为"第一"。

只得放任留守。现悉黄家阙方浜路周遭一片焦土,捉刀人的文化资产为祝融收拾,完完大吉。小逸每与友好谈及此事,无任肉痛。

锋镝余生,蛰夫"孤岛",掷笔三叹,百无聊赖。"孤岛"茶室盛行,同文随驾品茗,酿成浓厚的文艺座谈空气,捉刀人闲居无俚,亦往大东小坐。某日值《社会日报》陈灵犀,陈凤仰捉刀人妙笔生花,乃笑谓:"老兄封笔了吗?好久不见妙文,读者望眼欲穿矣。"小逸苦笑答谓:"卖文已属苦役,文人陷此境地,欲写的不愿写,不愿写的偏欲写,生活压迫,那又非写不可,处此境地,稍有血气之伦,不封笔而自封笔啦。"

灵犀聆之慨喟,拍桌三叹,相对默尔,最后劝慰曰:"老兄满腹牢骚不谋相当发泄,岂不气破胸膛?百无一用之书生,舍笔杆别无他长,还请重弹故调,以佳作贶我为幸。"小逸回寓感灵犀祝望,乃构思撰作《鸾和散辑》,谐音"乱话三千",以太史公笔法分章刻绘男女之科,洁练文体,生动事实,妙到毫颠,曲折离奇,读者叫绝。捉刀人新著连载《社日》后有目全赏,有口皆碑,王氏文名格外洋溢。

上海社会名利双收,捉刀人文名如斗,各报争聘撰述,笔政人忙。去夏鼎盛时,各家稿费收入四百余元,小报文稿获此酬报海上一人。

人不可貌相,海水不可斗量,腹贾模样的小逸先生,一枝生花妙笔,写出来的香艳文章宛如巴黎香水,芬芳扑鼻。拜读一过,谁不感到津津有味?如舐蜜糖胶着勿肯放松。这非记者瞎捧场,大著《春水微波》问世,承赠我一部,留置案头多日。某夜失眠,百无聊赖,抽取阅览,从第一回而第二回、第三回……一页页翻看下去,真的爱不忍释,倚枕默读,忽儿笑,忽儿叹(啧啧赞叹中),拍被叫绝。内子一忽醒回,窥见我这般形状,疑发神经病,连连催促,因余不理会,她抢书熄灯,惹我恼怒,夫妻俩大办"床上交涉",真掀

《春水微波》,王小逸著,刊载于《紫罗兰》1925年第1卷第2期。

"春水微波"。

五十万言巨著，一个通宵一口气读完，不知东方之既白，余非自负，一目能十行，才开夜班"特别快"完毕全程，捉刀人文笔引人入胜，良堪惊佩。《鸾和散辑》小块文章，丝丝入扣，《社日》读者与余同样心理，急求下回分解，催信雪片。编者灵犀意想不到聘来名角，青衣戏《鸿鸾禧》彩声哄堂，当即转意捉刀人烦演双出，满大众渴望。第二出《四进士》，赵钱孙李又露脸，小逸仁兄与小有缘，变成小型报张恨水，长篇小说大王，本埠十五六家小报，彼此效颦，互相争聘，打开报来如无捉刀人新著，便觉纸面无光，黯然失色。上海社会一窝蜂劣根性，《啼笑因缘》空前风行，京派作家张恨水称霸旧文坛，领袖礼拜六派，现在弓长仁兄锋头出足，名利双收，享齐人福（纳新宠）。红袖添香，住战都重庆，玩玩报屁股（编《新民报》副刊），无聊若有聊，他的锋芒由捉刀人取代，产量之多更驾恨水而上之，咱们小同文亦测小逸使的马是香槟头马，才能一写十行，日撰十余篇，绝不误卯，源源接续。

小逸笔健如椽，文思若随地涌泉，大有取之不尽用之不竭概。试想担任十五六家小报长篇，语文皆备，诙谐杂出，一部小说主角至少二三人，捉刀人每日接续撰作，描绘五六十个男女的动态，头头是道，丝丝入扣，毫无牛头勿对马面漏洞，缜密思想，恰当布局，零零碎碎排日拼凑，文气却一气呵成。小逸文名鹊起绝非幸致，真颜色示人，何怪余子敛手，礼让他一人出足风头别足苗头，驰骋文坛海派称尊了。

捉刀人文名如斗，难能可贵不陷文士通病，不染丐文瘤疾，落拓疏狂，风流自赏，投稿尚未成家，报屁股偶然露脸便自命洋场才子，目空一切，以无冕王姿态活跃社交场中，狂捧滥吹，肉麻大作读之三日呕。小逸除嗜烟酒而外，其他一无沾染，私生活谨愿俭约，抽烟必抽大英牌，酒量甚宏，太白遗风，呷白干饮黄汤，高粱一斤，陈酒四斤，尊容赤化，红且发紫如关公，但脚不写八字，心地清明，从未烂醉如泥。日以继晷治小说家言五六千字，即借烟酒兴奋，助长文思，不露倦容。

小逸战前住南市时，星期六日必临董家渡老酒店王恒豫。他是老主顾了，乃吃靠柜台酒。像这几天一碟蚕豆、一个咸蛋，浅盏更酌，津津有味。搬进租界，和临近豫丰泰亦结不解缘，并以茶会友，大东、大新茶室座上常有他在品茗。多产作家，如此悠闲，更莫名其神通哩。

丈二和尚蒋剑侯

报人中外勤人才最难得，全能角色，严格苛求，敢说上海自有报史以来，凤毛麟角，殊乏其选。跑外勤比不得内勤蛰伏编辑部埋头写字台，擅治文，长选稿，便可派司克尽厥职了。

外勤记者该具五家涵养：一须侦探家头脑，二须运动家精神，三须交际家应酬，四须装饰家丰仪，五须文学家才藻。所谓眼观四处，耳听八方，倷伲①无锡人般团团转，抢四角般面面到，才不愧无冕之王记者之鼎。

《新闻报》采访部历史悠久，人才济济，顾执中、蒋剑侯、徐耻痕三杰也。本篇主人公蒋剑侯，别署"丈二和尚"，此公"爹够"②常州人，六尺身材，高高个子，长度媲美电线木，确使矮子丈二和尚摸勿着头脑，劈面走来，摇摇摆摆。贵体今年发福多了，如日增月盛发胖下去，不难达开路神卖相咧。

剑侯十年前海上正牌红记者也，这位在家和尚半路出家，常州省立第六所师范毕业后，本邑教育局派他到吴稚老老家戚墅堰农村小学做活狲王，掌教三年，擢升校长。县教育经费支绌，待遇菲薄，堂堂一校之长月薪只十八只老洋。乡间生活简单，学校环境幽静，世外小桃源，春风沐时雨，倒也此间乐不思蜀。原拟坐冷板凳终老是乡，怎会动凡心到十丈软红尘仗剑斗法，抢坐无冕王"侯"虎皮交椅的呢？

《新闻报》，日报之王，销路大，广告多，年获巨利，职工待遇优异，金饭碗兼金门槛也。民国十六年，该报排挤洋股，史量才施托辣斯手腕独力收买，掀起巨潮。全馆同仁助资方抗拒，团结结棍，无隙可乘，卒达最后胜利，劳资乃签协约，进退人员须得职工会同意，因此，欲求进身《新闻报》着实匪易。

丈二和尚勿做活狲王，来沪钻谋，那时《新闻报》未有团结，新人进身没

---

① "倷伲"为无锡方言，意为"我们"。
② "爹够"为沪语，意为"这个"。

有海底篱笆，比较容易。故总理汪汉溪，蒋氏父执，到沪趋谒，陈述谋就。汪许孺子可教，立允设法位置。该报《教育新闻》编辑潘竞民，亦爹格常州同乡，蒋往拜访，请代吹嘘。两面夹攻，双管齐下，丈二和尚准许挂单，"先进庙门三日大"，现为《新闻报》中坚分子，膺选职工会常务委员了。

剑侯进馆，初任《地方新闻》编辑，半载后，对上海社会情形熟悉，调至采访部，试跑本埠新闻。由公堂访员而政治记者，三年经历，头角崭露，丈二和尚的确出人头地。那时枫林桥与龙华道（市政府警备司令部）军政新闻生命线，"红""名"字号记者，互驱公用车竞驰沪西道，争线索刺情报，施展福尔摩斯神通。蒋与警储部办公厅主任蒋笈同姓不宗，终以五百年前共一家之谊，友情诚挚比众密切，于采访上无限便利。

警备司令熊式辉原隶十四军赖世璜部下（由团长擢升至参谋长），龙潭之役，孙传芳渡江，背城借一，赖蒙响应嫌疑，被逮枪决，与第十军长王天培同为革命高级军人伏法之一对模特儿。熊有告密与夹攻巨功，代理军长，不久又膺警备淞沪新命。

总办公厅主人蒋笈，熊氏智囊，军长时期任政治训练处主任。开府沪上，政治工作人员解散，曾任宣传股长之吴汉祺（亦武进英俊，与朱作同共主《华天晚报》之吴汉昌先生介弟）及滇人杨茂章（杨四年前任云南县长，土番请愿，抗官被戮殉于任所）、江西老表蔡琪等，共创太平洋通讯社。

十二年前，上海通讯社黄金时代，老牌国闻而外，大中（冯玉祥后台，潘竞民主任）、日日（殷冉为，嘉兴人，长袖善舞，"九一八"后，在京创《大华晚报》，曾上书蒋委员长，条陈对日外交意见，旋蒙某种嫌疑，蒋手谕宪兵司令谷正伦拘押，坐狱半年始释）称雄。严谔声新声社后起，太平洋社因属熊氏嫡系、蒋主任旧部，警备部新闻无形为该社包办，丈二和尚允推会钻门路，善找线索，且与蒋笈具有宗谊，尚非太平洋社敌手，终落后尘。吴、杨、蔡乃成龙华道红客，出入警备部，门岗仍敬礼如仪，威风八面。各报红记者眼红。丈二和尚初时摸勿着头脑，爹格三人啥道路？自恃资格老，对突起异军勿服帖，蒋兼为施老板（济群，《金钢钻报》）特约撰述，利用小报攻击太平洋社，吴、杨、蔡三子当然勿领盆，齐谋对付，双方笔战开始。

丈二和尚"花和尚"鲁智深般抡动阔斧，向太平洋社砍刀。该社记者若黄转陶、沈秋雁、夏格非、吴敬伯，与蒋私谊颇笃，黄、沈更属同路人，蒋斧下留情，冷箭单向吴汉祺、杨茂章、蔡琪弃戎投笔三子放去。

《非非》创刊号报头,1929年3月29日。

太平洋社记者夏格非,实伲①浦东人(奉贤),少年英俊,活跃报坛,文艺天才卓越,兴之所好,亦办张小报玩玩,题名"非非",取雅篆末一字叠字格,洵想入非非。

《非非报》问世,编制优良,内容精彩,军政新闻道人未道、纪人未纪,刮目相看。纸贵洛阳,销行不恶。丈二和尚假《金钢钻》挑战,太平洋社三巨头便拿《非非报》做盾牌,墨弹笔枪,强将遭遇,酣斗三百回合,难解难分,便宜读者云端看厮杀,眼花缭乱,好看煞人。

《金钢钻》的创刊,动机便为克制《晶报》。那时施助严独鹤辑《红杂志》,一方面在沪南王家嘴角发售立退脚肿丸(施为浦东塘桥名医盛茂祥高足,学医出身,现仍悬牌,施老板的得名,即于这时期也),与《晶报》余大雄、包天笑交恶,施乃与陆澹盦、朱大可合办此报,金钢钻为世界上最坚物质,堪以克晶,故取此名云。

《非非报》夏格非主编,太平洋社中坚受吴、杨、蔡三君之意,出马对垒,与丈二和尚斗法,笔战二月(那时上海小报都是三日刊),二十期上每期刊有攻击文字,初时堂堂正正,待后词穷理竭,不免流于谩骂,失去无冕王崇高地位,与村妇同调骂街式文章,识者齿冷了。

《新闻报》杭石君看勿入眼忍不过去,出做鲁仲连,假金陵酒家,柬邀太平洋社全体执事宴叙,拉"丈二和尚"列席,杯酒联欢,各披赤忱,尽去芥蒂。杭君长袖善舞,八面玲珑,闲话一句,双方买他面子,即席筛酒,痛浮大白,三寸狼毫开端,三寸不烂舌收场。

丈二和尚自经此番争执后,涵养功候日深,处世态度练达,馆中同事人缘

---

① "实伲"为上海本地方言,意为"我们"。

《新闻夜报》广告，刊载于《新闻报》1939年6月2日。

挺好。总主笔李浩然很器重他，编辑部对外事件委派代表，十有九次结果圆满，同仁因故离职（事假、病假）亦由他庖代。前《快活林》主笔严独鹤胃病发得厉害，某次卧床累月，势甚危殆，丈二和尚兼跳加官负编副刊，每天亦撰《谈话》，同样作风，清新流利，诚挚恳切。读者如不看明"钢侯"署名（氏姓蒋，为《快活林》撰特写专访，笔名"将军"）误认独鹤大作。和尚笃于友情，破晓离馆，不回家庙，径赴严宅探鹤公之病，伴缠床畔问长道短，延医端药，数昼夜目不交睫，衣不解带。如此诚义，殊甚叹佩。鹤翁病痊，感蒋铭心刻骨。

内外勤兼擅，后补道般逢缺庖代，"快活之鹤"倚为左右手，公情私谊甚笃，出席宴会，常见双双偕临，一高一矮，一瘦一胖，相映成趣。

丈二和尚多才多艺，善写头头是道军政社闻外，半新不旧文艺亦具素养，《新闻夜报》创刊，野心很大，企图打倒《大晚》《大美》成夕刊冠军，争奇斗巧，殚精竭虑，不惜牺牲。除编全沪无线电播音节目推广销路深入中上家庭，更与联华广告公司陆守伦合作，订阅三月附赠该公司出版之《上海生活》月刊，每册零售四角，报费不加，真正不取分文。上海人好贪便宜，电话订报铃声不绝，每日订出五六百份。《上海生活》本身原销三四千份者，兹作《新闻夜报》赠品后，需印一万八千份，目今纸贵洛阳，用纸惊人，幸《新闻报》订有大批卷筒纸，否则长期牺牲谁都喊叫饶也。

《新闻夜报》广告，刊载于《新闻报·本埠附刊》1937年3月25日。

《新闻夜报》副刊《夜声》，内定独鹤兼编，严记报屁股名满国中唯一老牌，一似梅大王兰芳之保卖满座叫座力强。独鹤虚怀若谷，鱼与熊掌不欲一人独吞，乃向汪仲韦副理力辞（《夜报》事权总理伯奇委弟主持），荐蒋代己。副总主笔的鹤先生，全馆三大亨之一，闲话一句，准如所请。丈二和尚实任住持编副刊，煮文艺咖啡也。《日报》严谔声做茶博士（《茶话》），夕刊另起的炉灶乃题"厨司"新署，香积厨食谱果然别有风味，新旧老饕，交誉厨司手段高妙。

《新闻报》营业政策，"稳重"为第一要义。现在虽九九归原，福开森外股依然来归，挂洋商招牌，姜太公在此百无禁忌，但伯奇、仲韦昆仲"火烛小心"，《时评》为报纸眉目、读者导师，《大公报》张季鸾、胡政之、王芸生，《申报》陈布雷、陈彬苏，《时事新报》潘公弼、程沧波诸子的名满国内，驰骋论坛。《新闻报》自负日报权威，日销十六万份，开宗名义第一张的评论，战前软弱无力阴阳怪气，"八一三"后，率性根本取消不著一字，成无字天书了。

天公地道说一句，《新闻报》广告报也，内容不敢恭维，编制杂乱，标题单纯，副刊如以文艺评价，亦水平线下，惟抓取现实题材、反映社会动态适配小市民脾胃，应合此时此地需要。丈二和尚蒋剑侯拿"厨司"笔名，于《新闻夜报》写《点心》，每晚飨读者，深入浅出，通晓流畅，如白居易诗妇孺俱解。本身发挥，介绍内子感想，贡献生活经验，朴实天真，针砭末世，挽救人心。每夜发表五六百字《点心》，这客奶油土司，的确津津有味呢。

丈二和尚，海上报人全能红角儿，本篇拙作将来印行单行本，补充改稿，采《水浒》一百零八人点将时，蒋氏自号"和尚"，现成典故，便赠他"花和尚鲁智深"吧。新闻圈内，花和尚风流蕴藉，花花绿绿风流外史现在暂秘，征得和尚同意后，大开色戒，自我供状，读者拭目以待罢。

顾大麻子顾执中

浦东鲁家汇,顾氏巨族也,乡野缙绅,书香世第。执中的祖与父均青一衿,他幼年时候家庭教育严肃,子曰诗云八九岁时已朗朗上口。孺子可教,其父乃不惜变产培栽,使由中学而大学。执中昆季有三,他是老二,阿兄阿弟礼让求学"专利",深知毓秀钟灵于彼。顾父老眼竟不昏花,"二岁看八岁,八岁定终身",执中虽未执中央政权,但执无冕王中权威(名记者)兼任学校校长,亦光门楣,跨灶肖子也。

县立高小第一名毕业,考入民立中学,继升圣约翰大学。刚巧暑期卒业准备放洋,罡风倏现,突遭大故,父丧回里。阿兄、阿弟忠厚过分,成无用庸人,一切须他主持。丧礼完毕,家务纠纷,先人尸骨未寒,手足已兴阋墙,执中无限痛心,忿然来沪。乘风破万里被阻,改投生活圈,插足社会了。执中国学既具根底,英文程度很好,效毛遂自荐,分访师友。初进永和洋行任小写,业务余暇投稿本埠《字林》《泰晤士》两报,晚间并兼汪公馆家庭教师。刻苦奋发,青年模范,一股朝气。"顾大麻子"的是不凡,脸颊密圈,倒非老天恶作剧,确该一个圈儿圈到底呢。

笔者与顾浦东大同乡,氏表弟陆诒民治新闻学院出身,顾一手提拔拖进《新闻报》,随己做特派旅行记者,长篇通讯洋洋报道,头角崭露。"八一三"后随军西行,活跃前线。抵汉,《新华日报》佩陆才,挖角般厚其待遇,转入该报。现在湘鄂第×战区,有"小长江"(《大公报》特派记者,独特作风之通讯知名全国)之誉。曾共同社,告我顾氏前期外史很详。闲言叙过,话归正传,欲知顾仁兄怎会进报界成红记者的呢?

《新闻报》任用翻译,执中获讯,毛遂自荐,中西文荐书写作绝佳。那时洋文人才凤毛麟角,顾乃邀识拔,面谈笔试之下签发聘书,进馆任事。

民国初元,海上各报似已革新,进步不少,但新闻采访并无专门人才,由"老枪访员"包办。这般访员,十有一性耽黑籍,嚃嗽烟霞,文士潦倒,茶楼烟馆为家,三筒扯足,高谈阔论,市井琐闻全成若辈资料,笔录送馆,按条订酬,犹副刊投稿制。秀才不出门,投机文丐闭门造车,杜撰新闻骗取稿费,编辑受愚,可笑孰甚。稍具历史,擅长活动,跑县政府抄公文,新衙门(法院)听审讯、眷笔录,到巡捕房晤包打听,纪窃盗、火警、卷逃、诱拐等送馆发表,已算此中佼佼者(现在公堂新闻残余势力尚存,仍由老枪访员包办)。

《新》《申》等报,民七以后才设立采访外勤科,添聘记者直接访问,范围扩大,地位提高。政治记者晋接要人,对话谈片,抓取时局核心问题。新闻报采访科成立,顾执中由翻译调任,因此他为该馆外勤元老、采访功臣。

采访科成立,顾由翻译调任外勤,试跑政治新闻。那时革命军没有光复,淞沪本埠的机关凤毛麟角,冠盖来往更寥若晨星,政治线索找寻真不容易。咱们执中仁兄却能别开蹊径,冷镬爆热栗,《新闻报》上问答式的谈话稿即始自此公。

顾极富研究精神,搜阅新闻学书籍,无师直通,孜孜研究,融合经验,格外贯通。民十之际,上海私立学校春笋怒苗,××法科更容易招徕,青年学子、职业人士趋之若鹜。现在悬牌大律师中,很多资格此时取得,半路出家夜课读律,抢得方角帽博袖衣者也。

顾研究新闻学极有心得,心血来潮适应社会群众记者热大学生狂,乃创办民治新闻学院,老板兼院长,俨然师表了。

新闻学校冷门科目,全沪大学那时附设新闻科者别无一家只此一校,可算独行生意。觅址爱多亚路①吕宋路②口(今河北中学原址),秋季始业,报名入学者一百八十余名。顾氏第一个炮响,神情兴奋,更堪自傲的树之风声,新闻科竞相效尤,暨南、复旦、中公等齐辟新闻科,登报招生。民治虽是私生子,反居老大哥了。

民治新闻学校顾投机成功,着力展布,拉"美髯公"于右任为校董会主席。海上闻人、各报巨头,齐罗致为校董。毕业生成绩优秀者,负责介绍职业。在校时期注重经验,附设民治通讯社、民治出版社、《民治周报》,使学生从讲义到实践,练习采访、编辑、排印、发行技术。毕业生跨出校门,适合轨道,供职报社,胜任愉快。十年来顾氏高足安插京、沪、平、津、粤("八一三"

---

① 爱多亚路即今日的延安东路。
② 吕宋路即今日的连云路。

民治新闻学专修学校招生广告,刊载于《申报》1936年1月8日。

后遍及川、澳、黔、桂、陕、甘……各省),日晚报馆、杂志通讯社者很多。乐育报人,陶铸英才,顾氏年纪轻轻,及门桃李济济多士,值得自傲了。

二十一年,教育部通令沪上各大学整顿校名,"大学""学院"各器所关,不得滥用,民治新闻学院,乃改组为民治新闻专门学校。另办民治中小学,三位一体,俨然雏形教育托辣斯(上海办私校发迹者,首推现在变色之陈济成,上海中学化身为四,冠"四校总部",何等阔气)。执中仁兄虽不逮陈济成挖儿透顶,但其办学手腕的灵活,在报人中唯我独尊矣。

发祥校址当然嫌局促,须迁地为良。觅得邻近白尔部路①蒲石路②口,那所大厦,隙地亩许,刚好辟为操场。顾办学,"家庭工业社"性质,内务部长顾夫人精明能干,实任中学部主任,外子漫游欧美,校务由她主持。"八一三"战事爆发,马上结束校务,将操场租予茂大煤号堆货。

说起顾氏游欧,机缘奇突,行色匆匆。"九一八"后,国际联盟会组织李顿调查团前来远东中日双方实地调查,吾国朝野对这批"勤头尔曼恩"③(高贵绅士)寄莫大热望,怀无任欢迎。国府特访外交部郑重招待,时任外长罗文干,学者本色,不修边幅,仪表方面不甚注意,李顿爵士等莅临新关码头登岸,罗蓝袍黑褂亲自欢迎。记者于《上海速写》文中称氏堂堂外长不穿燕尾服而着土老儿式之袍褂。罗读后大恚,特函馆方声明,并自称留学英伦牛津大学,常着笔挺西装,惟回国后,中服轻便,故置箱箧云云。乃请漂而亮之的顾维钧担任招待主任,随同调查团由沪晋京,分访林□□。外交部长兼任通译,顾本外交名宿,长袖善舞,八面玲珑,李顿爵士光临敝国,无锡人团团转了。

执中仁兄与威灵吞"顾"五百年前共一家,维钧籍嘉定,江苏大同乡,爰

---

① 白尔部路即今日的重庆中路。
② 蒲石路即今日的长乐路。
③ "勤头尔曼恩"为英语gentlemen的沪语音译,意为"绅士"。

顾维钧与李顿，刊载于《良友》1932年第67期。

是颇蒙青睐。调查团来华，电讯传沪，《新闻报》汪伯奇总理即命执中钻门路，设法加入招待团，俾随同纪录，报道读者。顾受命后，初时深觉使命重大，恐难如愿以偿。待□部发表顾维钧为招待主任，执中窃喜不胜，专程赴京拜谒，说明意旨，顾一口答应。执中追随调查团渡江北上，直至关外，亲历失地，将见闻特写洋洋数万言日记，分段报道，附着如此这般的骥尾，真出足风头呢。

《新闻报》万般守旧，编排格式、副刊内容迄今故步自封，惟有专访新闻不惜破钞旅费，特派记者实地从事洋洋报道该事。采访部人才济济，但对长途跋涉敬谢不敏，礼让顾仁兄执中专利。近十年来，顾氏足迹乃遍东西南北，这次得附国联调查团观光失地，机会难得。恪于环境，不克把真知灼见赤裸无隐尽情报道，但此行收获已极珍秘。《国联报告书》为李顿爵士领衔大作，成世界珍贵历史文件，顾氏的随团日记亦为报坛巨著，增光篇幅，永垂不朽。

顾维钧精通英、法、日、意四国文字语言，外交手腕八面玲珑，招待国联团员公情私谊，"繁里瓜叠"[①]（好来些也）。当渡江北上，津浦路局奉铁道部命特备花车，招待团办公车挂于末一节，顾答允执中随从采访后，考虑到杂厕新闻记者后，启某方注意，资为借口，致于未便，乃特别苦心荫庇，给执中秘书名义列名职员录。执中的英文程度很好，差使虽然挂名，兼办实际公事，颇堪胜任。执中得其所哉，借公务上之便利获新闻线索，窥团务秘密。顾见他笔

---

① "繁里瓜叠"为英语 very good 的沪语音译，意为"非常好"。

头流利,谈吐练达,当面赞许:"足下这位义务秘书顶括括地道货,本人将来使外,定须向贵馆挖角,请佐我办事哩。"执中闻语,荣幸万分,忙不迭答道:"鄙人漫游国内迨遍,亟图出国观光,真有一日乘风破浪,再附骥尾,真求之不得呢。"顾维钧说说白相相者,讵意这张口头支票不久兑现,执中真的放洋去也。

国联调查团抵平,与×方接洽出关行程的当儿,咱们的执中仁兄大如海船夹带的黄鱼,丑媳妇见不得公婆面,走私般潜伏公事车厢。×方谍报网周密灵通,顾氏北站上车,随同李顿爵士晋京,沪×特务部已经查悉,拍电京津平注意有新闻记者混杂在内。顾氏声名既大,又吃亏尊容雕花,极易辨认。在平东站下车,驻平东京《日日新闻》访员铃木四郎偷摄一影。顾欲出关,维钧专使竭力交涉,结果铁证昭然,何从推诿,最后李顿爵士仗义执言,正告日方,新闻记者地位超然,随同出关,只要言行遵守范围,不宜拒人千里。李顿,团长也,×方卖他面子,终算应允了。不过,约法三章,执中观光失地,报道勿克畅所欲言。岂知能够跨出"天下第一关"非轻容易,如和维钧专使没有深切交情,谁愿冒大风险抱这"阿斗"过关呢?

执中虽达出关目的,维钧专使安慰他道:"天下事愈曲折愈珍贵,此行匪易,增高价值,足下雄心飙举,以未曾乘风破万里浪为生平大憾,欲知放洋较出关反便捷,保在我身上,最短期间务使渡太平大西之洋,漫流欧美,扩展视野也……"执中回说:"我所愿也,感激不尽。"国联调查亦滞留东京十二天,顾氏行动,因受约束不克与团员一般自由。

执中参加国联调查团出关,如此艰巨完成使命,殊匪容易,读者对他的实地报道刮目相看。京沪平津同行于彼前途代捏一把冷汗,咱们的顾大麻子确有九五之尊,洪福齐天,逢凶化吉,终于完成使命归来,无冕王这般收获,值得自傲了。

业精于勤,执中仁兄风尘仆仆,长征在外,浸成外勤中的外勤,"本报特派记者"头衔煌煌常见《新闻报》,各方邀约纷至沓来,陇海路通车、湘鄂赣考察、粤桂实业调查、川康学术地质矿物调查……均柬邀顾氏参与。馆方有见识者欢迎长篇通讯,爱专任他"无锡人般团团转",并体恤长途跋涉辛苦,破例雇用助手,旅途既有同伴,又可帮助采访写作。氏表弟陆冶,上海中学毕业后,转入表兄所办的民治新闻学院,第一届毕业高才生。陆专攻新闻科的目的本以《新闻报》为对象,私计表兄深得馆当局倚重,必可牵引,讵意《新闻报》金门槛,顾亦职工地位,何从为力。陆毕业后,爱介绍进华东通讯社(沈秋雁主办),《观海晚报》创刊,兼任外勤。陆英语很流利,那时"糖尿病"要人方就诊于脑尔医生,陆每日采访,直接与脑尔问答,比众详确,干才显露,早知不凡。迨跨入金门槛,随表兄做旅行记者后,头角更峥露,报间时见陆诒大名,谚云"佛脚带升天",陆真由顾佛脚带上天者也。

陆诒初出茅庐,直线飞升,二三年中,即达进《新闻报》目的,随从表兄顾执中旅游南北东西撰写长篇通讯,特派记者双料拼档,执中、陆诒表弟兄合串双簧,头角峥露,一举成名。陆中西文精通,惟仪表方面,猪八戒阿弟猪九戒,满面酒刺,狮鼻阔口,抓牙攫齿,和顾大麻子劳莱哈台一对活宝。不过,话说回来,人不可貌相,报馆牌子金字特派记者亦装金,麻子瞎眼何妨。

二十一年七月,顾、陆应川康调查团邀约,又双档出发,由沪搭民生轮溯江西上,舟行六日抵渝。执中仁兄虽称东西南北之人,蜀道难的四川亦初入夔门,抵渝后,精神焕发,预计观光西康吐番,扩展见闻。讵意住重庆长江饭店第二日,忽接香港拍来急电,顾莫名诧异,心想港地并无关系,怎会飞来加急电呢?当下翻出电码小册,逐字注释,"执中仁兄鉴,钧奉命使法,特邀同程,以践宿诺,火速飞港。顾维钧叩漾急。"寥寥三四十字短电,顾读后喜出望外。五百年前共一家,自己人毕竟两样,国联调查团抵平,为本人出关交涉所发的牢骚,支票即期兑现,真获乘风破万里浪,喜从天外飞来。执中一读再读三读来电,嘴巴嘻开如弥勒佛,好久合不拢哩。

"九一八"后,吾国际地位增高,外交阵线坚强,对美、英、法、苏、日互换大使。驻法大使一席属之威灵吞顾维钧,奉命赍领国书,整理行装,搭轮放洋驶港途中,心血来潮,想着陪同国联调查团过平出关,为顾执中一场交涉所许的诺言,目今使外机会恰好,应该实践。他阅报披露川康通讯,熟悉西行抵渝,亟拟电拍发在港候驾,顾大使如此雅爱,执中仁兄洵不胜荣幸哪。

出国之愿,卧寐求之,执中接电,亟将西行任务属之陆诒,同时分电沪馆报告,与覆顾大使"候机应召"。放洋手续非比等闲,执中行色如此匆匆洵破纪录,渝港航空三日对飞,执中即日诣中国旅行社购票,第二天刚巧班期,便搭容克期巨型机,"再会吧,重庆!"振翼南飞,去港晤顾大使,乘风破万里浪了。

当日午后三时抵港,亟趋皇后大道弥士尔敦酒店拜会顾大使,热烈握手,执中鞠双料九十度之躬,感谢大使信诺括括叫,不遗在远,特电宠召,本人这番能偿夙愿,观光欧西,全仗大力,当下又说了许多知恩感德的话。顾大使莞尔笑曰："西贝秘密西洋镜拆穿，这番确由本人保荐，特任君为大中华民国驻法大使馆二等机要秘书，见诸明令，某方当然阅悉，故君非但遂了出洋夙愿，又得扬眉吐气哪。"说毕授给执中委任状，会心微笑。

陆军大学校长杨杰（持帽者）、旅英我国记者顾执中（右方第一人）及伦敦中国使馆海军郑参赞（左方第二人）参观伦敦普兰赛陆海空无线电制造厂情形，刊载于《中华》1934年第29期。

摩登记者张若谷

张君若谷，原籍醴溪，世居海上，自幼生长宗教家庭，奉天主甚虔诚，天主堂街类思小学毕业后，继升徐汇公学。徐汇管理严格，教学守旧，反时代潮流，五四文学革命、白话文洪涛，这里拿线装书筑成堤防，没有浸入。大中学时期，张完全受国学熏陶，后来进震旦大学依然攻读四书五经。岂知子曰诗云的若谷仁兄日后竟转变为新文艺作家，中途更跳进新闻圈，成吾道健将，毫毛道疾，变！变！变！天主门徒的若谷，其齐天大圣流亚欤。

张富文艺天才，写作欲旺盛，肄业震旦时已埋首图书馆，披读东西洋文学名著，孜孜研究，无师自通，每有所得，札记成篇，投刊《申报·艺术界》，每周发刊常见大作。编者朱应鹏通函订交，文字因缘顿成莫逆。那时张自视甚高，抱负不凡，认文字雕虫小技终没出息，投稿爱"兴到为之"，谁知十年后卒钻进报圈，奔竞文坛，迄今摇旗呐喊，任《中美日报》副刊《集纳》编辑，不为鸡头，宁为牛后，玩着报屁股，意兴飙举，精神振作哩。

现代书包翻身，勿若科举正途可循，张具学优而仕信心，在校攻读，埋首芸窗，写破钢笔，中法文卓具根基，极蒙师友奖誉。震旦毕业后，原欲赴法留学，往考中法文化基金会官费生落选，若谷仁兄这时的

张若谷，刊载于《图画时报》1927年第335期。

失意比秀才不第更是懊伤，垂头丧气，羞见人面。偿了夙愿，心头蕴结的乌气才向太平洋深深呼出。

张留法被摈，郁郁闷闷，生了一场气病。复原后，循亲友之劝，经法神父介绍，进穆安素律师公馆当书记。穆安素，法国旅沪名律师也，业务忙碌，国人委办案件者颇多。若谷中文精通，法语流利，撰状打字拿手好戏。穆大律师十二分倚重，服务满年，擢升帮办，月薪一百六十两，外快收入很富丽了。若谷野心虽大，碰了橡皮钉子得此优越职位后，很感满足。清寒大学生月入麦克，镀金（留学）不成装金，改穿洋装，眼镜皮鞋，发洒巴黎生发水，脸搽夏士莲花，蹀蹀公馆马路，神气活现了。

若谷钻进报圈，投稿《申报·艺术界》为伏线，"一·二八"《大晚报》创刊，他受总主笔曾虚白罗致，才从穆安素律师公馆帮办正式扒上报坛，奠了今日摩登记者基石。

曾虚白，东亚病夫（《孽海花》作者曾孟朴）公子也，家学渊源，恂恂儒者，掌教东南大学文学院。上海报界托辣斯张竹平眼红"九一八"后《时报》噱头号外纸贵洛阳，筹办《大晚报》，别树一帜，罗致新人，给上海新闻界开新天地。预备用语体文写新闻，外勤记者采投稿竞选制，效颦欧美报纸。发行前夜，编印样报，曾等关在《大陆报》三楼编辑室闭门月余，照样编稿发排，每日印样张数十份送张老板审阅与同人观摩，如此审慎态度，特别慢车精神，洵破海上报坛纪录。

曾氏父子，均攻法国文学专家，孟朴卸任江苏财政厅长后，息影沪上，不忘书生本色，创真美善书店，发刊《真美善》杂志。若谷久仰曾氏大名，于法国文学初涉门径，乃常用投稿，东亚病夫许"孺子可教"，二卷以后的《真美善》即委任编辑。待虚白膺《大晚报》聘，所有编辑部人员，汪倜然、曹宗汉诸子清一色法文艺译述同志，张亦以是渊源跨进报坛大门者也。

《大晚报》正式出版于民国二十一年三月一日，"一·二八"开火后月余，试版尚未认满意，故先刊行直四开，半张篇幅。文艺译述家改行，城外开店，内容新异。语体文写稿，如小儿女学胡语，"吉吉格格""唠唠叨叨"，反无文言简洁，蹈拖泥带水之弊。这种作风此路不通，三四月后逐渐改良，除《副刊》《特写》，新闻稿与各报同一面目，不再改装门面，重编重写矣。

该报招聘外勤记者，膺选者计徐则骧、邵宗汉、郑梅安、胡卓人、朱超然暨笔者等六七人，每午送稿二三则，半月结算稿费二十元左右。二月后正式出版,扩充篇幅一全张,朱君妒忌笔者独占鳌头(领酬最多),乃进谗于总主笔曾虚白,称王定九的新闻十九杜造,曾态度大公,采纳笔者投稿制原议,反对朱欲求固定任用,月结薪水(当时笔者愚见,新闻采投稿制,鼓励竞争;固定月薪,素餐尸位敷衍塞责,于馆方实不利也),特开编辑采访联席会议取决。张君若谷亦赴余说,会议席上彼此争议,结果多数附和愚见,朱君失败,恼羞成怒,悻悻于色,切齿恨恨。

此后处处与余轧脚,便因这一层交涉。实则笔者站公的立场,完全为馆当局设想,勿若朱君之自私自利,只图滥竽,月支薪金,隐照牌头。公敌积私怨,徒见其心脑狭窄耳。若谷笑爱谓:"勿要摆勒心浪向。"

《大晚报》试版于"八一三"烽火声中,对战讯采访及时卖力,若谷仁兄跨出大学堂,坐惯写字间,西装革履,顾影自怜,法国文艺译述家群霞飞路喝咖啡、吕班路开沙龙(座谈)。出入象牙塔,摩登装束,浪漫气息,兹效班定远投笔从戎,改换马裤,扎上皮绑腿,背上快镜箱,驰驱闸北、江湾、吴淞、宝山、大场、杨行、真茹前线,随军刺探,速写报道,战讯详尽,读者刮目。

若谷战地特写别有作风,运用文艺笔调刻绘火线上将士动态"另有一只弓",纸面真真,读之欲出。此君素好出风头,研究登龙术,尚标榜,例如访问梅兰芳,标题曰《与梅大王三十五分钟在一起》,注明时间,洵空前纪录。因此,那时十九路军蒋光鼐、蔡廷锴、谭启秀、张炎、翁照垣,第五军张治中、孙元良、王敬久等领袖人物,全为张标榜偶像。

当时《大晚报》活跃前线的记者,尚有黄震遐(此君黄埔第三期毕业生,久历浅行,曾任团长,偃武修文。五年前应杭笕桥航空学校之聘任政治教官),与张瑜亮,粗细线条作风各有千秋。馆方有张黄两支生力军,一如十九路和第五路,阵容当然堂堂了。

张为采访火线新闻,非但出入枪林弹雨,冒绝大危险,且毁容变装,一反摩登牌头,细皮白肉的文学家(白面书生)栉风沐雨炙黑泛紫,胡须不剃,于思于思,野张飞模样。"百无一用是书生",若谷却例外,卓尔不群,很有作为,摩登记者于非常时期摇身一变,适应环境。

"一·二八"战事一月零一天结束,张、黄功成名就,极得张(竹平)老板、曾(虚白)主笔倚重。若谷回复本位,从外勤调任内勤,负编辑第一版《电讯要闻》,俨然副总主笔。该报副刊《火炬》创刊伊始由张兼理,正式出版后二月,改聘留东新文艺家崔万秋主持。张对文艺兴趣浓厚,爱于黄震遐长篇创

《婆汉迷》，张若谷著，上海益华书局1933年刊行。　《西游记》，张若谷著，千秋出版社1936年刊行。

作《大上海的毁灭》（"一·二八"作背景，淞沪战事为题材）结束后，自告奋勇，撰《婆汉迷》新著。

张具文艺天才，未进报界之前已以法国文艺译述姿态与文坛三山五岳好汉交游，鲁迅老头子对若谷仁兄亦曾捧卵泡，对话内山书店三十分钟，效他《与梅大王三十五分钟在一起》笔法。女作家冰心、庐隐、陈衡哲……更亲芳泽（不可别解），张为《真美善》杂志辑"女作家号"，奔走拉稿，结纳老作家，发掘新女性，厚厚一册，迄今张氏"夫子自道"生平得意之笔。

尊著《婆汉迷》新儒林外史也，拿崭新的笔调写京派、海派文人罗曼司佳话、幽默风轶事，若谷文笔细腻，刻绘同路人动态淋漓尽致，引人入胜。《大晚报》自刊《婆汉迷》长篇后，震撼文坛，玩笑开得过分，不免结怨。文中对鲁迅痛疮亦有揭发，鲁阅后恼羞成怒，斥张孺子不可教，毁谤前辈，罪大恶极，牢骚莫泄，语沈雁冰（茅盾）曰："海派文人突兴张若谷，自拆墙脚。西洋镜公开，臂膀朝外弯，各人的隐私都须泄露供人笑话，必须赶快总动员制裁他才好。"

鲁迅提议"天皇老子圣旨"，闲话一句，众人附和，沈等联络巴金、张资平、张天翼、郑振铎、傅东华、施蛰存……一般名作家,先在《文学》《现代》等杂志上放冷箭,张似小商河杨冉兴,箭如猬刺,"礼拜五派"私谥即于这时公赠的,意想不到《婆汉迷》竟引起文坛轩然巨波。

《大晚报》副刊《火炬》编辑崔万秋,与"词的解放"提倡者曾今可留东时期友谊甚笃,在沪相互标榜,讵意为了一篇序文竟交恶攻讦,村妇骂街,粪缸愈捣愈臭。张若谷这时虽未卷入漩涡,但孤身苦战集中暗箭,只有招架没有还手可能,鸳鸯蝴蝶旧作家称"礼拜六派",张介于二者之间,不新不旧,被谥"礼拜五派",若谷自负不凡,崭然露头角,怎肯接受这幽默封号呢?

张若谷在罗马,刊载于《时代》1935年第7卷第9期。

张名若谷却无虚怀,当时悟于孤掌难鸣缺乏帮口,形式上只得屈伏。实则卧薪尝胆誓雪此耻,表示全新不旧起见,暗地措集旅费准备放洋,完镀金凤愿。张天主教信徒,目的地爱择意大利朝罗马教皇去(庇护十一世,张曾陛见,聆听训谕五分钟,钦赐圣水十字架主像,引为殊荣)。若谷向亲友游说宏愿后,万余元一星期借到,行色颇壮,腰缠一万贯搭轮上欧洲。大中华民国二十四年九月十一日,意轮康梯凡第号自沪启碇,白漆船槛倚有若谷仁兄影子,春风满面,笑口大开,频频向江岸欢送者扬帽答礼。他此去"镀金",预备日后归来"翻梢"给颜色给人看,意气冲凌霄,浩然破浪行也。

教皇庇护十一世接见张若谷时颁给之御容及御笔恩诏,刊载于《良友》1937年第124期。

海上报人出洋者,前有戈公振、顾执中,若谷步后尘,"混""拖""雪梨"①第三了。张到此后,初入鲁文大学文学院,攻希腊古文艺、罗马旧法典,双管并下,用功钻研,苦学精神,值得钦佩。

张在国内摩登气派,留学海外生活高昂,旅费借贷来处不易,爰竭力挖打。起初半年借住公寓,自理炊事,打气炉煮米饭,电火炉烤面包,"大少爷落难,吃瓦片饼",若谷是矣。

书生本色的若谷留学期内不忘报人身份,芸窗余暇执笔写长篇通讯,参考当地报章杂志摘译海外奇谈,上至独裁怪杰墨索里尼铁的手腕、党政军秘闻,下迄社会琐屑,报道国内读者,分寄《大晚》《时事》暨《现代》《良友》《文学》等杂志,张著《西游记》(良友出版)草稿亦开始此时。稿费汇来,津贴学膳旅费,无产者"镀金",不得不皮上括括,肉上括括也。

前述顾执中放洋,蒙威灵吞顾(维钧)念五百年前共一家宗谊,委为驻法大使馆二等秘书,若谷仁兄赴比,凭他长袖善舞,登龙有术天才,亦官星照命,荣任驻此公使馆秘书,真学优而仕了。

驻此公使王景歧,若谷原无渊源,但负笈鲁文大学,兼为国内报章杂志撰通讯稿后,时往使馆探刺,与王周旋,渐博青睐。王亦苦学生出身,同情张向学精神,深悯处境,爰于馆员出缺,以张递补委为二等秘书。张意想不到受此官职,非但荣幸,且得假公济私搬进使馆,膳宿勿烦破钞,通学走读,费用方面又节省不少。

---

① "混""拖""雪梨"为英语 one, two, three 的沪语音译。

若谷留此二年,一度随王公使列席日内瓦国联大会与国际禁烟会议,报人献身坫坛,折冲樽俎,将会议日程摘要拍电,会场珍屑撰述通讯,绝妙材料,《大晚》《时事》等报披露,精彩纷呈,读者赞美。

张欧游归来,自负不凡,抱绝大宏愿。回沪后,亟将《西游记》草稿,商诸良友公司赵家璧请收买出版,列入《新文艺丛书》,一雪"礼拜五作家"耻辱。鲁迅老头子闻张回国,刮目相看,对沈雁冰(茅盾)说:"若谷学成归来,定须打还手耳光,吾等倒须谨防他冷箭射来哩……"

张虽具文艺天才,但兼任驻外使馆秘书后,染小官僚习气,新关码头登岸,一心往北火车站,携有王公使的八行书晋京谒某当道,预备浮沉宦海得意新都,文坛旧恨,抛向九霄云。

若谷登龙文坛挖儿透顶(参阅这几天《中美日报》张编《集纳》,文艺谈座,夫子自道可见登龙过程),登龙政界头儿毕竟没有削尖,他留此获得方角帽归来,更不便钻营,爰赴石头城活动,"石伯挺硬"①到处碰壁。他很乖觉,见此路不通,回头是岸,打道回沪。《大晚报》主笔曾虚白笃念旧谊,仍予位置,只是张镀金了后,吃惯西红柿咖啡,摩登架子益发辣气冲天。

"百无一用是书生",一为文人,如妓女坠火坑,除额角头亮晶晶从良做太太外,很难超拔。文人处境相仿,亦没出息,少有生路,手无缚鸡之力,武不能挑担,文不能拆字,只会涂抹,造有字纸。同文相叙愁声叹气。若谷具镀金履历,且曾客串驻外使馆秘书,头脑灵敏,八面玲珑,算得长袖善舞者,尚生路缺缺,企图跳加官,东钻西撞,十叩柴门九不开。"裙带""脚膀"才是做宦阶梯,王景歧的八行尚不兑现支票,反害若谷空谷无回声,"城隍老爷穿孝——白袍"(谐音白跑)。

"八一三"淞沪炮声又作狮子吼,刺激若谷重振"一·二八"精神,抖擞上前线为随军记者活跃一员;"乌鸦主义"的曹聚仁脱卸蓝布大褂,套上中山装,步张后尘。吾军西撤,张曾去港,《中美日报》创刊始受聘回沪负编辑报屁股之责,《集纳》专心致志,拥广泛读者,站文化岗位精神无畏,值得称佩。

---

① "石伯挺硬"为宁波方言,意为"强硬、倔强"。

标准记者黄寄萍

写罢《摩登记者张若谷》，关于张主编《中美·集纳》以来，外间不满的批评与氏利用职权盲目攻讦劣迹，容作外史补另一篇再详，联想起"标准记者"黄寄萍仁兄了。

女星群中，谈瑛称"黑眼圈"神秘女郎，书生执业做报人，十九近视，目架叆叇，同人宴第，四只眼先生十居八九。从前三家村学究，玳瑁老光眼镜为唯一商标，海上报人所戴的眼镜，各择所好，有托力克、罗克、白金架、八角片、椭圆片……形形色色，洋洋大观。终年常戴黑眼镜者则不多观，细数只得二人，名谁？答曰："周瘦鹃与黄寄萍是也。"更巧不可阶，周、黄非但同隶《申报》，且同编《春秋》，战前合作双簧，周居吴门紫罗兰盦，辑务由黄主持。二君共戴黑眼镜，同型脸面装潢，别有作风，报坛佳话。

黄籍海门，少年英俊，南通纺织专门学校第一名毕业，南京"江苏省立第一纺织工场"耳，氏能礼聘为技师。该场绌于经费解散，改受白华学校聘，返南通执教，由纺织事业改做人师，教育子弟了。氏于生聚教训颇感兴趣，升学厦门大学专攻教育，从此引起文艺兴趣，发挥写作天才，课余撰述论文小品，散见报章杂志。第二学期，在厦办报，自任社长，是为氏投身新闻之始也。

史老板爱才若渴，奖掖后生不遗余力，寄萍邀彼青睐，特派东渡考察新闻教育事宜。黄素具壮志，出国漫游，环绕黄海一周，历辽东、朝鲜、台湾……而返。年余"九一八"事发，寄萍窃幸早日成行，始入虎穴得虎子，印象深刻，所著《黄海环游记》①运用活泼笔调描绘各地风光，寄意遥深，颇致感慨。

返沪回馆，一时无适当位置，乃安插于编辑部，佐周瘦鹃玩报屁股，从《自由谈》而《春秋》及《妇女儿童》周刊。周"礼拜六"前辈，"鸳鸯蝴蝶"先进，功成

---

① 此处疑为玖君笔误，《黄海环游记》为黄炎培所著。黄炎培于1931年初出海考察，其游感札记于同年五、六月间连续登载于《申报》上，11月结集出版。

《现代夫妇》，黄寄萍著，上海申新书店1934年刊行。

《当代妇女》，黄寄萍编辑，张默君撰述，上海方中书店1936年刊行。

身退，《自由谈》地盘让予初出茅庐黎烈文后，史老板虽念旧谊，半斤八两，另辟《春秋》，没有亏待，可是他已趋消极，退隐吴门紫罗兰盦养鱼莳花，每周来沪，宛如太上皇。日常辑务由寄萍综理。黄天性忠实，交友诚挚，历佐戈公振、张竹平，皆相倚重，兹和周合申文艺双簧也很合拍，能者多劳，诚恳者何往而不宜也。

黄编《妇女周刊》亲自出马，每周访问时代妇人、典型女性，若刘王立明、史良、钱剑秋女律师，暨海上妇运领袖。先期通函订约，相互晤面，提出种种切身问题，笔录谈话披露报端。从此寄萍对妇女问题专心研究，撰有《新女性讲话》《当代妇女》，申报丛书社出版，初版五千册，二月售罄，现在四版又已沙蟹了。《儿童周刊》举行纪念特辑《儿童之友》分赠小朋友，亦由黄主编，这册《儿童之友》半送半卖，印数更可观。

周瘦鹃爱花成癖，自署"紫罗兰盦主"，理想乐园建筑天堂（苏州）。黄同馆共事臭味相投，战前营大森农场于真茹，买地十数亩，十年树木方期森森。讵意"八一三"炮火洗礼，为国难而牺牲。黄诗人襟怀，劫后沧桑，远观置之。

黄营农场于暨南大学侧,近水楼台先得月,膺校当局聘任暨大海外文化部研究院,月撰侨务论文数万言,独特见解,极蒙海外读者赞誉。

寄萍多才多艺文坛全能,笔大如椽倚马可待,大刀阔斧论文、幽默小品、妇女儿童、园艺常识……桩桩件件,无所不能。《申报》停刊后十月回沪继续出版,黄再入馆,辟《游艺界》,负主编之责,治新旧剧及各种杂耍于一炉,五花八门,新房蓓蕾,绚烂夺目,图文并茂,斫轮老手,的是不凡。黄编《游艺界》后又涉电影、戏剧门径,《中国影讯》《好莱坞影讯》两银色刊物皆延主编,其他书报杂志《永安》《康健家庭》……争订特约撰述,披露寄萍大作篇幅增光,名记者兼红作家矣。

国华明星严凤凰、周曼华与《新闻报·艺海》编辑吴承达、《申报·游艺界》编辑黄寄萍(后排)合影,刊载于《青青电影》1940年第5卷第13期。

寄萍典型青年,埋头苦干,生活俭约,本位工作不涉外务,胸怀坦白毫无隐私,待人诚恳,力之所及,成人之美,爱是人缘挺好。十年报人,交游广阔,"交际博士"黄警顽,三三友朋节,曾当众介绍"吾家寄萍社交界后起之秀",记者等知好,寄萍安分守己,更不愧书生本色。

冯大少爷冯梦云

海派报人虽称"百无一用是书生",但咨尔多士,不乏手腕灵活事业家,善转变,擅改行,一举成名合埠知,本篇主角冯大少爷冯梦云便是活跃一员也。

冯阿拉慈溪人,少年干练,多才善贾,家世清寒,来沪习报关行,业余爱读书报,引起文艺趣味。冯虽未曾苦读,但具写作天才,处女投稿,清新可诵。民十一二年间,本埠小报横行,《荒唐世界》三日刊物粗制滥造,销行巨万,狗屁不通者当主笔,满纸荒唐,大阿媛身浪来,阿金姐红头阿三把门,《叽哩咕噜》全角诸笔墨,较今日《桃色××》更猥亵龌龊,报格扫地,报人招牌为此辈砍尽矣。

现在小型报每日刊和大报同样和读者天天见面,追溯鼻祖,《小日报》首开风气。第一任编辑洪洪水,梦云与之本不相识,亦借文字因缘引为知己,冯更由《小日报》阶梯踏进报界,从特约撰述而继任编辑。那时《小日报》内容精彩,冯编后,茅庐初出,急求事功,特别采访十二分卖力,因是报销蒸蒸,冯名鼎鼎。是时明星公司开摄《冯大少爷》,马二先生的梦云(拆字格马二,为

冯梦云,收藏于中国近代影像资料数据库。

冯叔鸾抢着先筹）假作别署，同文相见，齐称"冯大少爷"而不名了。

《冯大少爷》影片放映，出足风头，场场轧足，咱们报坛的"冯大少爷"亦文名鹊起，知名海上。《小日报》易主，由黄光益承办，聘吴门小说家尤半狂（此君现亦转变）编辑，梦云早已登龙，头角崭露。脱离《小日报》后，自办《大晶报》，取名似有影戏老牌《晶报》之嫌。实则冯的本意确无冒牌存心，"大晶"云者，系从《小日报》扩大的三日刊也（三"日"为"晶"）。《大晶报》问世，一纸风行，编辑手腕当然较依人作嫁努力。

《大晶报》创刊号报头，1928年5月21日。

梦云胞兄任报关行经历，经济兜得转，又富手足情。《大晶报》初创一笔资金即得兄助，阿兄有贝之才，阿弟无贝之才，合作办一事业天然顺利，苗头勿是一眼眼了。

冯浑号"大少爷"，却无布尔乔亚纨绔习气，苦干精神处处流露事业家天才。梦云办报，编辑、广告、发行、排印、校对，十八般武艺件件精通，应付内外，长袖善舞。忙碌时，如千手观音，亲临印所。逢国庆、元旦增出特刊，工人忙得不可开交，咱们冯大少爷脱却长袍，卷起袖口，向架子上拣取铅字，持握铜盘排稿拼版居然很内家，技术纯熟。小型报同业允文允武，冯大少爷一人而已。

冯具此志趣，《大晶报》基础打好后，顶上宁波路老闸捕房隔壁一幢门面房子，开办大晶印刷所，小报老板兼印刷所经理了。十年前，本埠承印小报的印刷所以海宁路锡金公所隔壁弄内"中外"唯我独尊，自冯创《大晶》，后起之秀拉去一部分生意。那时小报黄金时代，销路广大多至万余，起码五六千。冯适应政治报潮流，《大晶报》而外兼办《铁报》，后又大刀阔斧开办《太阳报》，震撼报坛。

梦云创业的伟大，不待现在草创上海电话公司而惊佩，此君长袖善舞，登

《太阳报》创刊号报头，1930年11月15日。

龙报坛头角便已崭露。试想由《大晶报》而《铁报》《太阳报》，一身三报，宛如党国要人一身三要。小报老板大刀阔斧，梦云而外有《社日》胡雄飞、《世界晨报》《时代日报》来岚声，鼎足三杰。胡、来虽称并驾齐驱，实则视冯有愧色。非但吾们冯大少爷棋高一着多一张报，更且艺超一手。两人只会对外，于内勤编辑剪刀糨糊工作敬谢不敏，唯梦云六路圆路兜得转，老内家也。

海上小报风花雪月捧伶捧妓、茶余酒后莫谈国事，这作风一直保持。直至民国十八年青天白日旗下，言论自由改组派陈公博在沪设立大陆大学，招兵买马，人才济济，热血青年一时冲动齐来投效。陈谋发表政见，委任爱徒李济生办《硬报》，言论的激烈名副其实，的确石伯挺硬。每期第一篇，李唱大轴，别署"马儿"，大胆攻击，赤裸无隐，笔扫千军，读者刮目。马儿马儿大名鼎鼎，赵子龙混身俱是胆，豹子头林冲跳上报坛，杀出一路奇兵，震撼南北，朝野注意。《硬报》第一枝笔马儿而外，第二枝笔姓何名二云也，是一员狠将，两大台柱支撑《硬报》，比钢骨水泥柱更"吃硬""弹硬"，硬至不可再硬。出版二十四期后，终因硬得过分，拍脱两段，中途断命了。《硬报》停版，社会人士

《铁报》创刊号报头，1929年7月7日。

印象深刻念念不忘，冯大少爷迎合潮流，乘势利导赶办《铁报》，亲自访贤，聘何二云主持笔政继续《硬报》作风。《铁报》问世，苗头当然勿是一眼眼啦。

"梦熊入怀"变成梦云入怀（何二云来《铁报》主政），尚有谢豹（啼红）笔大如椽，不愧豹子头。梦云得此哼哈二将，纸上谈兵，生气虎虎，阵容堂堂。无党无派的第三种人冯梦云东施效颦办政治报，居然像煞有介事，外界不明底蕴，齐道冯大少爷金陵新贵（那时革命新官）党中红员。

海上小报三日刊，自《小日报》首开风气每天与读者见面后，《社会日报》《世界晨报》《时事日报》继之发行，冯《小日报》第二任保姆，日刊当令，怎甘落后，乃筹备相当资本再建一座阵容，题名《太阳报》，取"阳光普照"之意。创刊号问世，更套红色太阳报标，一如《晶报》每逢纪念特刊套印三个红圈，血红刺目，与"太阳牌啤酒""旭日旗"同型，读者刮目，诧异清水货的冯大少中途怎会变节办这样一张色彩浓厚的报纸呢？报名与报标双料嫌疑，梦云善辩，这时虽有百喙也说勿明白，只得拿正轨内容做强有力反证，真金勿怕火，浮言澜语逐渐寝息了。

冯办《太阳报》，意识正确，立场纯正，不过野心很大，企图大事宣传，使家家户户齐阅《太阳报》。当时致力宣传，虽没现在上海电话购货公司着力，但亦勿推板①。只惜时势造英雄，英雄造时势，梦云创业非时，致事倍功半，《太阳报》终于出版三月后，牺牲太大，冯经济精神两告不支，顶了石臼做戏来日方长，吃力勿讨好，临时变计忍痛牺牲，出足百期"再会吧，读者"，阳光顿敛，光芒骤歇，死倒泼②（停刊）了。

《太阳报》停刊后，《大晶报》保持原状，《铁报》也依然精神饱满。梦云鲁男子也，致力事业，未遑室家，中年将届尚顾影自怜，亲友一再塞修，他均婉词拒绝，实践"三十而娶"古训。冯大少爷这杯喜酒果在"八一三"前一年，涓吉月之某日假座鸿运楼举行结婚典礼，新娘潘女士中西女校高才生，两人的好合典型自由恋爱，"淑女窈窕，吉士诱之"。梦云对婚姻问题多么郑重，经人介绍密司潘为女友，先循正轨交际，情意相投始步入夫妇之道，不若色情狂一见倾心、再见焐心、三见伤心（相见公堂提离异之诉了）。

洞房筑在吕班路万宜坊，鹅黄墙红瓦砖小洋房，典丽象牙塔，"霹雳

---

① "推板"为沪语，意为"差"，如"推板一点"即为"差一点"之意。
② "死倒泼"为英语 stop 的沪语音译，"停止"之意。

火""娘希匹"的冯大少爷,友辈齐道硬派作风不解温柔,岂知伉俪情笃。梦云非但情人,且是才人,创造新家庭极富美术化,摩登家具、绸缎被褥、彩印窗帘,布置得万般合宜。前日他于《说日·玲珑随笔》回忆夏日生活,以万宜坊之夏最乐惠开心。

冯大少爷笔名"玲珑",交际手腕的是八面玲珑,登龙报坛,出入花丛。那时舞业未兴,洋场才子以捧妓为唯一任务,梦云守身如玉,年事虽轻,血气方刚,但能目中有妓心中无妓,未婚前从未落水,养精蓄锐洞房花烛夜,初开杀戒,才能"一索得男……"

报人改行,腾踔阛阓,殊不乏人。"八一三"后,梦云结束《大晶报》、大晶印刷所、大晶书局三位一体商业集团后,与毛子佩俩迎合"孤岛""茶花女"潮流,于法租界白来尼蒙马浪路创都城茶室。二君报坛健将,文武全才,经营茶室适应文艺咖啡空气,布置特出匠心另有一只弓。都城初期的营业十二分兴旺,座上客常满,壶中茶不空,现代卢同齐往问津。都城占地理之胜,顾家宅公园近在咫尺,摩登情侣双携顾此,优哉乐哉。

云梦的创业精神果然出人头地,可是他的成功缺乏持久韧性,这并非他本人见异思迁,实为环境所压迫,有不得不做马浪荡(十弃行)的苦衷,因此,迷信说一句"归咎命运欠通,所如辄左"。都城茶室后期清淡,勿克维持,终于召盘大吉。

冯大少爷息影移时,值《文汇报》出足掼头、派足窜头之际,该报当局不乏故旧,华协理兼广告主任胡雄飞,三顾万宜坊,敦氏出山重为冯妇。梦云始终不离报人岗位,对于该报之聘当然乐允,双方接洽满意,《文汇报》推广主任聘书送到,咱们冯大少爷走马上任了。

《文汇报》言论精辟,记载翔实,消息灵通,业务已很发达,纸贵洛阳了。梦云应聘加入任营业主任后,精益求精,更致力业务上竞争。当时馆方雄心虽有气吞全沪盖罩《新》《申》之概,一般友朋除代《文汇》庆得人,更为梦云祝颂长才克展英雄用武有地。梦云自己也很快慰,小型报人踏进大报园地可烈烈轰轰干一番,表现"大小由之"全能内家,意兴豪迈,一似今日缔造上海电话购货公司。

谁知冯大少爷未入正运,所如辄左,当他没有进馆之前,海上报坛一致公推《文汇》后来居上,漫漫乎,蒸蒸然,不可一世,读者交相刮目。这时如有经营新闻事业的保险公司毫无迟疑争相承保《文汇》如果关门,敢赔巨额保费。

现代风云瞬息万变,社会事业不可预测,《文汇》若是弹硬①,中途也会××,董事长克明,×××××如意算盘,可是全馆职工齐富正义感,反对他卖身投靠,采不合作消极抵抗,使克明进退维谷,吃不下又吐勿出,双方拼包,把一张鲜灵活跃的第一流日报触着暗礁停刊。

《文汇》职工过半数继承《大公》衣钵,两朝元勋对心血灌溉的一双姊妹花先后停刊莫名痛心,无任悲愤,"娘希匹"(犯关东)的冯大少爷走马上任不久,便闹内讧,深思熟虑全盘营业计划,此路不通——休息五分钟——白费心思一场空,真冤哉枉也呢。

梦云才人事业家也,《文汇》拆台,未克展其所长,莫名隐愤,但对冯妇之心未尝一刻去怀。赋闲万宜坊六月,迷信风水欠佳,择吉乔迁。洞房花烛黄金屋颜如玉万般皆宜者,至此为展拓前途计,不得不迁地为良,舍象牙塔(小洋房)而住普罗屋(单幢石库门)了。

附和迷信,再说到梦云的流年确然不利,"八一三"前夕灰心进取,结束《大晶报》、大晶印刷所……将宁波路那幢门面房子出顶,生财召盘。当时市面惨淡,房屋与铅字印机等均不甚吃价,全部只三千余元。岂知月后沪战爆发,中区房子东□□□你抢我夺,梦云如慢三十天,这顶费能添倍余,印机铅字等能搁置今日□□,黄金飞涨,益发一变三四倍。这每次一想到之损失,回思心痛,梦云徒呼□□□,唯有几声"娘希匹"聊泄牢骚而已。

冯大少爷空负布尔□□□石,私生活十分俭约,战后非常□□,生活指数步涨,冯竭力紧缩,将坐了十数年的一辆包车出卖。前日《玲珑随笔》提及此事,自白尚有原因,顾惜□□□□斗米十肉吃量大来些,米珠薪桂,着实吃勿消,幸亏有此先见之明,□□六七十元米价多添负担,改乘电车公共汽车节省不少,虽对卖掉包车一副"慢爷面孔"②,每日接触,莫□□□,看在法币面上,心自平而气自顺。梦云今日贵为电话购货公司经理,每日忙于室内工作,依然脚重起爆头,这一点足见冯大少爷炉火纯青老鬼了。

"八一三"后,海派小报,环境驱使,效京派(《北平实报》)之颦,插花的长篇小说反客为主,从前至多二三篇的,现在平添三四倍,少至七八篇,多至

---

① "弹硬"为沪语,用来指"实力雄厚、信用卓著而为人称道者"。
② "慢爷面孔"为沪语,意为"脸色难看"。

十数篇。鸳鸯蝴蝶作家宣称末落,讵意回光返照重告抬头,若捉刀人(王小逸)等红且发紫作家,药料甘草,每报聘为撰述,捉刀人领袖群伦,甚至每报日串双出;"礼拜六派"长篇小说张恨水《啼笑因缘》后,蒙炮火之赐,旧文艺园地开遍烂漫之花。

冯大少爷办报前辈吾道健将,目击这年头儿小报潮流如此这般,联合毛子佩、陈蝶衣两老友合办《小说日报》,开山见佛,以"小说"标榜,罗致南北第一流作家,所载说部锦心绣口,都一时之选。去春问世以来一战成功,后来虽难居上,但和本报等几位老阿哥同蒙读者拥护了。

《小说日报》创刊号报头,1931年2月5日。

《说日》馆址位慈淑大楼,经梦云运用美艺天才特别布置,既精且致,文雅大方,敝同业"小"字打头,馆舍小房子比不得大型报《新》《申》层楼杰构,畸角对峙,小报能借统厢房做地盘已阔而绰之矣。

海上新兴"大楼"颇多名不符实,狭狭门面羊肠盘梯,湫隘房间亦大言不惭标"××大楼"摩登佳名。"慈淑"前身"大陆",位南京路九江路之间一颗印建筑,确属"拉其"交关杜来些也,《说日》办公室租赁一号,经济限制,只得"室雅何须大"。

(编者注:此处《奋报》缺失数期)

修竹庐主朱瘦竹

（编者注：《奋报》缺失数期，故本文开头亦缺数段。）

麻衣立论，理宜高发，不过说句笑话，大块头虽是载福之相，但须屁股和头颅一般笆斗大，始保证升梢。大块头而吭没屁股，则吃亏不少，朱氏的勿及顾老板闻名海上人称大亨，其即下层屁股有错异乎，哈哈。

朱家世清寒，幼年失学，小有天才，习业吴门，酷嗜皮黄。那时聆听话匣名伶唱片、模仿唱词外，更参阅戏考研究剧情，无师自通，戏迷根底基于此时。店主恶其不务正业沉湎戏曲也，停歇生意，原想威吓他就己范围，讵意朱少年气盛，停生意便停生意好啦，马上卷铺盖，一肩行李来沪寻生路。

瘦竹来沪谋生路，时运未至，生路缺缺，境况尴尬之至。二十年前海上生活虽称低廉，但吊儿郎当失业朋友，终捉襟见肘也。天无绝人之路，后来瘦竹福至心灵，忽然想起办戏报。这时小报潮流刚巧勃兴，文人末路，办小报为不二法门，纸价贱（每令三五元）、印费廉（每期五六元），又不须呈请当局等级，凑集数十元资本，一家小报馆便成立了。

瘦竹心血来潮计划办报，适与《福尔摩斯》同期。罗宾汉，西欧侠盗也，好莱坞摄为影片，运沪卡尔登献映，轰动合埠影迷（《罗宾汉》影片成不朽名片，全新拷贝卷土重来，这几天在绿野露天影场放映，最后机会，我辈生也晚的朋友不可交臂失之）。瘦竹正在拟想报名，一天打开《新闻报》，突见《罗宾汉》斗大广告，触目会心，即袭取为名。外国侠盗台甫移作中国戏剧报名，牛头虽然勿对马嘴，岂知"罗宾汉"三字竟很吉利，创刊十余年来，否司脱第一块老牌括括叫"那木温"[①]呢。

修竹庐主满蕴戏剧天才，来沪后，每往各舞台后台走动，上至名伶，下迄龙套跟包，一体结识，厮混熟习。朱办戏报内家拿手，一举成名矣。

[①] "那木温"为英语 number one 的沪语音译，意为"第一"。

《罗宾汉》创刊号报头，1926年12月8日。

　　《罗宾汉》创刊以来，屈指十六七年了，独树一帜，领袖群伦（戏剧报）。小报沧桑，不尽回澜，现在市上《社日》《东方》都是后起，《力报》《说日》更属晚辈，论资格，《罗宾汉》最老，它和《福尔摩斯》出寨弟兄，侦探报锋芒，果然出足风头。但自吴微雨脱离于前，胡雄飞归并于后，三位一体归姚吉光单独经理后，强弩之末，"八一三"后，姚趋消极，东山不再起，硕果仅存《罗宾汉》了。

　　朱创办该报以来，真成终身事业，十五六年来兢兢业业，英国保守党般始终在戏剧范围翻筋斗，《罗宾汉》表示戏报特色不涉政治，命运久长，实为主因。

　　战前办小报者，律师信当它呒介事，法院传票视若请客帖。《福尔摩斯》鼎盛春秋，每年收到律师信五六十封，发生讼案近十起，唯我修竹庐似装太平门，实帖"姜太公在此百无禁忌"，全年无事，四季太平。偶然开罪伶界，跑龙套大打出手，"全武行"膺惩，身子虽非租来的，闯出穷祸毕竟吃勿消。朱瘦竹出入各舞台，与梨园行中人十二分熟习，即有误会，打躬作揖，口头道歉，满天风云便可吹散。朱氏处世八面玲珑，他所写的戏剧文字，捧多于骂，誉过于毁，因此格外太平，欧西侠盗的罗宾汉移到敝国报坛，却成一位好好先生了。

　　《罗宾汉》朱氏主持掌舵，一帆风顺，天下太平。可是创刊第二年也曾掀起轩然大波，原来现任云裳舞厅小舞场双料经理的周噱头（世勋），此公多才多艺，圣约翰大学毕业生，在校时已是闻名的活动分子，每届游艺会必任中坚。投身社会，值海上银潮澎湃，圈吉仁兄钻进银圈，曾与寡妇明星王汉伦合演《空门贤媳》。

　　周除串戏外更兼宣传，插身报界，膺《摄影画报》《罗宾汉》等编辑。周噱头初期登龙，锋头蛮健，掼头一眼眼掼出来，他企图一鸣惊人，乃抱不合作主义，刊《电影万恶史》预约广告于《罗宾汉》，撰句强项，不啻一枚重磅弹。周当时挟有私嫌，预备以攻击某君为对象。

　　《电影万恶史》预约噱头刊登第三日，圈吉仁兄便遭圈子内人合议众攻，

周世勋,刊载于《游艺画报》1925年第25期。《电影万恶史》,周世勋著,银光编译出版社1936年刊行。

各派打手合力制裁,全班暴徒三十余名各携短棒铁尺,蜂拥至甘肃路,十面埋伏修竹庐四周。那时周负该报辑务,每日午后必到,对方深明行踪。周氏尊容又经照过相,爱稳准捉鳖。待周跨出弄口,一声暗号动员总围攻,可怜周噱头变做开头刀的杨和尚,这场生活吃得十十足足、结结棍棍、杀杀搏搏[1],小白脸型的逍遥王子(大学生)怎挨得起拳脚交加棒尺齐飞,周双拳怎敌四手?幸有警笛代喊救命,岗捕闻声赶至,打手才作鸟兽散,周头破血流,皮肤青紫,迄今漂亮的照会[2]右眼角有一条一字伤痕,留作纪念哩。

  周世勋在报馆弄口吃了那顿生活后,朱瘦竹打草惊蛇,格外火烛小心,嗾使暴徒殴周的××很是漂亮,大有"好英雄坐不更名行不改姓"气概,先自挽中间人出场,拍胸脯承认是咱老子叫人动手的,教训教训你笔尖留神,阿服帖

---

[1] "杀杀搏搏"为沪语,意为"敦实、实足"。
[2] "照会"原指汽车牌照和外交照会,后引申为欢场俗语,意为"面孔",多用于形容舞女等年轻女子的外貌。

勿服帖？周以对方来头大，自己前程的帽儿只有六方，给八方盖罩，当下表示服帖服帖，领盆领盆。

《罗宾汉》原是谈论戏剧的刊物，电影为戏剧一门，当然在内，朱瘦竹只精皮黄，对此道敬谢不敏，爱请当时银色红作家周氏担任编辑。自从周著《电影万恶史》出了毛病，安隐守己的修竹庐主免再生风波，一劳永逸拿《电影附刊》取消，任周世勋辞职，不另用人接充。十余年来的《罗宾汉》洗练成清一色的平剧传声筒、名伶现身台、坤角着衣镜了。

海上戏剧报，《罗宾汉》执牛耳，鼎盛春秋时市上冒牌纷起。沙不器（此君报坛一怪也，路透社翻译出身，办小报，播话剧，编剧本，懂麻衣星相，兼批命相面）办《小小罗宾汉》，李昌鉴（挖儿亦不小，文明戏、电影界两栖人物）创《大大罗宾汉》，作者当年亦投戏剧潮流之机，介乎大小之间轧闹猛，办大小《罗宾汉》。此外更有《新罗宾汉》。戏报皆"罗"，无刊不"汉"，望平街报市日闹四包五包案，报坛怪话，新闻界奇迹。

修竹庐主，俚笃①苏州人，勿负魁梧身材，五石弧小腹，气量确然杜（大）来些，对于同行影戏勿摆勒心浪，毫不计较，任凭你们去罗里罗苏好啦。这一点，并非因作者也曾冒过他的牌，现在来说知恩感激的话，事实如此，查无第二，只得赞佩也。

《罗宾汉》所拥有的读者，另成一派。倘拿内行眼光公正批判，该报实居水准以下，印刷模糊，排版马虎，怪特标题，叠床架屋，目今缩至六开篇幅，该多么珍贵，瘦竹仁兄依然保持一贯作风。

《罗宾汉》的编辑印刷不敢恭维，老实不客气，"蹩脚之至"。现在市上小型报，论资格"唯我独尊"，乃兴销二三百张起码报，同隶一家印刷所，排得稀的太稀，密的太密，豆腐干般篇幅，广告杂合乱拌，铜圆烂膏药般，七拼八凑，试想印刷模糊恶劣，还像什么腔调？可是《罗宾汉》是有它的基本读者的，戏迷、票友、跑龙套、剃头司务、扦脚、擦背……白纸印出黑字来，何必讲究？七八十元印刷费，乐得节省，修竹庐两月房租省着啊。

《罗宾汉》又不支稿费，拿修竹庐所藏戏剧秘本，氏长篇小说，其他文稿，容量既少，又属报道菊讯，义务记录伶人起居，注"本报记者卢继影""卢侬影"（不是同宗兄弟），博此头衔，不胜荣幸，还想钞票念头吗？彼此利用，大家实惠。《罗

---

① "俚笃"为苏州方言，意为"他们"。

宾汉》广告每月法币三百总包给《戏世界》，瘦竹每天发行上盈余六七元，开火仓养家活口绰有余裕，月底一笔整票广告收入，如无别项支出，全部储存，何怪修竹庐主面团团腹便便。自办《罗宾汉》以来，稳照牌头，笃定泰山，海上报人此君最与世无争，与人无尤，坐守老营盘，《罗宾汉》爰是一只聚宝盆，日出晚生。

修竹庐主的谈剧文字，笔调另有一张弓，语云"字如其人"，实则"文如其人"。譬如作者浦东人，行文之间不自觉掺入浦东土白、上海闲话，效偨俹吴稚老"×宽债紧"妙语如珠之颦。共舞台与三华影片公司宣传部长龚之方亦浦东同乡，以土白撰告白，别树一帜，竟获有意想不到之效力。朱对戏剧熟极欲流，所写的大作既三句不离本行，又术语一连串，非对此道三折肱者，既写不出更看勿懂也。

因此《罗宾汉》文稿别有笔法，同文学勿像写勿来，这一点也是瘦竹值得自傲的。朱有别署曰"壶中常仙"，老读者一望而知，劈未化身，朱嗜酒且斗量，爰题这怪特别署，一片冰心在玉壶，朱则三斤黄酒在锡壶啊。

戏剧报在上海自朱开先河后，十数年来迄今维持一部分势力，截至目前"大大""小小""大小""新"《罗宾汉》虽都派司，但《戏世界》《戏报》《中国戏剧日报》《梨园公报》……仍众星拱月拥《罗宾汉》为老大哥。开山鼻祖的朱瘦竹眼见我道大行，盛哉盛哉，魁梧金刚体貌却操吴侬软语说："俚笃起动办戏报末，店多成市，闹猛①闹猛倇？"修竹庐主漂漂亮亮上录说白，大有领袖群伦气概。办报虽小道，获成功境界亦匪易易，夫子自道"卖羊三千"宜也。

《修竹庐剧话》，朱瘦竹著，上海江南印刷所1949年刊行。

---

① "闹猛"为沪语，意为"热闹"。

卡乐襄理卢溢芳

"一方"卢溢芳先生,天才横溢,文采芳菲,吾党健者,倽伲无锡人也。梁溪钟灵毓秀,东南文化昌明地区,古且不提,近代人才辈出,"×宽债紧"之吴稚晖最著,卢属后生,功名成就,远勿逮稚老,其风趣笔调堪相媲美。卢仁兄独霸一方,过江之鲫的洋场才子皆不在眼里。

卢氏梁溪世家书香子弟,若祖若父皆青一衿,潜心科举,不善理财,家道中落。一方祖家至今门楣昌大,保持员外门第。惟我一方仁兄自幼固执,卓尔不群。弱冠一琴一剑翩然远引,漫游南北各省,溯津浦路历平津,瞻皇城雄伟气概,"颐和""圆明"丽景。南返百粤,羊城作客,珠江泛舟,江浙家乡西子湖头,平山堂畔(扬州),一山一水,一花一树,一亭一榭……最相熟习,昔太史公游名山大川而成名山事业,孔老二(丘)周游列国而胸罗万卷,千古师表。一方妙笔生花,亦得力汗漫游也。

一方行动奇特,浪漫气息近似诗僧曼殊,好结方外交,寄旅杭扬,下榻禅堂。行脚僧挂单别有韵味,来沪插身绮罗丛中,过奢侈的花花公子生活。现在文士登龙,荣任卡乐舞厅襄理,散记随笔中缅怀旧日风情。当今炎暑,豆棚瓜架清凉世界,较大都会卢庐小天地(一方居牯岭路人安里,赁同文施老板(济群)余屋,前月未能免俗,二房东与三房客亦起夺执)相判霄壤。

一方浪迹江湖,终须归宿,窃慕沪埃人文荟萃,舞文弄墨之士不少知名当供,本人自负具倚马才,大可有以表缆,乃卷被来沪,与文艺中人交游,"倽伲"老名士廉南湘许为可教孺湖,宠召下榻沪西小万柳堂,前辈奖掖,引为幸慰。

卢踏进报界,屈指历史亦有三十年了,吴微雨办《福尔摩斯》,骆无涯创《荒唐世界》,一方常投稿,稍稍知名。民十六革命军饮马长江,奠都南京,青天白日旗下获言论自由。卢兴起,出版《铃报》,与《上海滩》黄冠卿(已故)合一报馆,同赁帕克路白克路卡尔登背后洋房(今功德林及蓝屋乐的能地方也)。报名曰"铃",虽很别致,但无深意,新闻纸终揭橥社会喉舌,振聋发聩,

《铃报》创刊号报头,1930年4月11日。

"灵!灵!"铃声,晨钟暮鼓意耳。

《铃报》出版,镗镗锣,咚咚鼓,震撼报坛,读者刮目。那时小报文稿友好帮忙,并无固定稿费,一方仁兄自负不凡,眼高手低,外间文稿不乐采用,特别卖力自唱独脚戏。卢氏大作情意绵绵,笔致轻灵,读其文章,有烟笼芍药雾里看花之妙。

一方初办《铃报》,庸庸无其表现,刊行一百余期后,卢改变作风,注重新闻。那时银后胡蝶刚在红且发紫,胡林(雪怀)离缘,闹得中外皆知。一方与雪怀老朋友也,本友道站第三者立场说几句公道话,并揭发胡蝶秘史,讵意一篇文稿刊出,经人挑拨掀轩然大波,双方破裂,相见公堂。

玉环复生,西施出世的胡家阿蝶,南国姑娘,生父少贡,侨沪营商,处境拮据,膝下掌珠,仰体堂上意旨,豆蔻年华自立谋生。"时势造英雄"的银潮澎湃,天才国色之密司胡卷入漩涡,投考天一青年影片公司。主人邵醉翁妙目识英雄,选拔魁元,认为主角。一双平常百家姓的胡蝶飞上银幕,彩丽果如花间挟蝶,耀眼生辉。胡在"天一"处女成名,除邵老板垂青外,更得男星林雪怀抱腰(当两人热恋,共骑一匹马儿,林确抱胡柳腰,一对璧人,羡煞路人)。林演小生,双十少年,美如冠玉,岭东卫玠,邂逅羊城胡姬,一见倾心,再见焐心,卿卿我我,形影不离,海誓山盟,共期白首。谁知后来胡美人加入"明星",星光万丈,双料木林(林雪怀)弃如敝履。背后有人提携,这场轰动当世千秋恨话的离案。胡林孽缘,深知两人悲欢因果者,确为九泉冤魂,木林呼冤啊。林投身银幕前,性好营商,当他少年时的黄金时代,思想灵巧,四川路上"晨餐大王"即彼首创。与胡解约后,回光返照,于新新公司背后慈安里创雪怀照相馆。迄今人亡店在,十年来三度易主。这时有人见胡父赋闲,利用芳名开设小型百货公司胡蝶,租门面于四川路晨餐大王弄口。少贡在潘有声雀屏未中选候补做东床时,心目中视林为唯一坦腹客,讵意人情变幻如秋云,林成爱女眼中钉,少贡亦翻转脸皮勿认人。代女出首控林,此老之心,亦"五州辣酱油"也。

卢与林知已好友,得悉全部离恨史,爰在《铃报》上以章回体写真,索隐胡负情,文中"小星"两字,构成巨讼。

从前的小报一贯《福尔摩斯》社会侦探作风,专揭黑幕,剥人痛疮,锋芒毕露,精神无畏,树敌招怨呒啥稀奇。律师信、拘传票视若请客帖,历届官司平淡松弛。胡蝶与《铃报》案发生,非但影迷刺激,全上海群众一致注意到庭旁听,特一法院宛似金城、新光①《姊妹花》连映六十六天盛况,大众不花分文获睹影后芳仪,多么荣幸。

胡蝶与林雪怀,刊载于《时代》1930年第4期。

法院方面早料及此,限制旁听券,届期拉闭铁门,北浙江路人堵如墙,虽不得其门而入,但候胡氏父女进出,眼睛终可搭冰淇淋也。

起诉主体胡父少贡,影后列第二原告,委任明星公司常年法律顾问詹纪凤辩护。被告卢溢芳那时未任卡乐襄理,只有一张《铃报》,顶了石臼做戏,文人终穷,意外没有风波,经济已极拮据,遽拘讼案,哪里来的法币请律师出庭呢?

溢芳仁兄有笔如刀,倷伲一张嘴巴也很伶俐,但犯在身浪,公堂对簿不请律师,非但扎不出台型,更与胜负攸关。左思右想,万不得已请同文张崇鼎帮忙。张律师恂子,敝同乡也(浦东周浦),多才多艺,笔尖儿如十八般兵器,件件皆能,撰公文诉状、骈四骊六翰牍、白话小说、笔记小品、编写剧本(现任绿宝剧场编剧)。张看在同文面上,欣然接受委任,庭上和詹律师互辩。(詹)仗国学深邃,对"小星"两字认为恶意侮辱,如夫人的"小星"问题引为争辩焦点。这个问题如撞在别个律师手里不免瞠目结舌,幸亏张律师文人本色,有脚书橱,被告卢溢芳也是读书种子,因此,对于这两字特别来得,当场引经据

---

① 金城指金城大戏院,新光亦指新光大戏院。

典侃侃而辩,《诗经》上有"小星"形容,解释并非如夫人。张律师当堂声称:"敝律师今天出庭为被告辩护,只知法律点,爰携《六法全书》,讵意闹出这别扭,早知如此,拿书斋《诗经》《佩文韵府》等挟来,当庭指正通俗'小星替月'之谬,不是强有力辩证吗?现在时间不及,惟有下次庭讯呈正……"云云,律师出庭挟线装书本案创始呢。

作者查不到当时笔录,借勿着旧日档案,关于"小星"一段幽默的争辩,只能告诉读者大概,欲知其详,等待点将及张(张恂子律师亦沪上名报人也,不日披露其外史,作者与有同乡之雅,舅贾氏和先生故居比邻,知之有素)请他自述这页外史中的趣史,详告读者罢。

胡卢讼案,经过二审才告终结,判决卢负胡胜,昂藏七尺须眉吃瘪巾帼娘儿手里,非但鸭屎臭,简直气煞人么也哥哥。卢知不敌,见机认输,四出筹措纳缴四百元罚金结案。溢芳经济不裕,临时负担这笔支出,虽幸向友好借贷,如数齐备,心中当然肉疼,铜钱银子真功夫,失了面子又破财,双打双吃亏,那时溢芳,咄咄书空,牢骚万斛呢。

影后占得上风,获法律胜利,予小报舞文弄墨者膺惩,出足鸟气,芳心快乐。感谢詹纪凤律师,特趋永安公司选购多件珍贵礼物,因詹拒受公费,乃以物质图报口舌之劳。实则说句吃豆腐话,得任影后辩护人与她并肩公堂,黎涡浅晕,美目传情,亲近芳泽,不胜荣幸。作者如具律师资格,并非马后炮,宁效姨太倒贴,顶屋挖费般反奉一二千元,请胡签一纸委任状。

《铃报》上所载《胡蝶林雪怀姻缘离合记》,署名为"金刚",即金小春,刊载于《铃报》1930年12月5日。

溢芳不芳,触霉头,笔管捣着粪坑缸,文字贾祸引起一场意外风波,浪漫天才的卢仁兄,私生活颓废。近墨成黑,性耽烟霞,原亦芙蓉公子,吾道同志,自受本案刺激益发借烟浇愁,夜以继日,相对一灯。家中抽尚感勿过瘾,跑到平乐里女相士杨闻莺家里,坑榻上倒下,再吱吱吱,抽个昏天黑地。

说起女相士,附带忆录一段外史罢。捧伶捧伎捧明星、舞女、交际花……报人本色。女相士自菱清由杭来沪,第一个作俑,亦成娘子军别动队,冯大少爷——冯梦云第一个拜倒高跟,为菱清张目。菱清蒙人抬举,目空一切。天蟾舞台假座大西洋欢宴报人之夕①,菱清翩然莅止,询冯哪个是张超。冯指点对座跷仁兄(张跷一足),菱不问三七廿一便拿杜做没人雪茄奉敬②,"搭猎!搭猎!"清脆声音,阿要焐心(身受跷兄伤心只至哪)。

跷兄当众受辱,破口大骂"娘希匹,啥东西?烂婊子,介香么无道理……"菱清已捏冷铳凯旋而去。当下合座报人全动公愤,主人四老板也赫然震怒,立刻派人前去责问,仗什么人的势,靠什么人的牌头胆敢吵场子?菱清见众怒难犯,不是头路,马上软化,请某间人向四老板打招呼,并向跷仁兄道歉。那时张超还没抖起来,扎回小面子,已经蛮乐意,回说:"吭高吭高,打过算过。"(跷仁兄自经此后姓氏洋溢,左道登龙,倒心感菱清高抬贵手,一掴成名哩,哈哈。)

冯梦云于这场事变中因蒙"放风"嫌疑,颇为同文齿冷,他受此讥讽,和菱清行迹渐疏。本篇主角卢溢芳则步冯后尘,与菱清高足杨闻莺热络。菱清、闻莺钓鳖客,

女相士菱清,刊载于《游艺画报》1926年第62期。

---

① 是夜为荀慧生、谭富英及天蟾舞台老板顾竹轩宴客。
② 此处是指菱清掌掴张超,起因是张超在其所编报上语涉菱清隐私,招致菱清不满。

合伙走江湖，开口混饭吃，一丘之貉。借重要报人笔底揄扬，故卢蒙款待，供应黑白饭。是时溢芳未下决心还我清白，得着好处就安身，乃视闻莺寓如安乐窝。

杨闻莺曾闹血案，结局凄惨。其母蒙不白，神经刺激，疯癫如狂，背负冤单往来京沪，引起各界注意。本案牵涉钓鳌客，菱清前夫，杨属女弟子，惟闻有染。乌勿三白勿四①的凶案，不明不白，迄今悬案不决。杨母疯佯，不知流浪何处，闻莺"死人肚里自知"了。

溢芳仁兄那时性耽黑籍，吞云吐雾，借烟浇愁。闻莺寓中，烟枪毕备，冷膏（冷笼清膏）②齐呈，此间乐勿思蜀，当然认作好去处，一似清河之榻，文友群集，不招自至。阿芙蓉这东西，魅人魔力，洵不可思议。

杨闻莺，刊载于《大晶画报》1929年第4期。

溢芳与芬芳的鸦片缘结不解，一般人意料此君的落拓疏狂，消沉意志的鸦片正中下怀，对他胃口。岂知看他勿煞③，吃他勿准，溢芳消沉黑海，倏然回头是岸，立志戒除。滥抽乱吸不醉的溢芳竟不声不响暗地实施自戒，结果完满，经过月余，抵瘾品取消，还我清白。这时上海土价刚巧贱如泥沙"九亩地"公开时代，每两顶云二元六角（郑洽记上品）和今日土价如金相去霄壤，溢芳能具先见之明，嗜烟若命者，预先戒除，免"开眼吃老鼠药"。溢芳能当机立断，志气可佩，今日贵为卡乐襄理，以小觇大，不足为奇也。

礼拜六海派文人，榜上有名，黑籍中人竟占泰半，兴奋神经稗益文

---

① "乌勿三白勿四"为苏州话，意思是"不干不净"。
② 当时获照会可公开售吸鸦片的场所，门外都悬挂着"冷笼清膏"四字。
③ "看他勿煞"为沪语，意为"看错"。

思,舍雅片外别无第二,故丐文为活者,一经上瘾,便签床上协定终身契约,欲求解除痼癖还复清白,良非易易。故溢芳仁兄能和阿芙蓉绝缘,无任惊佩,值得表扬,语云"败子回头金不换,君子回头钻不换"(瘾"君子",金钢"钻"也)。

抽烟上瘾,日日还洋债,夜夜磨志气,久吸成瘾更形诸表面,鸠形鹄色,一副老枪神气,使第三者看了讨厌。此道中人皆精神至乐主义,惟求一榻横陈,不求衣衫整洁,吃在肚里才是食,衣饰之美无钱又无暇讲求啦。

溢芳肥矮个子,原亦一团和气,活似倷伲惠泉山泥佛。自从抽烟上瘾,形容逐渐枯槁,卖相也难看起来。戒嗜了后才恢复昔日气概,更且发胖,尊躯滴溜滚圆,小腹便便,未任卡乐襄理已具腹贾梗概大班派头。中年发块头,正路好现象也。溢芳每趋永安公司电磅估量,衡得一百九十磅,比殷秀岑、黄君甫二百出关尚拜下风,和小胖子郑小秋堪称兄道弟伯仲矣。

身发财发,连锁性神秘征象也,大块头除没屁股无结果(据说蔡钧徒即吃亏在这上面)外,上下相等之大胖子定必钞票与肚高成正比例。不过,肥人贪睡,碰碰打磕铳①,从前肥督胡景翼坐在虎皮椅上鼾声如雷,溢芳发胖后亦贪睡。窃惧中风,爱恶体肥,购服消瘦药。

天下事每多矛盾,瘦骨嶙峋者拼命吃补品企求发肥,一待排骨变蹄髈却又吃消瘦药,冀望减轻体重,避免行动蹒跚与中风危险。溢芳仁兄放下烟枪,离榻成佛,目今卖相肥胖,确如弥勒佛也。

溢芳贵体发胖,粗线条发展,文笔却缠绵有致,玲珑剔透,细线条布局,才人笔调轻灵婉约。卢君大作如蕴糖质,不愧倷伲(无锡菜)本色,读之津津有味。自办《铃报》,铃铃(同琳)琅琅,美不胜收。迨主《时代日报》"玫瑰花"版《绵蛮随笔》,洋溢一般芬芳气息,名副其实。近年转入舞国荣任卡乐襄理,策划营业,翻弄噱头,与周噱头(世勋)各有千秋。但君子不忘本,仍站报人岗位,辑《香海画报》,为《社会日报》写《秋水新篇》,数年如一日。一行作贾,仍亲秃管,与读者结缘,眼福匪浅。溢芳挣脱黑籍,力争光明,臻目今地位,的是新生获致的佳果。从这个转变,使咱们黑籍同文莫名感慨,张秋虫憔悴忻康里,张庆霖彷徨十字街,和溢芳的处境相较,相判霄壤。作者亦沦魔道,笔志至此,掷笔自叹,大声疾呼,一致放下烟枪,离榻成佛罢。

(编者注:本处《奋报》缺失,故缺失数段)

---

① "磕铳"为沪语,意为"瞌睡"。

越级媲美大都会百乐门,座上客常满,池中脚勿空,营业鼎盛。卢襄理心想果然挖空,小腹却便便,与一叠叠钞票成正比,生财有道,慢慢叫高起来了。

溢芳文彩风流,声誉藉甚,捧伶、捧伎、捧舞女。周梅艳拜为义父,卡乐娇娃,笔底揄扬更属分内,致与唐大郎笔战,授作"靠口吃饭"借口。现代文人,吃饭第一,娘儿世界如不履行上述三捧主义,势必没没无闻。洋场才子欲求不开口吃饭,戛戛乎难矣。大郎笔下,金大长,金二短,林儿啥媚儿,三字不离女,固亦"靠口",流亚倒笔相讥,未免"自腐勿觉臭"甚至忘本,人果"口"中钻出来也,哈哈。

噼里啪啦易立人

"八一三"后,"孤岛"百业畸形繁荣,飞黄腾达意想不到。新闻事业,非常时暴风雨大时代,理宜销路狂涨、洛阳纸贵、万人争诵的,岂知恪于环境,一家家英国绅士风——保守,前昨两年,"洋商报"一度有其黄金时代,可是经营惨淡,美中不足。

日刊晚报若是,小型报更黯无色,一报篇幅齐拿长篇小说充数。失去新闻报道本分,外汇狂缩,金价猛涨,纸贵如绸,四开缩为六开,量质贫乏。此时此地的小报,咱们从业员齐感英雄用武无地,意到勿克笔随,差幸风雨同舟的读者深谅苦衷,尚堪慰勉,做日和尚撞日钟。

上月三十一日出版的《品报》,刊载巨幅广告,大肆宣传。小型报花千百元刊登《新闻报》全封面,始自《时代日报》(来岚声主干),继则《社会日报》(胡雄飞老板时代),这次《品报》只登三分之一,不足称伟大,唯在广告刊费提高二倍余的今日,出现如此姿态,洵足与《时代》《社会》鼎足而三,先后媲美,堪称大手笔矣。

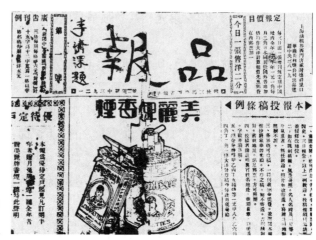

《品报》创刊号报头,1927年12月1日。

《品报》经理易立人君,资格挺老,厕身新闻界有十四五年历史了,天性躁急,处事爽快,上海人所谓"癫痫头脾气,茅柴头性子"是也,友好乃赠以"霹雳拍"浑号,尤《水浒》"霹雳火秦明""忽必烈朱贵"啊。

　　易君瘦长身材,细皮白肉,弱不禁风,典型书生。擅交际,长口才,钻进报圈了后,以跑广告出人头地,与胡雄飞、顾尔康、陆东生称"四金刚"。此君具创业天才,历办《东方》《明星》成绩不弱,唯编辑不得其人,合作缺良伴,致乏后果。这次兴起发办《品报》,积十数年经验,缜密筹备,大刀阔斧,霹雳拍勒问世,果然一鸣惊人。

　　新闻界本分内外勤,外勤采访,消息来源命脉;外勤广告,经济来源,滋养命脉,同一重要;内勤编辑惟集大成。易君广告长才,他的作风不愧"霹雳拍"本色,大处落墨,三言两语,勿若普通小子牵丝攀藤,娘儿腔调令人肉为之麻。新世界游艺场经理郑必显,尔氏之能,聘为广告主任。游乐场所全仗噱头挣钱,红且发紫的共舞台便靠龚满堂(之方)设计。新世界自得易君加入后,营业起色。今春大甲鱼诡称峨嵋山千年怪物,特从海防运来,谁知便是城隍庙九曲桥下货色,扬言与圆台面等量齐。一看号召不足,再来一只小甲鱼,甩头出足,洵苗头勿是一眼眼也。

　　这记挖儿确实透顶,易君更碰"极令牌"①,借重"第一枝笔"唐大郎看大甲鱼题诗,刊诸广告,以资标榜。易想彼此既然是老朋友,偶然派派用场也无须打照呼,贸然刊布。岂知唐大郎阅报了后,无名火暴升十丈,拿人和甲鱼媲美,未免不伦。大郎脾气古怪,任何人勿买账勿服帖,宁愿敲碎银饭碗钻进小报界,十年来过吊儿郎当生活,足见个性之强。这记挖儿,如非易君所使,势必引起重大交涉,出橐弟兄相戏勉强马马虎虎,大郎深知霹雳拍难关罪,雷霆万钧之怒,吃伊勿消也。

　　易君转到游艺界后,厌倦报人生活。岂知君子不忘本,这番重为冯妇再抱琵琶,雅兴飙举,品□箫来,这□□□,宛如前天跑马厅英防军撤退交响乐,一鸣惊人,响彻云霄,《品报》问世,"霹雳拍"又是一记大噱头也。

　　小型报以"小"自号,当然非大报之比,组织简单。办小报,文人末路,大腹贾的正项商人勿乐投资,小报场面爱鲜大规模演出。这次易立人筹办《品报》,不愧大手笔,集资数千元,拉得各业名流参加更是荣幸。创刊前夜辉煌

---

① "极令牌"为浦东方言,意为"紧急时的招数",形容孤注一掷的手段。

广告刊出,所列台名都是"此马来头大",霹雳拍勒,名不虚传,李逵双斧,大处落墨,同业刮目,外界钦佩。

语云"人不可貌相,海水勿可斗量",易君瘦长如条萝卜干,细皮白肉,弱不禁风似林黛玉,如此这般细线条号相,创立事业却粗线条演出。立人仁兄瘦骨嶙岣,高颧削颚像一只"象牙猢狲",周旋社会跳跳跃跃,坐张凳子从来勿行坐烫,五分钟内孟母三迁,神情和小抖乱①叶仲芳,虎贲中郎,阿兄阿弟。不过,易君既非纨绔子弟,又不是浮滑小白,他成竹在胸。白手成家,善拉拢,广交游,头脑灵敏,心思缜密。设计广告,担任宣传拿手好戏。新世界游艺场老实说黄金时代早已派司,数度易主,不尽沧桑。境地限制,终告朽木不可雕也,难与大世界、天韵、先施、新新、大新抗衡,门票一角二分,买一送一,最最便宜的是普罗艺场。市民游乐尚表茄门②,讵意本届郑必显经理、易立人设计,竟能维持败残局面,且能移转乾坤逐渐向荣,获利盈万。以小观大,足见易君才调。非作者阿私,确属报人中长袖善舞者矣。

《东方日报》原为徐善宏主办(唐大郎便是徐办《东方》三顾茅庐请出的诸葛亮),"八一三"前夜,徐忽消极让渡予会计邓荫先,那时的销数曾跌至三四百张。邓君很有毅力,决心维持,相机改进,辟回力球,增跳舞版,罗致名著长篇。前年起,居然"养媳妇死了婆阿妈",逢着出头年,派得甯头势,销路突飞猛进,最高纪录曾达三千余份,坐第一把交椅。邓君惨淡经营获此意外,心满意足,睡梦里也笑出声来了。

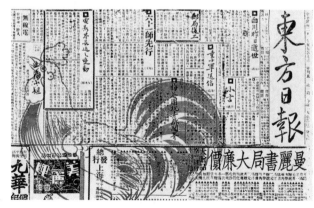

《东方日报》创刊号报头,1932年5月27日。

---

① "小抖乱"为沪语,意为"小流氓"。
② "茄门"为沪语,意为"勉强,不情愿"。

《东方》的成功,邓君额角头亮如火油钻,翻头势一五一十,同时广告易立人、编辑冯若梅左辅右弼,功劳勿小,三位一体,和衷共济。不过,易、冯都是领袖人物,并非依人作嫁者,三年来时值非常,有一块地盘暂且守成,一俟纸价回落,本埠小型报掀起高潮,易立人便动脑筋筹办《品报》,拉冯若梅出主笔政。这样一来,不啻向邓老板倒戈,彼此老友不免误会。《品报》出版告白,遍刊易立人脱离《东方日报》广告主任启事、冯若梅脱离《东方日报》编辑启事,甚至《跳舞》《回力球》编辑也一致声明,项庄舞剑,意在沛公。《品报》与《东方》乃酝酿暗潮,看了《东方》六大法律顾问警告,可思过半了。

　　真金不怕火,各守立场,邓君保守党,易君霹雳拍勒急进排,《东方》《品报》等于同根生姊妹花,且看《亭子间嫂嫂》与《七小姐》别苗头罢。

石伯挺硬王雪尘

介绍"霹雳拍勒"易立人,连带想起硬派作风无畏精神的《上海日报》主干王雪尘了。海上报人有西神与雪尘,谐音近似,同出敝宗,相如、无忌,截然两人。西神任《新闻报》秘书有年,"礼拜六"作家前辈,手创正风文学院,擅四体,善骈文,地位崇高,名重鸡林。大时代来临,"疾风知劲草,板荡识忠臣",西神神志昏迷,变了颜色。怎及吾家雪尘先生坚毅忠贞,不愧雪般白,胸襟的纯洁确是一尘不染,叨居前辈谐音相似的西神羞死愧死。

雪尘南京籍世家子,性聪慧,擅文墨,富奇气。大事干练,小处精细,天生不畏强项,辨明是非,疾恶如仇,对国族社会认识很清。即日常生活亦极认真,请看他的泼墨,不同其他同文自我宣传、才子佳人式身边文学、私底下报道,他则大事件站报人立场,弃私交,破情面,大张挞伐,如橡大笔,泼辣作风。

吾党一人十数年来,因是开罪,惹起全武行,雪尘故态,依然决勿恣张,作者爱冠"石伯挺硬"私谥,并非吃豆腐,的确名副其实。凡属报人,文弱书生,惟粗线条魁梧大丈夫的雪尘先生,泰山石敢当,勿怕□□□□□□石头城,如《石头记》宝玉哥儿所谓"娘儿水做,男人泥做",雪公"石"做者欤。

雪尘先生在海上新闻界资格挺老,十五年前,已来沪钻进报坛,初任东南通讯社记者,外勤采访,单枪匹马,出色当行。那时本埠的采访,阵容坚强,工作辛苦,《新闻报》蒋剑侯、《申报》金华亭、《时事新报》原洗凡、《时报》金雄白、《民国日报》吴中一,人称"五虎将",每日远至龙华枫林桥,跑警备司令部、市政府、外交部新事处,各施手腕,抢着先筹,司令办公厅主任蒋笈、市政秘书长周维能、外交办事处交际科长郭德华,常遭记者盯牢□□□,刺刺探问,不得停歇。通讯社外勤和太平洋社沈秋雁、吴敬伯,日日新闻社黄转陶诸位,才干不弱,但是颉颃五虎将者,惟雪尘一人而已。

民国十八年国庆节,南市蓬莱市场落成,场主傣伲富商匡仲谋,营纱布起家,有志企业,提倡国货,宁将偌大地皮不造市房而兴建商场,目光远大,毅力

蓬莱市场，刊载于《大亚画报》1930年第203期。

可佩。跷兄（不是张超）干兰荪，匡氏高足，浮沉报海有年，卓具经验。市场将近开幕，老师委他筹办《蓬莱日报》宣传，干献议："市场性质的日报范围限制，勿克发挥，苗头有限。同样办报，何不扩大范畴，一样可收业务宣传宏效呢？"

匡韪干议，几经磋商，决定创刊《上海报》，以大刀阔斧本地风光姿态演出。步骤停当，加紧进行，干自任经理，编辑一职即聘老友王雪尘担任。《上海报》资力雄厚，出版半年，拒登外界广告，不惜牺牲，专为蓬莱市场宣传。会计主任陶寿伯（知奋），即本刊创刊人，匡氏姻亲，精金石、书画外，更擅"陶"朱术，持筹握算，厘毫不爽，恂恂儒雅，惇惇君子也。

上海小报，并非笔者长他人志气，灭自己威风，办小报，文人末路，雕虫小技，初期毫无规模，小家败气。三百六十行都可向亲友拉股，惟有小报说勿出口，豪商腹贾听见办小报，倒足胃口，正眼也勿睬你。倷伲仲谋老丈却纳高足干兰荪献议，给资五千，命小题大做，以企业精神从事，实开小报界先例。《上海报》问世，阵容堂堂，一络大派。陶君理财，铁箱里麦克麦克，有米为炊，要付便付。王君编辑，外稿雪片，稿费石伯挺硬，隔月十号支付，从不衍期，只此一家别无第二。笔者有缝便钻，法币主义，第七期起投稿。

（编者注：此处《奋报》缺失，故本篇缺失数段）

李济深幽禁汤山，大世界"共和厅"选举中委[①]，"观渡庐"[②]宁粤和议，一波未平，一波继掀，《上海报》如摄连环戏开麦拉，王先生格准镜头，幕幕摄入，

---

① 1931年12月3日上午9时，汪精卫等国民党改组派100余人在大世界共和厅召开中央委员选举会。黄金荣和法租界巡捕房程子卿等到场巡查，会议选举出唐生智、张发奎、王懋功等10名"中央委员"，后被舆论讥讽为"野鸡中委"。
② "观渡庐"因其原主人伍廷芳晚年自号"观渡庐老人"而得名，今位于北京西路1094弄2号。

纸面作银幕,当然号召力强大啦。

当时大型日晚报,环境体裁关系,守口如瓶,态度稳重。小型报以"小"自居,风花雪月,勿涉政治文化,小菜场辣椒加厘[①]缺货,读者食欲齐感淡出鸟来毫无味道的当儿,唯《上海报》连篇累牍报道军政,大众刮目,正中下怀。外埠读者更欢迎《上海报》,齐说《新闻》《申报》刻板文章平淡无味,只有《上海报》呱呱叫,因是销路蒸蒸日上,江浙省镇齐订分销,远迄平、津、川、汉、湘、粤、南洋……争汇报费,逐日邮寄,该馆发行部忙得不可开交。鼎盛时,《上海报》本外埠实销二万四千余,曾破全市小型报记录,承印"中外"甚至打纸型。海上小报向唯《晶报》自备印机,其他皆委托印所,"中外"大本营专印小报多至十余家。那时销路广大,《社会日报》《福尔摩斯》《罗宾汉》……从未超过万份,像《上海报》般超二万四千余份,打纸型和《新》《申》大报一个派头,洵足自豪。

雪尘与《上海报》因缘神秘,遇合奇异。他今日自立门户,创《上海日报》为小报异军,亦是渊源。开国元勋的王先生,采稿眼光犀利,编辑手腕泼辣,有胆量,有魄力,一份精神,一份事业,获破纪录销路,编辑人唯一光辉,投稿人亦予有荣焉。

干兰荪、王雪尘、陶寿伯,《上海报》开国元勋三大亨也。干于创业一年后因故(与匡老师意见不合)退牌(离馆后,自创《上海日报》,亦拉王主编。雪尘先生骑两头马,出足风头,大有惯头。创刊时声势不弱,惜干办事虎头蛇尾,《上海日报》三年后游丝一息,患三期肺痨。现在雪记《上海日报》名虽依旧,基础则另起炉灶矣)。二年半后,王亦辞职,改聘名小说家秦瘦鸥接手。秦笔力雄健,文思缜密,曾任《福尔摩斯》撰述,别署"怪风",很出风头。乃编《上海报》后,时局平静,报销减色,逐步下山势。半载后,自觉无颜,告辞

《上海报》创刊号报头,1929年10月1日。

---

① 即咖喱。

《上海日报》创刊号报头，1930年5月16日。

另请高明。结果陶寿伯居间，仍请雪尘先生做冯妇。

王雪尘再进《上海报》，说也奇怪，秦(瘦鸥)编时代，销路步跌，王君接手再来一出，老读者对这大台柱果然一致捧场，同时几位要人也似帮该报之忙有心成全。王君使出惯头，酝酿新风云，军政新闻最详之《上海报》，在此环境之中，销路又刺激上涨。雪尘自己窃幸时势造英雄，扬眉可吐气。报馆当局自匡老板以下，谁不敬崇他？《上海报》与王雪尘缔密切缘分，非由王编，马上显颜色，由涨而跌也。

经此一进一出，别足苗头，王在馆中地位格外稳重。大刀阔斧之王，天助自助，胆量益发缀辣，对任何方面不合作，甚至中央要人的痛疮也要抓驳。中央宣传部部长邵元冲，派有代表驻沪，表面联络各报社记者，实则监测言论，纠正报道。代表章君正范，杭铁顶也，亦报人出身，曾办《上海晚报》，与各记者熟习，《上海报》因以军政见长，特别注意，章一再约王宴晤，雪尘瞧他勿起。

雪尘别署"霸王""银丝"（先生未老先白头，一生一世勿担忧。发际梅花点，白发茎茎，泂如银丝根根，故名）亲自撰述，更揭军政秘辛、时事要闻，挞伐贪污，攻击奸商，更运如椽大笔，字字有来历，语语有力量，读之汗毛站班。先生个性倔强，越是打招呼越是勿摸乱①，这种憨直脾气，目今他主干《上海日报》处如此这般环境之中依然若是，勿领盆也。

中央代表章正范，王厌恶他开口邵部长（元冲）闭口邵委员，马屁九十六，先惹动肝火，因是当面唯唯，背转身依然我行我素，关照勿登邵氏任何稿件。一月之中反连登四五篇暗讽热嘲，邵阅悉大怒，电章责问："派你在沪联络，干

---

① "勿摸乱"为沪语，意为"不理睬"。

吗有此现象?"章诚惶诚恐,亟挽与王知交疏通,雪尘才莞尔笑曰:"见他可怜,今后准定一字不登是啦。"

不过,话说回来,《上海报》专轰大炮,毕竟常出毛病。当道警告、律师交涉、法院控诉甚至罚停半月。匡老板(仲谋)倸伲无锡富商,与吴稚老交好,每遇馆中出毛病,函请稚老做鲁仲连。吴党国元老,地位清高,"江尖渚上团团转",任何方面兜得转,一纸八行,满天风云终可吹散,倚老确可卖老,《上海报》得其保护不少。匡老板身份自重,明哲保身,树敌太多,于人不利,于己亦不利,才关照王大编辑火烛小心,《上海报》作风由轰烈渐归平淡。如此保守不攻,雪尘手痒心痒,复职一年八个月又萌消极。

个性倔强的王雪尘,匡老板叮嘱保泰持盈后,英雄用武无地,心中大勿乐意,消极辞去。做出牌子的《上海报》本是匡家将阵营,雪尘脱离编辑一职,即由匡寒僧继任,王则再起炉灶,与前上海市总工会常务委员李永祥(曾代表劳方,出席日内瓦国劳大会)合办《新上海报》,继续发挥他大刀阔斧作风;同时工界宣传机关大公通讯社成立,延为外勤,重操采访。该社陆京士、朱学范、学湘、邵虚白……工运巨中坚,王与邵最知己,上月邵被杀,雪尘于泼墨为文悼念,同窗同事同志(不同党派,此志,志气也),三同关系,当然交关要好,良朋不禄,自然邪气心痛。

"八一三"后,报人的雪尘销声一阵子东山终于再起,创《上海日报》。环境所处,手握的那柄大刀,此路不通。可是识时俊杰的他,刀锋砍向八仙桥,罗致肉侦、水手、温那、白刃诸位健将,浩浩荡荡,前往摆挡,白刀子进,红刀子出,酣战三百回合,盛大表演,剧烈冲锋,结结棍棍,杀杀搏搏。《上海日报》乃以"肉林春色"炙脍众口,销行广大,别树一帜。

《上海日报》为桥头姐上肉渲染,这曲《后庭花》情非得已。不忘本色的

《新上海报》广告,刊载于《申报》1934年9月2日。

雪尘,舍肉而外,虽莫谈国事,但对社会事业仍使大刀阔斧,做无情的攻击,揭布各业黑幕,刻绘闻人丑态,针针见血,蛮有力量。《上海日报》既配肉迷胃口,亦为一般社会侧目。

《上海日报》肉香四溢之外,绵里藏针,因于今春遭罚停二日处分。雪尘再接再厉,一方奉令"死倒泼",一面假《上海世界》牌子作化身姑娘(说起《上海世界》报名,去秋吾师雨公所题,登记证命余去领,旋因纸贵而中辍),一不做二不休,成立上海出版公司,增出《新上海报》,三位一体,均以"上海"为名。《上海报》发凡的雪尘,真君子不忘本。又,他成立小型报四社出版公司,岂步武张竹平创小报托辣斯吗?

雪尘对皮簧卓具天才,富表演能力,嗓子很够本钱,行腔使调,着实阳春白雪。几出武戏,虽摇笔杆儿书生,耍抢弄棍,苗头勿是一眼眼。杀杀搏搏,结结棍棍,王少楼甘拜下风,于宗瑛不过尔尔,海上票界括括叫,出色当行。知交友好喜庆堂会,偶露色艺,粉墨登场,彩声哄堂。因对戏剧三折肱亲身体验,故他写剧评独具只眼,京角儿服膺,余叔岩、李吉瑞;海派领衲,麒麟童、盖叫天,余子碌碌,勿足道矣。

雪尘的"王先生"不像汤杰,近年来自做老板,身发财发,七八年前好穿玫瑰红团龙花缎袍的,目今西装笔挺白金眼镜,小腹隆然,卖相好来。美中不足浦东嫂嫂(如夫人)仳离后,原配又赴玉楼之召,终年悼亡,鼓盆之戚不言而喻,何怪他泼墨中常在顾影自怜叹苦腔,实则雪尘故剑情深,"义夫"自居,目今要个把家主婆,别说闲话一句,真可捞把拣拣呢。

王雪尘在《斩经堂》中的扮相,刊载于《戏剧周报》1937年第1卷第13期。

潘郎憔悴张秋虫

新旧小说家，姓张的很占势力，著《九尾龟》的张春帆、《啼笑因缘》的张恨水、三角恋爱圣手张资平和在本篇主角《新山海经》等说部作者张秋虫。提及秋虫仁兄，十载浮沉，不尽沧桑，从黄金时代一落千丈至白铁时期，真不胜感慨系之。

江都扬州，逊清时代盐商金窟，人文荟萃，隽才辈出，扬州八怪艺林佳话，近代如李涵秋望重鸡林。秋虫原籍浙江慈溪，先世做宦行贾，寄籍维扬。传至秋虫，家道虽已中落，可是有产家业穷勿尽，支撑门庭，保持诗礼本色。秋虫少小聪慧，一目数行，应答敏捷，西席大奇，告诸在翁："此子曹家子建也。"

不是捧场，秋虫的文才的是独占鳌头，洋场才子多如江鲫，文思笔调能与颉颃者，殊无第二。他家学渊源，藏书丰富，自幼涉猎，有脚的书橱，又生长破靴党旧家，先天天才，后天学问，荟合成一个怪特奇才，喜用僻典，惯用冷字。中央书店出版的《现代新刀笔》①为张代表作，嬉笑怒骂皆成文章，信手拈来尽是妙谛，拜读一过，勿由你不拍案惊

《新山海经》，张秋虫著，上海一二八书店1933年刊行。

---

① 《现代新刀笔》为平襟亚（襟霞阁主）编著，中央书店1932年刊行，此处疑为玖君笔误。

奇,五体投地,秋虫一枝笔,出神入化确系臻化境。

人以龟名,吾国古代与晚近司空见惯,人以虫名则凤毛麟角,秋虫而外,惟会乐里伎家有悬"虫二阁"花帜(风月无边,拆字格也)。目今正式月圆时节,中秋良辰蟋蟀、金铃子、织布娘、纺纱娘……唧唧复唧唧,秋虫鸣声聒噪耳鼓,其声清脆,聆之意远,夏虫不足语冰,换了一个季节的,品格提高不少,秋虫题署,意在斯乎?

笔名的秋虫又起新署曰"姜公",顾名思义,即"床底下放鸢子,大高而不妙"。秋天的虫虽然清脆悦耳,可是秋日肃杀,秋虫变成冬虫,蛰伏泥层深处蚕蛹般缩做一团了。再姜,辣性植物也。一股辣气,果是冲天。

秋虫出身世家,五陵裘马,玉树临风,翩翩卫玠,内蕴子建文才,外具潘安美貌。洋场才子,斗方名士满街走,但求如秋虫般表里相合者殊无第二。秋虫今日潘郎憔悴,沦落忻康里,处境迥异,模样儿亦变了一个,人生荣华富贵洵如过眼烟云,秋虫半生,一个缩型。

秋虫弱冠蚤岁即以文名乡里,父执某任淮泗税吏,延为文案。青青年纪治案牍竟如断狱老吏,上峰披览,刮目相看。小师爷笔大如椽,胡子伯伯忘年订交。凡盐务码头,花事鼎盛,初出茅庐之秋虫,泥佛跌入汤罐里。自古才子必风流,花酒当夜饭吃,哪得不沉湎娼家,以章台为家哉?

未来上海逗留江北的时候,已裘马轻肥,与花姑娘发生不少罗曼史。父执卸任,"一朝天子一朝臣",秋虫去职来沪。黄歇浦头,洋场虽只十里,但为全国人文荟萃之区。淮泗一潭,浮沉税署,虽极优游,实泥鳅鱼耳。春申襟江带海通洋,始堪蛟龙掀作浪,海阔天空也。乃琴剑书箱,搭轮来沪。抵埠后,举目无亲,腰缠千贯来游洋场,寄寓三马路大新街孟渊旅社暂做寓公。内地花花公子,初涉花花世界,眼花缭乱,目迷五色。这时秋虫豪气贯长虹,气概不可一世,游乐洋场,不知人间愁苦事,满眼好风光。谁知挥金如土者,苦在"土"上,落得目今凄惨末路,洵意想不到也。

封建儒士科举登龙,现代文人因官儿裙带,此路不通。书包翻不得身,侪来上海做洋场才子,以办报著书(撰述小说)卖弄才干,知名当世。秋虫来沪做寓公后,亦向这两条路活动。那时小报余大雄《晶报》唯一老牌,施济群《金钢钻》与吴微雨《福尔摩斯》、冯梦云《小日报》称后起之秀"四大金刚"。

秋虫少年负气,自视不凡,以二日刊的小报文人末路雕虫小技,虽与报人交游,但醉翁之意不在酒。偶然兴起名票客串游戏笔墨,亦嬉笑怒骂讽刺社会，卓露锋芒。各报编者发现奇才，争相拉拢，可是不羁的秋虫不受抬举，各方争求佳作，反使性搭起架子来，惜墨如金了。

秋虫的失败，自负使性，生平吃亏第一点也。那时初履沪上，头角崭露，瞧小报勿入眼，另有展布。那时海上小说潮流和目下回光返照的社会香艳、浪漫热情一个腔调，现在捉刀人（王小逸）、周天籁（《亭子间嫂嫂》成名）并称骄子，多产作家，日草万言。当年是张秋虫的世界，"百花同日生"①天下，"刁躲触克"②的秋虫，犀利笔调刻绘欲海爱河，男男女女狗屁倒灶情事移至秋虫笔下，宛如摄入"开麦拉"③映诸纸面，牛马鬼神，诸种色相，出"光离洋洋大观"，秋虫写来淋漓尽致，益发生动。

时势造英雄，秋虫才人笔调，善治小说家言。那时的社会背景正值银潮

《未婚之妻》，张秋虫著，上海梁溪图书馆1925年刊行。

《梅雪争芳记》，张秋虫著，上海世界书局1926年刊行。

---

① "百花同日生"为张秋虫笔名。
② "刁躲触克"为沪语，意为"尖酸、刻薄"。
③ "开麦拉"为英语camera的沪语音译，即照相机。

澎湃,舞风吹袭,渲染粉红色上海,益发红且发紫。出版界迎合这股性欲鬼头风(从北平袭沪,张竞生博士不朽作《性史》纸贵洛阳,床弦枕诵,张特来沪挖四马路门面开美的书店,预约第三种幽色情艳波浪。看风使舵的书贾,怀金登作者之门,目今编制民间故事、电影剧本般请你撰部××潮、××梦、××录、××记……社会为背景,性男爱女主角,罗曼史穿插,床笫秘密愈渲染愈佳妙。只求交稿迅速,不问粗制滥造,七天撮部《碧玉簪》《描金凤》,一礼拜也可完成洋洋三四十万言巨著。

秋虫妙笔生花,文名鹊起。处此潮流,众望所归,得其所哉。左右逢源,书贾包围。那时真是他全盛时代,日进百金。书局老板须挽熟友介绍,先润后笔才肯动笔。秋虫倚马逸才,日草万言无难色。游芙蓉城,乞灵雅片。精神振奋,通宵伏案。三四十万言一部小说,趁他高兴,一气呵成,真的两礼拜可以完卷。现在市上倘有发售的《银海潮》《新山海经》便是"百花同日生"处女出品也。

《银海潮》广告,张秋虫著,刊载于《申报》1927年5月3日。

《大公报》于"七七"卢沟桥事变前二年,增出《上海版》,大刀阔斧,《新》《申》劲敌。该报董事长吴鼎昌(达铨,四行存蓄会总经理,现任黔主席)爱于国际饭店顶层装置霓虹广告(现改味精),破上海最高纪录。评论主笔张季鸾、胡政之、王芸生则常开国际饭店富丽堂皇房间做总主笔金屋,亦开上海报人豪阔场面。全盛时代的秋虫,起居住近似大东、一品香房间,一年三百六十五天,轮流包月,性耽烟霞,足不出户。那时土价和目今相较判若云泥,万字的稿费可购老土十两,延潮州名手到旅社里通宵煮膏,过冷笼,加参汤,奇香扑鼻,芬芳可口,并且真的补益精神,顶刮刮福寿之膏呵。

花花公子的秋虫抽烟上瘾,此中"乐不思蜀"(思川土也)。一榻横陈,和如夫人俩头并着头儿,装好黄长松,一筒又一筒,枪通斗灯明茶热……说说"七五三",一条龙抽吸。这时的乐趣洵是无穷,南面王不易,土贱如泥,抽烟上瘾,齐不知落日下苦楚,若预知今日犯关,早火烛小心,勿敢吞云吐雾不知东方之既白了。

秋虫有烟万事足,无职一身轻,过午起身,整个下午腻在烟铺上打腹稿。钟鸣十下,烟瘾过足,文思汩汩,精神振奋,才从事撰述。卖文为活,文丐生涯谁都知道清苦,可是平心而论,一个文人登龙有术,千字稿费能卖二元以上五元以下,则收入麦克麦克,超出三百六十行了。譬如一部四十万字小说,稿费二千元(五元计算),快者一个半月慢者三个月完稿,每月平均七百元。岂非坐汽车的银洋行买办无此巨薪吗?弹冠相庆简任官不过尔尔。因此,张恨水《啼笑因缘》一举成名天下知,挟了陈书宿稿《春明外史》《落雁孤鸳》《金粉世家》《新斩鬼传》……南来,趁机出风头。书贾以耳代目崇拜偶像,世界书局沈知方典型人物。闻张到沪,特命《红玫瑰》编者"赤鼻烂酒鬼"赵苕狂走严独鹤脚路,拉摆弓长,属买全部旧稿《春明外史》等。《北平晨报》七八年前货色一齐交运,脱颖而出,中型一皮包故纸马上换了一箱子钞票(全部稿费二万元)。十年窗下小说家达此目的,真一交跌入青云里,干瘪文丐马上挺腰突肚了。

秋虫在上海走红的时候,张恨水在北平还烧焦木头(乌黑漆黑),"百花同日生"文名鼎盛,躲在一品香长房间里,俾昼作夜,抽抽写写。书贾携金登门,月入三四千元,任情挥霍尚麦克麦克,生活得舒适,乐在其中。

文字生涯,撰述稗官,煮字易钱,等于一架铸字铜模,机械刻板,凭你享天字第一号大名,居同文祭酒,三千不过三千,四千不过四千。勿若在商界活动,遇市面涨落,眼光准确,做记买卖赚百十万数千金,一举手刹那间耳,各业交易所便是明证。"八一三"海上工商大发国难之时,战前起码跑街伙计,目今洋房汽车。返顾同文,能够依然故我已是幸运,执笔撰小说者此路不通,江河日下(纸贵,书局停印,说部潮亦低落)。秋虫蹭憔悴江郎惨境,便坐此弊。

小说家依书贾为生命线,尤名伶之与舞台老板,当你走红的当儿,真的不惜重金登门礼聘。待你倒嗓艺衰,便正眼也勿理你,秋扇见捐,弃如敝屣,秋虫的失败遭秋扇命运亦坐此弊。作者要笔杆吃饭亦十二年了,书报两界十八般兵器,件件使过。在秋虫名著出版最多的中央书店亦编撰拙作三十余种,可是目今蹭秋虫一般地田。同文同志,思想起卖文为活,有限公司一部稿费,数目尽大,终勿及商人交易所一记生意。新文人中,唯幽默大师林语堂赚美国金元;礼拜六作家只一个张恨水时来运凑,陈货宿稿齐变法币。其他文人登龙跃为四轮阶级,皆改了行才一飞冲天。如在故纸堆里钻,秋虫赚过五六万稿费,只落得清风两袖。秋虫的失败,除夫妇染习恶嗜,一榻横陈,双枪并举,金山银穴,小小斗眼,有限公司的文丐做无限公司的浪费,哪得不穷,困处愁城哉?

知己朋友深知秋虫底蕴者道:"此君获目今苦境,大概是他笔调尖酸刻毒之报。古代刀笔讼师,一字生死,三寸羊毫大耍花枪,颠倒是非,淆乱黑白,当然缺德,大伤阴骘。"秋虫才华盖世,洋场才子祭酒,他那枝出神入化的笔尖洵如钢锋,犀利如机关枪厉害,被剥痛疮,搔着痒处,嬉笑怒骂,真使身受者读后尊容如"裴司开登"①。

秋虫长身玉立,神俊超逸。人要衣装,佛靠金装,当其黄金时代,一副卖相,顶刮刮才子班头,哥儿冠首。名下无虚,庐山当面,一致恭维,环境优美,一帆风顺,造成他恃才傲物一般骄气。终穷的文人果然生有几根傲骨,于秋虫仁兄益发露骨,予人难堪,非但笔尖儿尖酸刻毒,便是舌尖亦伶俐厉害,具祝枝山(阴间秀才)之才,冷嘲热骂,对手方羞死气死。文士笔锋已极可畏,益以舌士谈锋雪上加霜,格外笑哭不得。吴门名宿,江湖怪杰谌则高,肚皮龌龊不输清季著名江南恶讼,可是对秋虫尚叹后生可畏,老夫朽焉。

民国十四年,《苏报》老板黄薇伯借招股之名行敲竹杠之实,老举②的谌怎会受触,便挽平襟亚请秋虫前往,飨以福寿膏。瘾头过足,热高枕头转脑筋,筹帷制裁予以教训,使知某某不好惹,眼睛别涂苍蝇子,下次睁睁开。才高七斗,学富四车(避免捧足输赢,打一折扣)的秋虫,大烟入肚,心血来潮掷枪离榻,即草露布,声讨黄薇伯,××之檄可愈曹操头风。

秋虫起草的那封复信,使黄读后,冷汗直流。秋虫起草的那则公开答复启事稿,绵里藏针,一唱三叹,冷嘲热讽,使健笔的黄薇伯(驰名吴门破靴党)被剥痛疮,搔着痒处,眼睛地牌式③,五指如拼块,何从答辩?敛手叹服:"羊肉未吃惹身骚。"自怨自艾,青空咄咄。多方打听,谌则高肚皮虽然龌龊,可是笔杆儿生不出花,如此幽默妙文定有才士捉刀。专程来沪访问,侦知秋虫,拍案叫绝,连说一百廿个佩服,亟图拉到自己方面来,请接近秋虫者出面,邀到老板斋酒叙识荆。讵意秋虫不受笼络,于请柬上批"节筵助股"。试想,针对变

---

① "裴司开登"为美国影星 Buster Kaeton,被视为冷面派明星。
② "老举"为沪语,意为"门槛精"。
③ "眼睛地牌式"为上海俗语,"地牌"原为牌九中的一张牌,有两个圆点,似一双圆溜溜的眼睛。"眼睛地牌式"用来形容人遇事气得发呆,瞪大了眼睛。

相竹杠,使黄薇伯多么难堪? 恃才傲物的秋虫,处世态度冷酷,每不留余地,使黄薇伯讨吃一场没趣的事多着咧。前日本报洋场才子点将及张,说他不认天虚我生(陈蝶仙)为师,一个橡皮钉子,亦小焉者也。

秋虫实是运筹帷幄,锦心绣口,上驷美才。只惜他傲放不羁,不肯屈居人下,却不创基立业自立地盘,因是别人爱他怕他,勿敢用他,始终过着吊儿郎当的文丐生活。说部潮低落,纸贵如绸,各书局停止出版,英雄无用武之地,秋虫受经济压迫,江河日下马上变色,憔悴得勿成模样,甚至嗜好所累,流浪忻康里①,接近卑田院②了。唉!

封建文人,欲求书包翻身,必须挣个一官半职。严独鹤、周瘦鹃享名鼎盛,生活优裕,便靠《新》《申》背景,否则尽你锦心绣口,光捍管城,终"有时富贵有时贫"也。秋虫天性傲放,又勿肯随遇而安。像他文名,海上各报一致垂青,数度拟谋延揽,一为人缘欠佳(尖刻笔墨开罪同文),二因嗜好太深,终于功败垂成,拆空老寿星。

南京《朝报》,王公弢所办,小型之王,战前风行京沪,副刊张慧剑主编,短小精悍,风趣盎然,名重鸡林。张负"南京第一枝笔"佳名,"八一三"前,负气去职,王觅代庖,即垂青秋虫,特来沪访诸葛中央旅馆×××号寻到。秋虫环境折磨,元龙豪气已消,当时接受约法三章,甚至连戒嗜亦允下决心,由王预支二百元住院戒毒。友好闻知,齐佩王夙义,祝张新生。讵意秋虫的决心热度五分钟,功败垂成,白下之行"行不得也哥哥",使王大大失望,对人说:"张秋虫真勿敢请教。"

秋虫无职一身轻,浪迹沪上,沉湎阿芙蓉。在战前卖文生意未绝,土价便宜,赁屋白克路,和如夫人俩双枪并举,处境虽窘,尚可派司。"八一三"三年来,文稿无出路,土贵却如金,姜公的秋虫真成僵公,越弄越僵,甚至黑白饭不给,迫至和老枪寡佬离开,单身流浪,日上小花园湖州饭店吃红汤饭,夜住偷鸡桥账铺小客栈。玉树临风、五陵裘马的秋虫,潘郎憔悴,不成体统。三月前有人传闻他到××去,弹冠相庆,谁知傲骨天生的秋虫依然穷挺,《晶报》未停刊前,草稿博些许稿费,沦落忻康里,处境苦黄连呢。

---

① 忻康里为当时上海著名的下九流集中之地,赌场、妓院以及烟窟皆集中于此。
② 卑田院是指收容乞丐的地方。

天才记者周孝庵

作者早说海上报人都半路出家天才佳士,十五年以前,竟无新闻专科毕业生插足。作者介绍多位小型报人,今天掉转笔锋,再来捧大型报人登场露脸。本篇主角周孝庵,现在《新闻报·茶话》一角主持法律问答,他虽执业律师,藕断丝连,仍和报界发生微妙关系,书生本色,君子不忘本欤?

周孝庵青浦人氏,田主佳子弟。少小聪慧异常儿,好学不倦,七岁已读《古文观止》,朗朗上口,《滕王阁序》《祭十二郎文》《赤壁赋》《出师表》……熟极欲流,父兄叹曰:"此吾家子建也。惜慢出世二十年,否则童生考试,案首稳取。道考府考,秀才举人必中。殿试翰林,鳌头独占,说不定江苏省接连两状元。拉块妈妈①!江北出个张南通,江南平分春色,出个周青浦咧。"邻里爱有神童之目,孝庵果然不负父老期望,青浦县立高等小学毕业,榜发第一,全县国文竞试又"否司脱"。案首预期,即期支票兑现啦。

孝庵来沪考南洋中学,第一名取录,正想按级升学,他年出洋镀金挣个博士学位,归来抢着洋状元,满父兄期望。讵意肄业南洋一年半后,家庭情况急转直下,严父弃

周孝庵,刊载于《复旦大学新闻学系纪念刊》1930年。

---

① "拉块妈妈"为苏北方言,意为"了不得,厉害"。

世,阿兄经商失败,周氏家门祸不单行,影响孝庵求学,勿克继续,秋季中止。十七岁弱冠少年投进社会圈抢饭碗,自谋生活矣。

《申报》老板史量才故里泗泾,青浦县属首镇,米盐之乡下。史、周具葭莩谊,史老板新闻大王海上闻人,孝庵谋业,当然走史老板这条门路。小小年纪很有礼貌,数次谒史,乞念亲谊赐予培栽。

《申》《新》两报金门槛,深沟高垒,半路杀不进程咬金。史老板爱将孝庵安插于《时事新报》,托张竹平招拂。那时的张未成四社总经理,新闻托辣斯没有形成,与熊少豪致力《时事新报》的展布。该报原系"研究系"[①]喉舌,自经张、熊接手后,改变作风,循正轨进取,需材孔亟,用人之际,孝庵闲话一句,即日进馆了。

那时孝庵只有十七岁,初中程度,量才录用的张总经理,口试一过,命撰论说文一篇,题"服务新闻界之志愿"。孝庵国文程度颇有根底,套古文笔法清晰写来,居然通顺有理。张刮目相看,勖勉道:"孝庵,英雄不论出身低,你的学识可任内外勤,只嫌年稚身体短小,所以派你编辑室为练习生,历练若干时期后,再遇机擢升,别因职位低微而暴弃,仍须把图上进,我有心造就,决不埋没你……"

孝庵志在饭碗到手,不计名位,故对张总经理一番体己谕话衷心接受。食宿馆中,编辑室当班,空暇时候练习文字,广阅书报,专心孜孜。诸位编辑目击如此向上少年,莫不交赞孺子可教。孝庵天性聪慧,伺候编辑室三月,对红笔标题、剪刀糨糊截补技巧偷眼学会。各编辑公毕散值,他也扒上写字台,在隔夜报上鬼画符。张竹平据报如此,第四月调为外勤课,帮各记者摘线索,誊稿件。

(编者注:此处《奋报》缺失,故本文缺失数段。)

孝庵讨着这份差使,处女出马,十分起劲。领了车马费,搭车至十六铺。浦东从未去过,更莫名三林塘坐落何处。在馆撒下大谎,现在真须渡浦,便彷徨十字街头了。

[①] "研究系"是指宪法研究会,是一个依附北洋军阀进行政治投机的政客集团。1916年袁世凯死后,黎元洪继任总统,北洋军阀皖系头目段祺瑞任国务总理把持北京政府。以梁启超为首的原进步党改组成宪法研究会,与皖系军阀合流,积极支持段祺瑞。在国会讨论制宪问题时,主张加强段祺瑞政府的中央集权。1918年国会改选后失势,1920年直皖战争段祺瑞失败下台,研究系的活动也陷于停顿。

张欣生,刊载于《时报图画周刊》1921年第41期。

孝庵口才伶俐,"爷叔伯伯"问讯,得人指点途径,乘华商电车至高昌庙,由江边码头摆渡,再坐洋角车到三林塘。距沪十二里,崇明车夫飞毛腿时许便到。逆伦案发生大本营张万兴米店在镇中市,三林塘之街,虚称三里路长,实际打个对折。张万兴本镇巨商,首富之家,一经访问马上寻着。

孝庵少年老成,破题儿第一遭采访,却能一板三眼,落门落槛。沿途和崇明车夫闲扯谈,逆伦案有口皆碑,车夫久住镇上,当然知道详细,所以车夫口里已经一篇很好访稿,只鄙夫之语勿克据为信史罢啦。

他到镇后,先假东平桥堍茶园为行馆,利用大英牌香烟作交际礼问讯品,动问茶客:"本镇董事地保姓甚名谁?家住何处?"孝庵意识,家有主,国有王,欲知欣生毒父逆伦详细,必须访晤地方领袖、经办本案人物才获真实情报,可语人未语,道人未道,回沪刊布,一鸣惊人,使同馆前辈兴"后生可畏"。

三林塘属上海县第四区,区公所董事赵志熙,老明经也,饱学宿儒,兼长本镇三林高小。赵董事天生口吃,期期艾艾,愈急愈说勿出话。镇上发生逆伦巨案,道学先生火透三光,恨透恨透,大骂欣生"畜生"。张万兴在六图界内,地保梅简生也是一位老于世故的长者,万宝全书缺一只角朋友也。孝庵拜谒赵董事兼晤梅保正后,顿成三林通,关于逆伦案彻头彻尾明悉,甚至张氏家庭情况、朱朝生自首内幕亦明明白白。原来朱朝生教唆于前出头于后,此中经过非常曲折,中间牵涉邻乡杨思桥董事穆恕斋(穆藕初之兄,那时在该镇办恒大纱厂,从顾问此案倒霉,继着业务失败,始改名恕斋——恕我再来)。原来穆首得朱告密后,以张欣生噱头小开,满拟真戏假做敲他一笔孝敬,讵意张肉疼遗产,才抱朱朝生的腰,命他出首给辣手张看看,这出逆伦案,穆实主

告发人朱潮生,其左为医生朱健臣,刊载于《时报图画周刊》1921年第41期。

要导演人呢。

秘密中的秘密,不晤赵董事、梅保正怎能知晓底蕴呢?少年老成的孝庵初出茅庐第一功,得人未得,回沪头头是道写出,清清楚楚索隐。此行更挟有柯达克,摄得张万兴米店门面、张驾云灵堂故屋、起棺后所遗空穴及朱朝生茶馆龙泉园、医生朱健臣(售毒药予张者)诊所暨张欣生妻徐氏照片,制版附刊图文并茂,上海人见所未见,《时事新报》上有此宝贝,哪得不轰动呢?

这一天的《时事新报》,望平街上大出掼头,突增六七千份意外销路,图文刊出,同行刮目,一致惊异"谁人采访这般详细,有对有证"。张竹平捻须色喜,孺子可教。采访同仁从此敛手,齐叹:"后生可畏。"往后遇重大新闻发生,公推"孝庵去!孝庵去"!下乡采访,一鸣惊人,孝庵从此登龙了。

三年后,孝庵二十一岁,青年英俊,资格老到,擢升为采访课主任,几位比他先进馆的老前辈,原洗凡(《新闻报》杭石君阿舅)、蒋槐青、刘桐等反屈居其下。不过,孝庵虚怀若谷,始终以后生面目向人讨教会商,勿若贫儿得志,"一朝权在手,便把令来行"。

干外勤工作厌倦,要求熊经理少豪调内勤编辑,初和张梦熊两人合辑本埠新闻社会版。《时事新报》在上海日报界有"后起之秀"盛誉,首创提纲挈领混合编制,第一行大标题用七行字,一篇画龙点睛的《时评》出大主笔潘公弼手(有一时期赵叔雍也露脸),大块文章,鞭辟入里,气势磅礴。《星期论

《时事新报》创刊号报头，1911年5月18日。

文》网罗南北政学名流，抓取现实题材，发挥卓见。那时亦只《时事新报》一家（《华北》《大公报》伯仲），其他要闻本埠，副刊《青光》与《学灯》（学术、政治、经济谈座，知识分子重视，与《民国日报》邵力子主编《觉悟》异曲同工）。有美皆备，无丽无臻，只惜曲高和寡，销数远落《新》《申》。张竹平一再设法推广（甚至委托烟兑代售），获效甚微。上海社会黑白混淆，有数事确气死人者也。

本埠新闻，《新》《申》守旧，迄今编制无多特色，长短行两种。孝庵接手，运用智能推陈出新，将大众注意轰动事件大事渲染，如要闻编辑般用五行字，放三栏、四栏甚至五栏，题目采章回体小说，引人入胜，更分段落加小标题、花线花角，嵌新闻照铜版，借美观充实，像马振华投浦自杀、×律师鸡奸发妻、黄慧如陆根荣主仆恋爱……如此好题材，怎肯散松？大事经营。那时《时事新报》半张本埠五花八门，文字排印技巧十八般武艺使尽。《时报》效颦，零零落落，杂合乱拌，真画虎不成反类犬。老牌报自知勿敌，假保守美名，礼让后起之秀，独出风头。笔者非阿私过甚，因君编社会新闻，迄至时下，环顾全市日晚报，尚无出其右。

孝庵向上，登龙有术，从小小练习生十年奋斗至采访主任、编辑先生，常人心里已很满足，自傲自慰了。可是孝庵自期前程无限，自知弱冠辍学，学养不足，成不了大事，一旦遇有鹏飞机会，履历学历全感欠缺。原想进补习学校继续求智，怎奈身为报人，如任内勤，俾夜作昼，分不出余暇，因是向学之愿徒成画饼，惟有巡礼文化街、光顾图书馆，采购新书、参考古籍。报馆街（望平街）、文化街（福州路）丁字相连，近水楼台易得月。

上海社会，每有一窝蜂时尚，浦江潮流般一潮又一潮，崇高的教育界也随俗浮沉。私立大学鼎盛时，不亚目今"孤岛"畸形，大中小补习职业学校野鸡

左第四人起为省主席魏道明、魏夫人郑毓秀、孙科、孙夫人及其女公子合影,刊载于《南洋》1948年第29期。

商店般雨后春笋。郑毓秀巾帼英雄,女革命元勋(曾随汪精卫、黄复生刺摄政王),赴巴黎留学又攫得法学博士回沪,挂律师牌子,破上海司法界纪录。民国十六年,革命成功奠都南京后,与郑同一事务所合作的魏道明登龙政界,荣任司法行政部部长(后因京市府秘书长而市长)。南北法院的法官任免全操手掌,郑当然不会向隅,简命为上海地方法院院长。女律师升任女院长,法坛创举,宦海佳话。郑未任院长之前,已应合私立大学潮流于打浦桥创上海法政大学,造就人才。第一期招生,本埠报人若唐世昌、平襟亚、余哲文、杭石君、金雄白、蒋介民齐往报名,孝庵亦是走此登龙捷径一分子。

报人读律占偌大便宜,大校享免试优待,授课日晚随便,像孝庵般身任内勤编辑报馆工作,卜夜不卜昼,白天本来闲着,现在肄业法科挣个律师资格,正中下怀。天下取巧幸事,无逾于此何怪。民十七八九年间,海上报人齐投女博士郑毓秀门下,三年窗下,大记者化身大律师了。

孝庵处世擅"小"字诀,确具"潘驴邓小闲"造诣,小心翼翼,小处着眼。他在法校认真功谋,细细研求,勿若年长同行报名入校,取得学籍便三六九到校上课,下了课堂把讲义书本丢向脑后,反笑孝庵太认真:"老戆,你当真来磨穿铁砚吗?醉翁之意不在酒,进校终极目的在混到一张文凭也。哈哈!"态度严肃的孝庵会心苦笑,笑话由人笑话,好书吾自读之。

因为孝庵憨,深下功夫,他的法律知识确有根底,毕业考试名列前茅,悬牌开业实至名归。报人律师佼佼,迄今保持鳌头独占。别位仁兄在报坛果是红牌影响,可是跃身法坛,因速成取巧的关系,尽你长袖善舞,初期神气活现,法律顾问多至数百,但日久常力赛终露了马脚。

孝庵戛戛乎①独造,他初时开业亦抱尝试,深恐律师不可持,故馆方老位子依旧兼着。迨"一·二八"后,律务发达,每日出庭,精神时间兼顾不遑,才知大律师胜过大编辑,大有可为。亟向馆当局恳辞,岂知孝庵在《时事新报》从练习生升至副总主笔,地位冲要,不允他离馆,董事会复函挽留,再度呈辞才获准。近年来孝庵名□下海般执律为本行了。

附:
周孝庵更正五点

报人跃登法坛的周孝庵律师,记者于《报人外史》中,先介绍露脸,《律师外传》②亦是红员,是须唱对台戏。记者前天未专趋访,采集《律师外传》史料,办事稍细、处事审慎的周先生,却先指明《报人外史》中记述错误,嘱为更正,兹特分列五点,报人自道,祈读者诸君注意。

一、原稿称"肄业南洋一年半后,十七岁投进社会圈"云云,查弟毕业上海县立第一高等小学、敬业中学及江苏省公立商业专门学校后,入《时事新报》时年二十,民国八年十二月下旬也。

二、弟入《时事新报》系由先业师俞有修先生之介(商专教授),初为本埠新闻助理编辑及西报助理翻译(时本埠新闻主编为潘公弼氏),并训练练习生。民国十三年间,潘公弼氏为编辑部长,即擢弟为本埠新闻主任,兼主编江浙大战新闻。原稿指为由史量才派弟为练习生,实属大误。况弟系民八年间入馆,而《时事新报》之出让与张竹平,系民国十七八年间事,时弟已任采访部部长,并本埠及社会新闻主任矣。

三、原稿称"帮各记者摘线索,誊稿件"云云,查各外勤记者系在弟监督、主管、指挥之下,岂有代誊稿件之理。

---

① "戛戛",形容极其困难。韩愈《答李翊书》:"惟陈言之务去,戛戛乎其难哉!"
② 《律师外传》亦为登载于《奋报》的连载随笔,作者署名"帮办"。

四、原洗凡、蒋槐青诸君均在民国十六七年间始入馆,刘桐君则在民国二十一年间始入馆,原稿称"先进馆的老前辈"云云,核非事实。

五、弟因身在编辑,夜间工作,日间余暇,故专攻法律至民国十七年夏毕业于上海政法大学,获法学士学位,民国十九年八月,执行律务以迄于今。(再三林塘采访逆伦案,亦非鄙人去访。)

艺海之花吴承达

一份报纸尤如人体,第一版《要闻》,"头"也;《时评》,"目"也;第二版《电讯》,"心脏"也;《小评》,泄气"肺腑"也;《本埠新闻》,肚腹也;《经济》《教育》《运动》《星期特刊》,四肢手足也;《文艺副刊》,屁股也。

此外尚有《本埠赠刊》与娱乐性电影戏剧《副刊》,十五年前,上海大报只有一个屁股,"快活之鹤""自由之鹃"一对活宝。自国产电影潮掀,本埠娱乐业畸形繁荣,日新月异,各报适应环境,拉拢广告,不惜宝贵篇幅特辟娱乐版,《新闻报·艺海》《申报·游艺界》便在这条件下应运而生。

身为报人,编辑屁股唯一幸运,职务清闲,勿若《新闻报》编辑,鹄候电报稿件,工作紧张,坐以待旦。《副刊》编辑一篇五六百字谈话,轻描淡写,读者印象却很深刻,又声名鹊起。只要你站的地位好,何须熟读文坛登龙术,马上可以独占鳌头,高坐太师椅,有人北面事你(投稿者群)(《大美晚报·夜光》编辑朱惺公便是显例)。编娱乐性副刊与文艺副刊异曲同工,成名迅速,对外交际更获无上便利,收意想不到之优越。因新旧剧男女演员与银海双星,好名欲炽盛,她和他们企求舆论捧场,艺名鹤起,才可大红大紫,称"××大王""××皇后""××明星""××美人"。所以对各位娱乐副刊编辑及采访记者竭力献媚,百言亲近,登门拜谒,签名赠照,买酒招宴,甚至投拜义父,金钱贿赂。舞台、戏院、制片公司,一般倚重

吴承达,刊载于《良友》1934年第100期。

巴结轧朋友，大事打招呼。身为娱乐版编辑，左右逢事，本篇主角吴承达代表人物也。

吴籍湖州，澄衷中学毕业生，昆季行二，仲弟承镛现亦拉入新闻界，任大通新闻社记者。吴跨出学校门槛后，未经汪伯奇汲引进《新闻报》前，一度彷徨。发挥文艺天才，投稿各报屁股，海派大编辑全戴有色眼镜，见吴无名小卒，正眼勿视，徒充字簏食料。

吴处女著作没有出路，心里说不出的难过，幸亏白相天韵楼结识《天韵报》编辑人倪高风。此公报界前辈，极善活动，近年因合弹词潮流，编撰《啼笑因缘》与《开篇集》，挂莲花出版社招牌发售，生意兴隆，洛阳纸贵，倪氏高风，指日高升，风头不是一眼眼了。

承达与倪交好，莲花出版社发行的《吉报》，吴氏大作义务效劳，通篇累牍。高风需稿孔亟，不出稿酬，无处揩油，现得承达如此义忠，当然"韩信将兵，多多益善"。承达亦因投给各大报杂志打回票，现在倪高风照单全收，乐意效劳，饮水思源，承达成名，倪氏"识英雄于未遇时"第一个识宝呢。

老天不负苦心人，承达如此苦干。一年半后，汪伯奇安插进《新闻报》，跨进金门槛，平步青云，吾道大行。

承达在《新闻报》，初任要闻版助理编辑，因他的英文程度很好，译几则电报十分流利。辑务余暇，又发挥他文艺天才，为副刊写稿。这时承达已成圈内人，写稿给《快活林》当然不会再打回票，也像从前投给倪高风般照单全收，承达扬名报屁股后，扬眉吐气。

"一·二八"后，上海电影娱乐潮高涨，各报应合潮流，纷添娱乐版。《新闻报》开辟《艺术》，承达主编，平步青云，益觉得道了。

各报增辟娱乐版，具拉拢广告作用，上海的舞台、影院、杂剧、游乐

倪高风新婚照，刊载于《新上海》1934年第1卷第9期。

场，每日刊登广告，包定地位。从前刊价保持水平线时代，巨型舞台戏院的告白，起码百廿元，甚至半版全幅难得一见，除非新戏新片问世。

日销十六万份的《新闻报》的确广告效力最宏，任何广告最多，"药料甘草"之娱乐广告更需要借重。馆方为联络感情便利宣传，辟《艺海》。同事闻讯，对此席明知优差美缺，故逐鹿者颇多。汪总理见孺子可教，不擢旧员用新人，委承达独当一面主辑《艺海》，洵是异数，莫名荣幸。

《新闻报》屁股《快活林》化身《新园林》与《茶话》外，《艺海》之前曾有《学海》，编辑人陈德征。提起此马来头大，十六年革命成功后，上海党政报三界超特红角儿，曾任市党部委员兼宣传部长、教育局局长、《民国日报》总主笔，团体之花演说专家，红且发紫，结果发黑（×案事发，被召晋京，奉令拘押，经叶楚伧、邵力子、吴稚晖诸氏力保获释），如此身份，全盛时怎会进《新闻报》任屁股编辑呢？

原来，《新闻报》本身确是美商（现在还原）福辟森股份最多，民十七年，该报发生收回洋股风潮，《申报》史量才趁机下手，拟取而代之。同时祸不单行，某项新闻记载失慎，开罪×当局，遭禁递处分，该报船头浪跑马——走投无路，挽陈疏通。调解结果，太平无事，克期解决。馆方苦无适当酬庸，特辟《学海》栏，陈任名义编辑，月奉薪金三百元，该报职工全年照十八个月计算，年亦五千元，如此孝敬终算报答斡旋之情了。

《学海》于陈倒台后结束，《艺海》继之登场。一宇之错的报屁股大相径庭，毫无政治臭味。《艺海》确是艺术园地一朵鲜艳花朵儿。新碶初试的承达仁兄，乘汪总理委任，达到独当一面目的，正中下怀，莫名优幸。

《天韵报》1926年1月3日报头。

承达英文程度很好，浏览欧美书报杂志，每译海外珍闻投刊《快活林》等副刊。自己就任《艺海》编辑，撷取美国电影刊物，所登好莱坞银色动态、明星生活、百老汇戏院状况、歌舞曲谱，桩桩件件介绍，海外之部可说尽善美了。

海上天堂声色犬马，集娱乐之大成，华游艺之大观。本地风光包罗万象，承达老跑天韵楼，对杂耍曾有认识，电影艺术、菊部技巧、地方剧真面目则"城外开店——外行"。因于主编《艺海》后急抱佛脚，向老于此者讨教。好在《新闻报》地位崇高，各方正感仰攀勿上，现得承达虚怀若谷，移玉访问，受宠若惊，争相联络。以《艺海》专门性稿件纷至沓来，名家专家所撰相当精彩，本国艺坛情报亦很生动，中西合璧，美具难并，颇收牡丹绿叶之妙，承达的编辑手腕。

（编者注：此处《奋报》缺了数期，故本篇亦缺数段。）

哼嗄佬倌胡憨珠

古越绍兴,山明水秀,人杰地灵,文风鼎盛,才士频出。逊清幕府,绍兴师爷味之素般少他不得,本篇主角胡憨珠,"哼嗄佬倌"①绍兴人也。十五年前,本埠采访部,此君"惊牛皋""莽李逵"先锋将,眼快、口快、笔快、脚快,"四快"精神,鼎鼎大名,唯吾独尊。

胡君憨珠,雅篆妩媚,充盈脂粉气息,未识荆州者,误认易钗而弁一位密司哩,谁知庐山当面,古月先生不失宗风。一副卖相,恕我不敬说句笑话,迭谁知"粗(读"戳")泡胡大海",虽然腰际没有十圈,两目勿像铜铃,嘴唇不逮血盆,可是中等身材,胖肥个子,橘红紫脸,浓眉黑胡,阔嘴巴,厚唇皮,活灵活现肉庄老板,腹贾神气,周身寻不出文人雅相。

人不可貌相,海水不可斗量,以貌取人,失之子羽,憨珠是焉。胡君状貌臃肿,行动蹒跚,岂知他腹藏诗书,才具倚马。他投身新闻界亦半路出家,初任大中通讯社记者即崭露头角,大中社后台马二将军(冯玉祥)背景。该社以报道西北国民军动态为主要使命,刊发新闻稿满染政治臭味,不羁才的憨珠却不受节制,致力本埠新闻的采访,双脚特别快,跑在人前头。那时的重要新闻,龙华、枫林桥、高昌庙三大本营,警备司令部、市政府厅、外交海军司令部(第一舰队陈季良)、飞机制造厂、炼钢厂、江南造船厂,各报社外勤一致驾临,各显身手,刺探要闻密讯。

胡憨珠这位先锋将,捷足先登,胜人一筹,因是大中社的本埠政闻亦出色当行,颇为《新》等报注重。内勤编辑齐知憨珠能耐大,《申》每等候大中社稿送到才编第一条题目。

憨珠采访,杰出班头,同道推重,齐说:"老憨身材臃肿,行动蹒跚,手腕倒很灵活。"英雄造时势,时机造英雄,憨珠在大中社虽有表现,尚无甚作为。俟

---

① "哼嗄佬倌"指称绍兴人,亦如当时用"阿拉"指称宁波人,"丢那妈"指称广东人。

受知张竹平进《时事新报》,恰逢江浙战争,近郊烽火。他匹马单枪踏上火线,大显身手,获得特殊消息、机密军讯。老憨老憨,声名洋溢了。

东南安乐窝,租界避难区,民国初元,一二两次革命攻制造局,与肇和起义,一夜枪声片刻炮轰外,内战年年,上海人始终云端看厮杀,祸不及己。各报外勤记者应对军事消息的采访毫无经验,齐(燮元)卢(永祥)交恶,两路布防,草木皆兵,江浙绅耆连电请愿,弭兵和平,齐卢敷衍,终于交兵开仗,黄渡、安亭、浏河、南翔、昆山等沦为战区。那时上海方面地位特殊,淞沪护军使何丰林,卢氏嫡系,故站在浙方攻苏,龙华使署变成前敌总指挥部,军书旁午,日夜办公,憨珠对军事新闻亦是处女采访,但很老练,驶驱龙华道上。

上海人破天荒遭遇战争,清晰听到大炮怒吼机枪噼啪全武行场面,虽处身租界安乐窝,但对战讯十二分关心。那时本埠晚报号外均未创行,唯日报负报道责任,市民们凌晨起身,鹄立里门,企候送报人。新闻纸到手,忙不迭打开阅读究竟。《时事新报》的销路远落《新》《申》后尘,张竹平老板一再挖空心思,计划推广,委任全市烟火店代售,普及贩卖网,设计不错,但是销路增加有限,第二天收回许多退报,全当废报纸称斤售去,损失不赀,所以虎头蛇尾,一年后即取消特约。惟江浙战时,该报仗憨珠特殊采访,获灵通战报,销数日涨夜大,最高记录达七万八千份。张老板喜翻心苗,连拍憨珠肩膀道:"老弟颜色括括叫,努力努力,鄙人心里有数,是当提请董事会致送酬劳奖金。"张氏口头预约的确不是空头支票,战事结束,老憨领到酬金五百元。

江浙战事发生,东南时局不稳,从此多故。接着孙传芳大举秋操,联军五省,奉系小诸葛杨宇霆,五日京兆,鼠窜而逃。张宗昌的直鲁联军毕庶澄率部来沪,与富春楼老六搅七念三,不爱地盘爱美人,一败涂地,遭军法处分。淞沪变成小四川,年年战争,大打出手。采访军讯特殊的老憨众望所归,各报借重,无役不与,一马当先,浸成战地记者之王了。

上海一埠,工商繁盛地域,虽只一个市县,税收旺盛,服官斯上者莫不大发其财,故各方心目中,竞谋攫上海为己有。淞沪近郊战事,看似省与省的争夺战,实则重心在上海弹丸地也。

憨珠跑战事消息出道,致全力于斯。谣诼传来,草木皆兵,他即驰驱龙华道上探问真讯,察看虚实。所得消息,除披露《时事新闻》报外,更兼《福尔摩斯》《金钢钻》小报撰述,把采访所见花花絮絮,与大报不便发表的珍秘消息运用细腻笔调生动描写。《福尔摩斯》因得憨珠效劳,益发纸贵洛阳了。

新世界救济东北难民游艺大会上，当选花国总统之富春楼老六，男装小影。刊载于《时代》1933年第3卷第11期。

毕庶澄，刊载于《天民报图画附刊》1927年第26期。

憨珠于民国十五年亦动了自办小报旨趣，创刊《报报》，命名特别，"报中报"，意寓双关。他为《福尔摩斯》撰述，笔名"探子报"，报道的军政密讯读者刮目。自办《报报》格外卖力，每期亲撰文稿五六篇，化名众多。战事平息后，改途易辙，从事社会新闻的采访。凭他人领熟，交际广，各方兜得转，所得爱亦出色当行。

那时上海社会刚巧发生黄慧如、陆根荣主仆恋爱，马振华投江殉情[①]，对手方为汪世昌事件，憨珠趁机又大施身手，除探录新闻外，更约王开照相馆汪鉴荣摄得照片多帧刊布《报报》，图文并茂，万众争购，先睹为快。《报报》大出

---

① 1928年，时31岁的女子马振华夜投黄浦江自杀，起因为其未婚夫汪世昌（国民革命军鲁联军第五师长的秘书）怀疑马振华不是处女。马振华投江后，尸体于次日清晨被打捞上来。岸边有一捆书信，约一百二十多封，是汪、马二人具名的情书，内附两人合影一张，以及一张上署"东台县禁烟分局长马炎文"（即马振华之父）的名片。马振华投江而死在社会上产生巨大的反响，作家萧军曾依据该事件两次将其改编成评剧《马振华哀史》《马振华的新生》。

黄慧如在苏城志华产科医院,刊载于《图画时报》1929年第531期。

投江而死的马振华与未婚夫汪世昌合影,刊载于《新银星》1928年第1期。

风头,竟销万份,破小报记录。

社会新闻,《时报》"否司脱"第一,比众注重,采访着力,编排触目(标题叠床架屋,排成宝塔式,不厌累赘,读了题目尽知内容),印刷精美。十五年前,本埠日报一律单色(黑),唯《时报》主人黄伯惠不惜巨资,推陈出新,向美斯钉生机器制造厂订造三色卷筒印报机,能于一根滚筒上印出红、绿、黑三色,纸面美丽,猩红刺目,碧绿耀眼。该机印出的铜图亦特别清晰。"工欲善其事,必先利其器",《时报》运动消息、社会新闻脍炙人口,读者争购,三色印机成名元素(《新》《申》两报向来守旧,六七年后,目击潮流所趋,乃亦添购三色印机,现在报摊五色缤纷,黄伯惠开风气之先,独占鳌头第一名也)。

黄伯惠耳憨珠能名,挽与接近者向《时事新报》秘密挖角,加丰薪金诱之使来。张竹平报坛怪杰,管理四社出版社,盛称托辣斯,巨眼识英才,善于御下用人。憨珠待遇不错,惟《时报》礼贤下聘,不免心动,向张与辞。竹平耳朵很长,早知黄伯惠来挖,其心既变勉强,挽留无益,爰允其请。憨珠欣然调换地盘,到《时报》去大刀阔斧施展本领了。

憨珠形貌臃肿,全无雅相,谁知勿可貌相,写得一手琉璃文稿外,对于戏剧艺术亦有研究,更凭灵活手腕与戏班中人交好,新世界乾坤大剧场与"的笃班"①都曾承包,荣任前后台经理。哼噶佬倌的憨珠对本乡风光古越雅奏的"的笃班"名角儿都有交谊,彼时"的笃班"在上海附庸游艺场,局处辕下驹哩。

上海的戏剧空气,潮流处嬗,时在演变,浙西民歌、古越俚词的"的笃班"不登大雅之堂,在绍兴本地搭班茶园,酬神露演,中上阶层正眼勿觑。哼噶佬倌的憨珠却有先见之明,旅沪第一个知音。他经理新世界剧务,便物色邢竺娥那班,雅兴飚举,参与编辑事务,不少新戏经他润饰,点铁成金。憨珠的见识的是不凡,"的笃班"在上海,"八一三"三年后会和沪上娱乐事业畸形发达盛况,以越剧崭新姿态异军突起,蹿了起来。

晚近越剧苗头勿是一眼眼!锋头之健,掼头之足,红且发紫,无以复加。绍兴四乡草台班全被罗致来沪,男女角色,鸿运高照,纷纷膺选,重金礼聘。姚水娟、筱丹桂、竺水招、陈素娥、小白玉梅……青衣花衫,艺名卓著,艳誉洋溢。哼噶佬倌的绍兴帮占上海金融界偌大潜势力,银钱巨子社会闻人黄雨斋、魏晋三诸氏,苏小乡亲,本土风光,接受越剧女儿请求,寄名膝下,义父资格安坐正厅第一排,拉动亲友捧场,招势更是十足,"的笃班"的越剧红过淞沪半片天,殊为憨珠始料勿及呢。

憨珠仁兄今年四十开外,功成身退,采访线上早不活动,兼干游艺,兴致亦转消极。"八一三"后,尚任《时报》记者。待《时报》去春停刊,便不闻此君消息,社交场所罕见踪迹了。

老资格的憨珠仁兄,惟《新》《申》两报适合他的位置,现在不进这两家老牌报,本埠新闻界方面的确没有活动大本营。爰一度传闻他到大后方去,现在重庆受《新蜀报》罗致特派战地记者,本过去采访军事消息、巡礼各战区报道,老将黄忠,纸上谈兵,生气虎虎云。

---

① "的笃班"是浙江嵊县的地方小戏,以山歌小调为基础,吸收绍剧等剧目、曲调和表演艺术而初步形成。后来进入上海,称为绍兴文戏,后改称越剧。

红紫作家周天籁

海上报人,十年为一世,《新》《申》等大报与老牌通讯社登龙者,目今功成身退,元老资格。少于外界交接改行营商的数位元老之士,则层楼更上,老板的老板,行长的行长,经理的经理……汽车代步,阔而绰之,脱尽文人寒酸气息了。

"八一三"后,本埠报人不少往外埠去,现在香港、重庆、昆明、贵阳、西安甚至西康、西藏(拉萨)及各战区继续活跃,领袖舆论,一枝笔杆确胜三千毛瑟,非常时出尽锋面头呢。

《新》《申》大报门槛金漆,身为报人,欲图红且发紫,非钻进这圈子才能一登龙门,身价十倍。可是大报的金饭碗有限,粥少僧多,安克广厦万间,尽庇寒士欢颜?与汪(伯奇)、史(量才)没有亲故的文人,欲求出道,唯有另走门径。小型报规模虽小,但无界限,稍会涂鸦便可进行,手腕灵活亦能登龙,与大报记者分庭抗礼,争一日短长也。

战后三年来,上海小型报人鳌头独占状元公,本篇主角周仁兄天籁是也。提起此公,战前尚是《快活林》老投稿无名小卒,在那时一篇作品投寄给严独鹤,敬而恭之,恳请奖掖,务祈赐刊。凌晨送报人至,急忙打开观看,为了一篇作品望眼欲穿,心中如挂十五只吊桶七上八下。初期投稿的处女作家,都曾经此阶段尝过这味道。

周天籁短瘦个子,外貌谨愿,业典当生意,任首饰房之职,终日呆坐的看财童子也。这只职位袖手多闲,周富文艺人才,每日读报,拜读诸家作品,未免见猎心喜。一日心血来潮,尝试投稿,第一篇处女作品,仔细构思,郑重誊写,毕恭毕正,垂呈双□先生(严)。

"快活之鹤",礼拜六文人祭酒。十年来新文艺突兴,创造社等举起大帜,鲁迅高踞宝座。被视落伍,爱亦急起直追,乐于奖掖后生。《快活林》投稿者群中,物色得刘春华、周天籁、王大苏、陈亮"四小金刚"列名弟子,撑作台柱。

四人各有作风，孺子均极可教，现在果然不负老师期望，周、王、陈三位一体，同在小型报出足风头，大有苗头。独鹤老师当欣老眼不花识拔英才未露时。

　　周天籁初期的作品，半新半旧，所写的小品文抒情为多，他任典当首饰房之职，金银珠钻全归掌握，眼界看大。可是有时站在高柜台里冷眼旁观，高等当户，持质珍饰，何论男女，风度翩翩，衣着漂亮。不图外强中干，原是空心佬倌绣花枕。双方参看，对处世经验怎加不少世故，心底感慨眼前资料，发为文章当然动人。

　　《新闻报》为日报之王，它的屁股《快活林》勿出改名《新园林》后，编辑方针并不变动，依旧采说教态度，寓诙谐于沉痛，针砭世俗。天籁仁兄秉承老师的指示，努力写作。那时的笔调冷静纯洁，电影术语般"意识正曲"，自己也想不到目下突然转变油腔滑调，典当里当得动的周仁兄亦惯会迎合潮流了。

　　"八一三"后，海上小报环境使然，军政新闻、社会秘辛无形取消，长篇小说"小星"扶正，战前附居篇幅之末，至多一二篇聊以点缀的，突然南报北化，效《华北实报》《新北平报》小说为主，新闻小品为实，一张四开报纸，长篇多至十数篇，触目皆是，周天籁脱颖而出一举成名了。

　　小型报小说为主后，长篇小说的需要量激增，海上文坛向日执笔撰长篇的，海上漱石生（《繁华梦》等作者，孙漱石，已故）、张春帆（《九尾龟》作者）、平江不肖生（《江湖奇侠传》作者）、顾明道（《荒江女侠》作者）、程小青（《霍桑探案》作者）、徐卓呆（滑稽小说名家）、包天笑（《人间地狱》作者）、秦瘦鸥（后起之秀，本报《钗光剑影》作者）、张恂子（《海上迷宫》作者）、王小逸（即捉刀人，《春水微波》等名著作者）、张秋虫（《新山海经》作者），寥寥十数位，屈指可数，洋洋洒洒数十万言巨著，非有真才实学见多识

《亭子间嫂嫂》，周天籁著，上海友益书局1942年刊行。

广及有充裕时间者不办,所以耍笔杆的文士虽多,长篇创作不出上述几位(书贾不雇收买无名作家稿件,亦是主要原因)。十年来冲跳起了一个张恨水,原是北派作家,驰名春明(与陈慎言并驾齐驱),谁知以《啼笑因缘》刊登《新闻报·快活林》而大红大紫,洵睡梦亦想不到者也。

周天籁向在《快活林》撰述小品文章,眼看张恨水一举成名,不免艳羡,也动了试写长篇念头。刚巧本埠小报需要长篇,他便适应小报的风格,撰述一部风趣热情长篇《亭子间嫂嫂》投给《东方日报》。那时的《东方日报》邓荫先接手伊始,整顿内容之秋,周稿投来,恰当其选。以周榜上有名,散见大作于《快活林》,已非无名小卒,而属知名之士,当表欢迎,请周源源惠下。

亭子间是上海畸形社会特有建筑(内地城镇住屋,无此名称),寸金世界的上海,战前屋税已经昂贵,普通人们因经济负担起见,爱住亭子间,"室雅何须大,花香不在多"意也。

十六年革命后,文坛亦掀起革命怒潮,上海树立创造社、现代社、北斗社、狮吼社……普罗文学大纛更由鲁迅老头子扯起,声势浩荡。便在这时期内,亭子间文艺走了鸿运,长须发、嚼大饼、栖身亭子间的普罗作家一个个捧登大雅之堂,室以文传,"亭子间"三字,遍见报章杂志,十分吃香了。

至于咱们天籁仁兄,执业典当,根本资本家伙计,小布尔乔亚,他更是半新不旧的文士,对亭子间文艺根本风马牛不相干,不过他因写《亭子间嫂嫂》而成名,浸成红且发紫时髦作家,触类旁通,附带一说。

天籁的《亭子间嫂嫂》,拟名的时候,没有目的,信手拈来,意想不到竟成妙谛(这和张恨水《京尘幻梦录》为独官鹤名《啼笑因缘》红且发紫如一辙)。拿顾秀珍为模特儿,细腻生动的描写,发噱有趣的穿插,适合小型报读者胃口。目今的小报长篇比不得整部巨著,厚厚数册,一气呵成,一气读完。小报每日出版接连刊登,随时披读,故于六七百字之间必须特别结构,卖弄关子。像《亭子间嫂嫂》般风情长篇,笔者卖弄狡狯,每天每节施小小噱头,使读者看了今天急求明日分解,如此才合馆方与读者的企求。

《亭子间嫂嫂》顾秀珍是一位大众情人,人尽可夫的卖淫者,天籁仁兄笔下把这位模特儿描写得骚过韩云珍[①]。韩在骨子里,顾则浪在面间上,热过西

[①] 韩云珍为电影女演员,因眼风流荡,富于诱惑性,当时许多影迷认她的演技"骚在骨子里",而替她题上了一个"骚姐姐"的名号。

方梅蕙丝①。天籁写这长篇得劲,存心热穿穿插,大吃豆腐,把同文亦拉进里面,小说原是空中楼阁,现在竟成写实派了。

　　天籁在报海混得并不长久,却已很兜得转,十分熟悉,他把唐大郎第一个串"跳加官"。洋场才子的唐仁兄吊儿郎当,硬拉他和顾秀珍牵丝,为了一只钻戒,狗屁倒灶,大讲其斤头。天籁用沪谚道白,口吻像真,大郎硬砌在内,读者确信真情,使他百喙莫辩,猴急发跳,特在随笔里声明,可是先入为主,他落后辩白,读者只当他自说自话。

　　大郎以外被他移诸笔底大寻开心的,有邵茜萍、姜星谷、胡温那诸子,特异作风迎合大众口味,对《亭子间嫂嫂》格外热狂。天籁后来恐怕继续胡调下去有伤友情,所以适可而止,不再拉勒篮里就是菜了。

　　现在所写的《七小姐》《常熟二媛》和《亭子间嫂嫂》,三位一体,异曲同工,天籁识透读者脾胃,爱写两部新著,用番脑筋。

《梅花姑娘》,周天籁著,上海文光书局刊行。　《风流太太》,周天籁著,银花出版社1949年刊行。

---

①　派拉蒙女演员梅蕙丝(Mae West),风骚冶荡,有"肉感明星"之称。

《亭子间嫂嫂》顾秀珍,天籁笔底传神,大众讽诵,变成标准尤物了。据说《亭子间嫂嫂》结构并非完全空中楼阁,亦有背景。天籁任事的典当背面有户后弄住家,双方玻璃窗相对,天籁看管首饰房,比不得衣包间,当户赎取,零零碎碎,忙不开交。重头东西的金银珠钻饰物难得有人回赎,自晨至晚,寥寥数起。天籁尽多余暇,凭窗而望,隔弄偷窥。亭子间嫂嫂的一举一动被天籁仁兄瞧个清楚,日子久长,相互熟识,隔窗望见,会心微笑,心照不宣。

　　前年夏夜,乘凉里弄,大家开出后门举行露天座谈。亭子间嫂嫂与天籁亦是一分子,"洛阳儿子对门居",彼此憧憬,一经攀谈,马上入港。天籁见她口齿伶俐,姿态玲珑,似拟如写长篇,婵娟此豸的是理想尤物。后来投给《东方日报》,便拿"亭子间嫂嫂"之名篇,芳名亦一字不易。顾氏秀珍原想文人游戏,无关宏旨,谁知后来一发不可收拾,读者津津有味,天籁臭脚带越绷越长,把顾秀珍写成烂污婊子垃圾马车流亚,未免太不成话说了。

　　亭子间嫂嫂顾秀珍浦东高桥人氏,小家碧玉出身,已经有两个孩子的母亲,乡下阿蒙并不识字,天籁欺她勿认"摊焦饭"字,信笔所至,十分放肆。讵意《亭子间嫂嫂》小说声名响亮,大众周知,风声吹入本人耳朵,天籁在小报上拿自己出丑,寻本人开心,亦欲兴问罪之师了。

　　上海滩上,任何人知道白相人嫂嫂的厉害,天籁所写的亭子间嫂嫂幸非这流人物,所以欲兴问罪之师力量有限,吃她得消,勿必拉台子讲斤头,只要口头敷衍给些面子予她,便能混过。因是《东方日报》上的顾秀珍依然现身说法,天籁没有悬崖勒马,不过,自觉豆腐吃着太过分,日来所写乃由绚烂渐归平淡。

　　《品报》出版,编者冯若梅本是《东方》主笔,大台柱走鸿运的周天籁当然借重,请撰与《亭子间嫂嫂》异曲同工的作品,以光篇幅,而拉读者。天籁当时略加思索,决意推陈出新,拿交际花为主角,索隐艳秘,按回铺排,当下拟了数个题目,请马二先生指定,结果决用"七小姐"。

　　说起七小姐,数年前驰名本埠的交际花也,活跃舞场,风头之健,一时无两。当时张学良恋人赵四小姐亦在上海,两人竞别苗头。初意赵四背景雄厚,财势过人,七小姐定然勿敌,谁知赵四的交际手腕,只骛显贵,一路高视阔步。

　　上海娱乐中心在前大世界共和厅、新世界自由厅、天韵、先施、新新楼头,洋场才子荟萃之处,每晚高朋满座,谈笑风生。各家办有游艺报,延文坛知名之士孙漱石、周瘦鹃、刘恨我主笔,海上报人不少从这里以文会友而登龙的。

自从舞场突起称雄,普罗娱宫的游艺场降为南衫党(工人阶级)白相区,中上层以舞场为禁宫,新兴舞场文学,各报增辟《舞刊》,猗欤盛哉,舞道大行,舞文风行也。

天籁跨出典当大门户,踏进爵士娱乐所,涵养功深,少年老成,厕身其间,目迷美色而毫不动心,已摆设测字摊①老僧入定,呼呼同文,敷衍舞女,醉翁之意不在酒也。

关于七小姐的艳秘,从大华、大东、百乐门、仙乐、丽都几家第一轮乐府刺探消息,一鳞半爪集腋成裘。现在天籁结构的《七小姐》便是这样取材,不过加油加酱,穿插渲染,益使纸面上的七小姐放诞风流,浪漫绝代。《品报》更约穆一龙绘制插图,妙笔传神,图文双绝,读者看了更憧憬七小姐,眼痒痒地恨不得一见其人,一亲芳泽。

天籁新撰《常熟二媛》,肉林健将,又须出后门,请老跑桥码抡斧大砍莽李逵邵茜萍出马,介绍与二媛相见,访问身世。

韩庄在上海,粉红色肉的阵营别动队也(其中事迹见本报《上海四淫妇》篇),寡人好色,对刀快头光之韩庄,正中下怀,皆大欢迎。淫业发达,后来居上,长三幺二深受影响。晚近小型报取材枯竭,热镬爆冷栗,先有"刀斧手"其人于《福尔摩斯》专撰肉林消息,只此一家,别无分出。现有"肉侦"②"白刃"后起之秀,传"刀斧手"衣钵,专跑桥头报道各庄淫娃动态,纸上谈兵,芸芸众生跃跃欲试。

向在金融街服务一本正经的曾淹仁兄,投稿为副业,肉林桃色新闻突走红运,曾亦动心,化名"水手",夜跑八仙桥头,精究此道,皇天不负心人,亦成肉林文稿红作家了。

八仙桥庄花亦如昔年北里娇娃分"四大金刚",自经肉稿作家品题,格外牡丹绿叶相得益彰,小报上日见芳名,肉迷胃口齐被吊足,馋涎欲滴,恨不得生吞活剥,啖之入肚。

常熟二媛姿色六分,并非绝世美人旷代尤物,乃肉稿作家眼抹苍蝇子

---

① "摆测字摊"为舞场俗语,是指舞客坐在舞场里一舞不跳,花二角小洋的小账可以坐上三四个钟头,喝喝茶,望望野眼,比坐茶馆还划算。
② "肉侦"为《东方日报》编辑邵茜萍的笔名。

狂捧滥捧。二媛幸运，艳名洋溢，红过淞沪半爿天，论功行赏，现编《上海日报·金融情报》的邵茜萍第一功臣，故天籁写《常熟二媛》必须邵介绍引见也。

纪实索隐约写真小说章法之一也，多产作家为周天籁，担任报馆长篇太多，虽非江郎，亦不免材（材料也）尽。现在馆方指定需与《七小姐》异曲同工，一时找不到模特儿正在搜索苦（非"枯"之误，文债催逼之苦也）肠，搔头摸耳朵咄咄书空之际，倏然邵茜萍光降。油腔滑调的邵仁兄交易所小郎出身，抢帽子，头子活络，手腕灵活，每月进账麦克麦克，外快收入盘出盘进。他为《上海日报》编《金融情报》写随笔，并非为稿费而写作，根本卖卖名气，文稿内虽亦叹苦"多寻多用，收支终是不敷"像煞有介事，不脱文人终穷老例，实则"卖羊三千——装胡羊"。也就目前而论，为小报撰述同文，十九凄惨，惟刀口仁兄处境最富丽，窜头十足，苗头勿是一眼眼了。

邵公茜萍，尊姓刀口。邵刀锋犀利，随身法宝。年青伙子初出道即跑八仙桥，沉淫此道，发挥邵氏刀，于克洛忒路抡动阔斧，砍无不克，斩无不灵。肉稿老牌作家刀斧手，庄上花齐尊"老爷"，现在后起之秀邵肉侦，八仙姊妹亦群呼"小爷叔"。"小"字出诸娘儿樱唇，唯一得劲"潘驴邓小闲"五字，邵得娇滴滴一字评"小"，声堪自慰，良足自傲。

周天籁与邵原不相识，文字因缘，同任《上海日报》台柱才交朋友，天籁承他惠顾，倒屣欢迎，奉茶敬烟，细细谈心，说起《春秋日报》指定欲撰与《七小姐》一般半真半假小说，请问神通广大的老兄，有没有尤物介绍？

邵茜萍笑答："老兄问我小说模特儿，人物倒有一个，只是狗嘴里掉不出象牙，别见笑我咸肉庄捐客。"天籁道："请你放心大胆自我介绍好了，哪个会批评你？承情举荐，感激不遑。"

茜萍当下抽取西装袋角所佩康克令金笔，在案头原稿纸上，飕飕写下四字，掷给天籁道："你看此人够得上资格吗？"深度近视的天籁，把稿纸凑近看明，见是"常熟二媛"，拍案叫绝道："妙呵！早见阁下笔尖刻绘婵娟之豸，久仰肉林尤物，风骚透顶，浪漫绝代，现得吾兄推荐，移为长篇写真，正中下怀，再好没有，小弟素知你喙头十足，果然拿得出颜色也……"

茜萍沉思了一回道："论我与二媛的关系果然再密切没有，老实自供，春风不知几度了，只是床第冲突只称风月，不涉正经，你若考问我二媛详细的身世，那瞠目结舌，亦须出后门。"

天籁道:"老兄勿必着急,别推得一干二净,欲知她身世并无难处,谢你介绍盛情,成全小弟进账稿费,当然不吝请客,明夜预备五十元,任你的便到八仙桥头,住何号房间,召二媛前来,待我拜识芳仪,讨她口风,叩彼身世,当场速记,客串肉林记者。一夕访问足供报上三月渲染,五十元花费花在二媛身上,仍可从她身浪捞回也。"

茜萍生活富丽,手头活络,比不得凄惨朋友一听请客喜极欲狂,茜萍反勿乐会道:"样样有请客,白相韩庄宿夜而由朋友掏腰包,则未之前闻,如你说来,咱邵茜萍变成白××朋友了。对勿起,敬谢不敏。"

天籁听茜萍如此答话,倒动了真气道:"老七枉称狂放跳浪不羁盛名,如此说来未免太固执不够朋友见外了。须知我的请客寓有用意,非瞎胡调可比,尽请泰山,背后决不识讽你,如有半吊子,兄弟敢负责彻查。"

茜萍见天籁态度坚决,辞意恳切,才欣然答允,客串男向导员,领天籁往八仙桥,约会常熟二媛,探问身世,作写小说材料。

却说大中华民国二十九年九月二十一日之夜,邵、周二人新雅茶室约会,吃过晚饭,八点半光景往克洛士路进发。天籁问茜萍足下胸中成竹,往何号庄上?茜萍道:"咱们胡调朋友,盲人瞎马,随便乱闯,没有一定目的,你终跟住了我好啦。"

韩庄访艳,刊载于《明星特刊》1926年第13期。

茜萍嘴上如此说白，心中实在暗转，两脚更极明白，克洛忒路三十四号"金第"，场面富丽，布置精致，茜萍熟客，本家、娘姨、阿姐、庄花……瞥见他影子，齐唤"邵大少"，有的趋奉称"邵小开"。阿要焐心，当然走动繁忙，交往热络。他在《上海日报》狂捧二媛，即于金第刀下情人相见恨晚的。

这夜不烦说得，偕周天籁驾幸金第，阿金如见邵小开和一男伴同来，认是交易所同事，也是旺血朋友，当下"六节指头捧卵泡"，斟茶敬烟，殷勤招待。谁知"大舞台对过——天晓得"，天籁虽写得一手风流小说，咸肉庄却钻出娘胎第一次问津，因是登楼房间里坐定，放目四瞧，只觉别有洞天，阿金姐伶俐乖觉，早知邵小开和二媛体己，所以问道："邵小开，你叫常熟二媛朋友介绍哪个，阿要做媒？"

韩庄肉女规矩，上半夜坐房间，卖嘴勿卖身，长三姑娘出应堂差般，东西奔波，应接生张熟魏。坐房间时候久暂随机应变，没有固定，下半夜才正式交易，许可渔郎问津，快度春风。天籁和茜萍驾幸金第，相帮问邵仁兄你召二媛不烦吩咐，只是你的朋友介绍谁人？要否做媒？茜萍心想，白相韩庄，一对一配偶原是老规矩，你们问得不错，只是我俩今夜光顾并非斩肉而来，色翁之意不在色，单在二媛一人，当时没了主意，瞟眼瞧着天籁。周仁兄破题儿第一遭踏进肉林，全副阿木林，一切装聋作哑，茜萍全权办理，故无表示。茜萍碍着女侍在旁，不便启口问明，只好胡乱吩咐，去召松江阿宝吧。

说起这位松江阿宝，也是驰誉肉林五虎将之一尤物也。据曾与床笫恋爱者云，此妹娇小玲珑如香扇坠，顶括括一头活马。若问此马活的程度到何等样程度，则上海江湾引翔港几头香槟赛名马尚拜下风。活的技术，当者披靡，凭你精壮汉子结棍身材，亦经不得她凤凰三点头，马上吃勿消。阿唷唅，马二（倒戈将军冯玉祥也）啦。茜萍急中想起阿宝，以天籁第一遭白相咸肉庄，声明请客访问二媛生世，并不落水，现在不妨介绍阿宝使浪劲功夫，引诱他圣人做不成，泥佛亦跌汤罐内。

二媛红过阿宝，普通嫖客召她坐房间，表示茄门相，姗姗来迟，火烫屁股没有十分钟，便笑说："大少，对勿起哉，伲要到家去哩，少陪再会（对住夜者，则称"晏歇会"①）。茜萍因是食肉健将，报界小亨，她一闻来召，恐迟来见怪，火速赶来，快步登楼，推进房门，娇滴滴高唤："侬格小赤佬……"（她和茜萍落

---

① "晏歇会"为沪语，意为"待会见"。

过相好,轧得极熟,彼此打情骂俏,"赤佬,寡佬"相呼)"佬"字没有说出,眼梢瞄见另有生客在座,急忙缩住,改呼:"嗅,奴道是谁?原来是邵家里格先生,嘻嘻……"

　　天籁仁兄今夜专诚为常熟二媛而来,现在玉人当面,亟图识荆,无暇听她招呼,"赤佬先生"都耳边之风,没有听清,两只眼睛,只骨溜溜向她乱转,打量全身上下。

　　心中暗暗纳罕,上海地方真的欺人世界吗?为何鼎鼎大名的肉林健将,理想中必然秀色可餐,千娇百媚,怎地庐山当面,使人倒抽一口冷气。二媛的牛头马(面也),既是本地风光的法兰西照会,身躯胖矮像个冬瓜,肤色酱色,雀斑如芝麻饼,这样一副卖相,隔夜饭勿致呕出来,半夜饭定然吐出。天籁仁兄怔住呆想。茜萍足下爱人应征,"急急如令敕",一召便到,面子十足,当下拥坐膝盖,三夜不见,如隔九秋,问长道短,益发看得天籁肉为之麻。

　　茜萍和二媛温存了一会儿,拉她到天籁面前道:"这位是周爷叔,快叫他一声。"二媛言听计从,当下娇滴滴道:"周爷叔。"尖锐的声音听得天籁全身鸡皮疙瘩,脸胀通红,连称"勿敢当,勿敢当"。

　　茜萍看勿入眼道:"别假客气了,有啥勿敢当,二媛给你磕个响头,都泰山石(敢当也)呢。"这句话有些古怪,二媛也希勿弄懂,呆怔怔向茜萍望着。邵仁兄道:"二媛你别诧异,下回是有分解,那时不叫你磕头,你要抢着膜拜咧。"二媛益发莫名缘故,认茜萍吃自己豆腐,寻她开心,今夜把我介绍给这位姓周的朋友,所以如此说法。

　　形容停会儿床笫表演,二媛默揣"磕头"云云,岂这位周爷叔喜欢颠鸾倒凤,"倒浇",故称向他磕头跪拜吗?茜萍见二媛和天籁俩默对,旁观者清,不由扑哧笑出声来道:"锣鼓勿敲勿响,闲话勿讲勿明,怪不得你俩怔住,现在不给哑谜你俩猜,打开天窗说亮话罢。"

　　二媛重复倒在他怀里道:"侬格小赤佬,刁得来,讲句闲话也城头顶上出棺材,快点说?勿说要肚里痛格。"茜萍趁机吃她豆腐道:"勿透被头风,勿生夹阴伤寒,那哼会得肚皮痛呢?"

　　二媛刮茜萍脸皮道:"噢唷唷,面孔厚得来老得来,阿要面孔?"茜萍道:"阿拉迭张大英照会,顶括括枪弹勿入钢板做,你说我厚老,还识错念头咧。"二媛道:"天下何如老面皮,你自认钢板脸皮,没有修筑,吭高话头了。"

　　天籁一个人斜坐沙发,观二媛和茜萍搅七念三,自己冷清清地,无聊没趣,拿购买的《大美晚报》展阅,茜萍瞥见如此,顿足喊娘姨道:"给这位周先生介绍的松江阿宝,为什么许久没有来呢?你们去喊了不成?"

娘姨满脸堆笑道:"俫邵大少桥头市面最灵通唅。现在你们报上称紫肉红肉的小姐,生意好得热昏,上半夜坐房间,真像俫伲无锡人'江尖渚上团团转'名医门诊般挨号,客人召坐房面,最快半点钟,久至一点多钟,常使我们娘姨做难人,二媛一召就到,须知就是俫邵大少格颜色唅,倘然普通生客,也对勿起,望眼欲穿,姗姗来迟呢……"

茜萍道:"如此说来,阿拉真的触霉头,生夹阴伤寒了,请医生拔号了。"娘姨没有听见前段说话,听闻此言莫名其妙。二媛厌他又吃自己豆腐,恨恨地白他一眼,茜萍趁机道:"同一房间内,勿可如南北极般冷热不同,现在你去陪陪周大少罢。"

提起曹操,曹操就到,松江阿宝"蹬蹬蹬"踏上楼梯,已在喊娘姨:"周大少拉挨里①?"软糯的松江口音"埃奴,埃奴"②,娘姨熟习,忙伸出头来招呼:"勒拉爱搭③,勒拉爱搭。"

茜萍食肉健将、色界魔王,桥头中上之材都曾检阅,骑马驰骋,松江阿宝亦结多次香火因缘,今夜重新相见,落过相好,未免难为情,一眼瞥见茜萍和二媛腻在一块儿,形状肉麻,不免怀些醋意,阿宝亦是张利嘴,劈面便道:"嗅唷唷,邵大少,焐心得来,有了二媛,还要别人做啥。"

二媛同伴小姊妹素知她尖嘴,故听了勿二勿三刺耳冷语并不理睬,默默地翘起尖嘴唇,作为不抵抗而自抵抗。油滑的茜萍,趁机又搭油说趣,把二媛的嘴唇呶平道:"侬非朱太祖,为什么要五岳朝天呢?"

阿宝掉头,见靠窗口沙发坐着一位西装少年,面目生疏,谅是周大少了。玲珑乖巧的她不烦介绍,毛遂自荐走近前去,一屁股坐下道:"周大少,请你原谅,挨奴在七十六号、八十四号、五十二号……坐房间,全是老客人,给他们绊住,勿克马上就来,害你久等,真实抱歉万分。"

松江阿宝满屁股向天籁身旁坐下,这位典当出身的老实朋友不得不招呼,回过脸来,应说:"没有关系,没有关系。坐房间忙末,灵光唅。难得到此

---

① "拉挨里"为松江方言,意为"在哪里"。
② "埃奴"为松江方言,意为"我们"。
③ "勒拉爱搭"为松江方言,意为"在这里"。

的洋盘,自然享勿到拔号优待啦。"尖嘴姑娘的阿宝看天籁人很老实,岂知蛮会放刁,闲话里带骨头,末了几句,不是明明在讽刺我吗?

当下媚眼变成白眼,一横道:"周大少,侬勿作兴,钝识头格①。陌陌生生,初次见面,客客气气,轧个朋友,为何豆腐里嵌五香排骨呢?"这时坐在对面和二媛打岔的邵仁兄插嘴道:"啥格五香排骨,顶括括一只胖笃笃蹄髈哙。"(指阿宝大腿压在天籁身上)

阿宝进房,二男二女,一对一很是闹热。天籁初次问津,却老鼠活食蛮会说噱,因此格外有趣,阿宝还有五六处房间未坐,故招呼天籁,一小时许后别去,今夜因见茜萍在座,已破格多坐了。二媛便两样,事实上比阿宝紫得多,分别坐房间,应接勿暇,定夜厢亦须隔日挂号,但碍于知心客在座,先把一应坐房间户头回绝,末伴茜萍勿去,茜萍好跑桥头,便因这一眼眼焐心也。

阿宝走后,茜萍浪声道:"迭只寡佬②勿受抬举,让伊搭架子,杜绝文契了,倒也爽快。"天籁仁兄受领蹄髈已感焐心,爱为阿宝义务辩护道:"老兄未免只顾羊卵子勿顾羊性命了。她有其他客人要招呼,是当前去坐房间,为生意着想,勿能怪她啊。"

茜萍道:"别专讲闲话,忘掉正经,现在二媛勿到别地方去了,趁长夜无侣,你这位客串的肉林记者开始访问罢。"

茜萍和二媛并肩低喁,已将来意说明,所以二媛移凳(非樽之误)就教。天籁也走近一步,西装口袋抽出帕克真空笔,一马夹袋内取出日记一册,一面发问一面记录。二媛人很爽迫,毫无忸怩儿女态,听说有人欲把自己做小说模特儿,不胜欣幸,心想文人的一登成名合埠知。爰把阿侬身世一箍脑儿详详细细诉述,悲欢离合,极人世凄凉。双十年华,堕为俎上肉,红颜薄命,藕俚藕俚。说到伤心处,禁不得悲泪直流,掏出手帕揩抹,湿了一大块。旁观的二位仁兄(天籁、茜萍)也是软心肠人,陪洒同情泪。

皮肉生涯非人生活,妓院已称"火坑","肉"字为号的咸肉庄益发一头待宰羔羊,格外可怜。二媛身世的是凄凉,出生常熟东门外田户之女,常熟产米著名,她家父亲耕耘十数亩稻田,秋收丰登,一家四口,全年尚勉冻馁。那时的米价只有五六元,非目下可比,故遇荒岁便欠粮欠租,税吏债主登门,二媛

---

① "侬勿作兴,钝识头格"为松江方言,意为"你不作兴,要杀头的"。
② "寡佬"为粤语,意为"单身汉"。

的父亲"船头浪跑马"走投无路了。可怜的老农夫终岁辛勤，毕生克俭，捉襟见肘，永处穷乡，膝下无子，诞生一女更无把望，前途墨黑，忧忧急急，气气闷闷，终于在一个初冬的子夜寿终正寝,呜呼哀哉了。

这时，二嫒只有九岁，尚不知丧父之痛，由阿母抚养长大。家无男丁生产张罗，两代寡妇益发凄苦。二嫒长至十四岁，实在无力抚养，嫁给邻村做童养媳。乡俗早婚，小丈夫比己小二岁，尚未成人，但二嫒发育健美，已是一个风骚陶冶的尤物。夫妻勿相配，乡里游荡子弟趁隙下手。有名张阿六者勾诱逃沪，同居若干时日，生活不了，进厂做工。阿六心肠险诈，赌负了，竟效《陆雅臣》卖妻之辇，更进一步，押入桥头①迫使接客……天籁仔细听取二嫒报告，供小说材料，茜萍亦用心旁听呆住。

二嫒押进庄上，初时好人家女儿做坐庄货，作俎上之肉，艳光未显，淫业清淡，常受本家责骂，有时尚须身受夏楚②。二嫒之有今日，受尽一番苦楚，说来心酸，珠泪连弹，何怪天籁、茜萍眼腔晶莹，亦红桥头挂灯（挂泪）也。

三百六十行，行行出状元，嫖客交桃花运，才狂嫖宿娼，倾家荡产。卖×妓女亦须交花运，才可红且发紫，芳名卓著。像二嫒初出茅庐，顾影自怜，脸蛋身材、口头谈吐、床笫战术功夫全是中下资格，勿逮出风头姊妹远甚。二嫒很具自知之明，押账满期，原想跳离桥头，别抱琵琶做舞女。谁知肉运注定，花运光临，八十七号、七十二号、四十三号……几家庄主纷纷挖她。食肉健将如邵仁兄茜萍，巡礼桥畔，点唤秋香，一见倾心，再见焐心。在前每夜坐房间寥寥住夜厢可数的，倏然风头转变，坐房间应接不暇，住夜者络绎不绝，夜度资随之抬高，五元一炮，八元通宵，照码加倍，越大越押手，反生涯不恶，鼎盛春秋。

天籁自《亭子间嫂嫂》吃豆腐笔调一举成名后，再发掘《常熟二嫒》，捧肉林健将的场，现在更把铁皮阿金做模特儿，一勿做，二不休，"炒鳝糊大连特连"，吊足读者胃口。这位铁皮阿金之皮，系"口宽债紧"之口，"黑紧白宽黄"，真乖乖不得了也。天籁小说，若是大刀阔斧，痛快淋漓，真是洋场才子群中第一枝如椽大笔了。

---

① 此处"桥头"是指上海八仙桥地区，为烟花女子聚集之地。
② "夏楚"指古代学校两种体罚越礼犯规者的用具，即教鞭，后亦泛指体罚学童的工具。《礼记·学记》："夏、楚二物，收其威也。"

苏广成衣王大苏

周天籁、田舍郎、苏广成三位仁兄,小型报药料甘草,试打开任何小报,必有三君大作。二月前黄金时代,三人作品盖罩老前辈捉刀人(王小逸)哩。

周天籁写小说并不化名,大有坐不改姓行不更名英雄气概,田舍郎(陈亮)、苏广成(王大苏),三位仁兄同期投稿、同时出道,上海人所谓"连档码子",关系密切,文坛"劳莱、哈台""韩兰根、殷秀岑"也。

介绍了红紫作家周天籁,同样红过淞沪半爿天紫如猪肝色的陈、王两位,当然连带点将使之登台,请读者拜识。本篇《报人外史》预备写足一百零八将,将来发行单行本,校订补正。每人效《水浒》一百〇八好汉浑名,各赠一个绰号,例如周天籁"一丈青扈三娘"、"浪里白条"陈亮,本篇主角王大苏则为"九纹龙"。

吾家大苏仁兄,笔名"苏广成",不知底蕴者认他本姓苏,真名广成哩。岂知他这块招牌完全游戏三昧,张石川如厕看《江湖奇侠传》,萌开拍《火烧红莲寺》动机,大苏则走出自己弄堂口瞥着"苏广成衣铺"触动灵机,认戳短枪苏州小裁缝为师,襄"苏广成"为号焉。噱天噱地,血汤血底,顾名思义,可知其意了。

大苏仁兄多才多艺,非但写得一手浪漫香艳的热情小说,更懂医道,曾拜本乡(嘉兴)七世儒医章杏仁为师,读过《汤头歌诀》《切脉大全》,对"望闻问切"四字具有相当根底。来沪之始,原欲"悬壶之喜"抢名医生意,不知为何临时变卦,坠卖文阵营。怀此绝技来和咱们一般凄惨文友弹同样曲子,"耶稣道理",莫测高深。

古代文人皆通六艺,诸葛亮所谓上知天文下识地理,九流三教无一不晓。九流中第一流"医卜星相"之医,前辈文人皆能搦管处方,诊治内病。此时此地,海派文人中兼精歧黄的,除大苏外,唯蒋叔良先生一人。蒋为习医,题名"九功",媲美"×一帖",结果和大苏同病相怜,皆舍正道而钻牛角尖。前为

《歌唱风月》，苏广成著，上海文友出版社刊行。　《船娘阿九》，苏广成著，上海同春书局刊行。

本报写《乱话三千集》随笔，别署"九公"，改"功"为"公"，致和笔者闹双包案。因鄙人除"玖君""九军"外，有时亦署"九公""多九公"，十不离"九"，读者缠误，两"九公"一人化身了。

　　大苏学医不为世用，而开"苏广成衣铺"，缝制新样彩丽的试装旗袍。摩登作品近年来很得读者欢迎，刮目相看，大苏亦很自满，乐此不疲。产量之多媲美捉刀人，并肩周天籁，有时一张报唱对台戏，烦演双出！

　　此时此地小型报，小说为主，小品为宾，北（华北）风南旋。本报等一致效《实报》《新北平报》《新天津报》等之颦，敝同文乃交时运。从前零碎投稿，初一一篇，月半一则，逢月结算，×元×角。一篇文稿寄出去，巴望登龙金榜题名（无名作家更望穿秋水）。大苏、天籁、陈亮同路人，也是《新闻报·快活林》老投稿，耍耍笔杆，游戏三昧，挣得若干稿费，私心窃喜，煮字易钱，莫名厚幸。

　　谁知小型报作风转变，长篇作风需要量激增，周天籁以《亭子间嫂嫂》一举成名，红且发紫，志同道合的出棠弟兄陈亮（田舍郎）、大苏当然亦趁机突起，玩了报屁股（投稿副刊），兼玩小老婆（小型报）。大苏善写浪漫的《阿金姐日记》《骑虎×记》接龙长篇，卖弄噱头，大有苗头。揣摩惧内情况，淋漓尽

221

致,入木三分。一般猜想,大苏尊姓撑三(王)却是季常(陈)后人,惧内专家《骑虎×记》,顾名思义,骑了一头雌虎,夫子自道,否则隔靴搔痒终没有这般活灵活现呵。

同文相叙,以此为谈笑之资,大苏板起面孔,一本正经指天立誓道:"阿拉倘然怕家主婆①,今年勿过大年夜格。"笔者吃他豆腐道:"别嘴硬骨头酥,足下王大苏定和陈季常一对搭落苏②。"

小型报上的长篇小说全靠噱头,每天有一关子,天籁《亭子间嫂嫂》享名,即擒住此点。大苏亦有这一手,他的大作热情洋溢,浪漫气息浓厚,使读者拜读有心旌儿摇摇魔力。

大苏的文字产量亦很惊人,为此时此地多产作家之一,与捉刀人、周天籁鼎足而三。二月以前,新报春笋,各报争相特约,每天共写十三四篇近万字,月入稿费三百元。大苏作稿原作副业,故重弹旧调,于法租界"有心堂"悬国医牌应诊,精治内科,三只指头切脉,一张方子一挥而就,所开脉案别有作风,同道齐称古怪,夫子自道:"这便是我王大苏的幽默。"

大苏医道功夫颇有根底,求诊者服了他所开方药,虽非着手成春,但间有药到病除,年纪轻轻很是出道。国医同仁对这位横里杀出的程咬金齐吃一惊,大苏悬壶扬名,私心欣慰。他说卖文鬻稿是有限公司,行医诊治是无限公司,痛下功夫,额角头帮忙,跻名医之林,汽车洋房,优哉游哉。二者相较,当然卖文为副,行医作正啦。

谚云"良田千亩,不如薄技在身",咱们大苏仁兄挟一枝毛锥,寓沪双管齐下(写稿、处方)成名医为红作家,左右逢源,将来还有将来,同文中唯一有出息。报人良相,可美可贺。同宗同文的在下甘拜下风,退避六舍也。

---

① "家主婆"为沪语,意为"老婆"。
② "落苏"为沪语,即茄子。

药料甘草孙筹成

孙先生在报界,是一位清客,大小报章杂志刊物散见大作,交游广阔,参加社团,和各方面接触繁多,他的笔下材料乃如涌泉般源源不绝了。

现在点将及孙先生,刚巧撰有一篇自传《夫子自道》再忠实真切没有,看了先生小史才知今日耍玩笔杆,早岁却投笔从戎,亦是革命志士开国一元勋。至于题名"药料甘草",先生现任事新药业公会,对外界公私宴集,有会必到,无会不临,都有他的份儿,真如药料中之甘草。

筹成先祖于明初洪武间由滇迁浙,世居于嘉兴东门外之角里街。洪杨之役,家产荡然,辗转迁徙至嘉善县属之杨庙镇。

孙筹成,刊载于《大众》1943年第9期。

予生于清光绪十一年乙酉七月初九日,因先大父□之公设馆授徒,故予四岁即入学。十一岁大父临终时,因我家累代读书,有二十世联芳佳话,遗嘱须继续书香。盖当时之风俗均抱"万般皆下品,惟有读书高"之成见也。旋由先严理伯公教读至十六岁,改从他师,做至起讲,因废八股,遂辍学授徒,兼读医书。十八岁徐师培弱坚劝重攻举子业,并出题嘱撰□论。十九岁夏考入嘉兴县学堂肄业,时科举未废,故次年应试,幸青一衿,已心满意足,盖自问无高深学问,本不希望中举人,骗到一个秀才,对于大父遗嘱总算有一交待矣。遂专事游玩，屡犯校规而被斥退。其时各校随时可入，即改赴秀水县学堂肄业。因考试时屡列前茅，而得免膳费（当时不收学费）。

光绪三十二年春，慨国势日非，知欲挽回国运非毛锥所能为力。闻苏州开办征兵，即入吴县籍，前往应征。入伍后，旧同学沈、胡二君追踪至苏，由予介绍而从戎。其家属闻之，不以为然，向予家索人。先严因是来谕促回，除请其家属来苏领回外，并详陈投笔意旨，有"若不毕业，誓不返乡"之坚决语。次年考入陆军随营学堂，两年毕业。宣统元年夏，擢升军官。到差未及一月，接家言，知父病甚笃，正拟请假省亲，噩耗传来，谓已去世。设法回杨，已不及含殓，不孝之罪，终身莫赎。旬余回营供职，辛亥苏州光复，随程雪楼都督率队攻宁，担任攻通济门一带。克宁后，调充淮北援军司令部军械官。南北统一，改变为陆军第十六师，移驻镇江金山。民元由程都督保送至苏州共和法政学堂肄业。二次光复，在沪几遭不测。失收后，脱离军籍，在浦东南翔操粉笔生涯者七年余。民十一，改任全国商教联合会秘书兼办八团体国是会议①事务。是年冬赴汉口出席全国商会联合会代表大会，由章太炎先生之介绍，赴湘宣讲国是会议私拟之宪法草案，并兼《申》《新》两报馆特约通讯员。次年供职上海总商会，临城大劫案发生，与闻兰亭、冯少山二君代表总商会赴鲁营救，驻枣两旬余。曾与陈调元镇守使等同入匪巢，留质山中，并赴济南，将目睹匪情面告田蕴山督军，请其对于被掳中外诸人须一视同仁。民十三齐卢交讧，丝业公会会员有丝五船被扣在苏，请求商会设法，亲往昆山，向朱申甫镇守使交涉运回。十四年，主张废督裁兵迁厂，上海兵工厂归总商会保管，以备售去存货，设法迁徙，特组保卫团以驻守。以予曾习军旅，由会派往常驻厂内就近监督，惜不久时局变迁，未底与成。十六年，国民革命军底定东南，因商务问题，曾与虞洽卿、王一亭诸君两次赴京请愿。十八年，商会改组辞职，赴杭参观西湖博览会，被杭县潘更生县长所留，

---

① 1921年10月全国商会联合会和全国教育联合会在上海举行联席会议，决定举办国是会议。经过筹备，1922年5月，八团体国是会议在上海召开。会议针对国内外重大事件提出多项提案，并成立监督财政委员会和宪法草拟会，延请宪法学家张君劢拟定《国是宪草》甲、乙两种。由于政局变化，国是会议在召开三次正式会议后草草收场。张君劢应邀所拟定的《国是宪草》在中国宪法史上有着一定地位。

襄办土地陈报事宜两日，驻于留下。公余畅游三竺六桥，是年冬回沪，改就上海国货工厂联合会秘书。次年春兼任上海市新药业同业公会秘书，以迄于今。近十余年来，除东涂西抹以投各报外，兼任团体义务职务甚多，竟变成药料中之甘草。回顾五十六年来，时而习举子业，时而学歧黄术，时而读律，时而滥竽教员，时而混迹商界，可称一事无成两鬓斑。当此非常时期，身为军人，不能执干戈以卫社稷，闲居"孤岛"，靠笔杆以图生活，惭愧煞地。"一·二八"之役，率眷避难，夜半在苏乘轮，坠于河内，业已灭顶，遇救登岸。"八一三"之次日，在爱多亚路远眺，大世界门前之炸弹距予所立之处仅数丈，幸逃入步留坊而未遭波及。噫，溺水、被炸均未遇难，真是劫后余生。亲友恭维，佥谓"大难不死，必有后福"。试问如斯时局，来日大难，倔强如予，未善逢迎，福何能来？惟有一事堪以自慰者，予自二十六岁起记日记，至现在止，从无一日间断，且每日必有二三百字。三十一册中，有十四册置于苏寓。前年吴门沦陷时，以为必已遗失，旋往检视。细软杂物被劫殆尽，而日记簿则一本未缺，亦云幸矣。又，二十五年夏，在苏举行卅周从戎纪念，邀清季同时应征之同志在虎丘宴会，摄影而凭吊旧垒。二十六年春，在禾举行银婚纪念，并参加集团结婚，事后均蒙亲友惠题诗文，共有千余幅，俱付装池，幸在上海皆未遗失。廿六岁起记日记，迄今卅一年，无一日间断。攻宁时，置于后方，隔二三天由前线退回记。来沪后，无要事不乘车，现在赴沪西殡仪馆送友人之殓，均步行。生平从未吸过鸦片，但幼时读书因祖与父教均在鸦片烟榻旁读。共生八孩，头尾均死，现存三四五六，最大者云翔，廿三岁，之江大学土木科三年级，男；次女介玉，十九岁，东吴高中三年级；三男嘉麟，十七岁，东吴高中一年级；四男国华十一岁，恒茂高小五下。

孙筹成（前排右九），刊载于《江浙同乡聚餐会三周年纪念刊》1941年。

（笔者按）孙先生的自传业已登完，看了他奋斗历程，足为青年模范。二十六岁起，每日写日记，迄今从无间断，这样的恒心。据闻孙先生的日记很忠实，道学先生的他却不讳床笫之私，甚至敦伦次数亦如伦敦大轰炸般记明次数，这样的细腻详尽，张博士（竞生）亦拜下风。惜乎这部秘作不能公开，否则读者当欣眼福不浅呢。

附：
孙筹成的忠实供状

本月二十二日，《奋报》九公自道中，有《一年来》，内有"曩见某君于其日记之上，书某月某日敦伦一次。一年之中，敦伦几次，可于日记中检得之。惜下走生平未写过日记，否则列《一九三九年敦伦记录表》倒是大胆的表演，忠实的供状"等语，阅后不禁技痒，而来一个忠实供状。予自廿六岁正月初一起（宣统二年）至现在止，所有日记一日不断，每年一本，已有十本。从民国元年旧历四月初十日成立内阁起（即结婚别名）至现在止，所有次数，均另有日记记出，且分内务与外交两种。内务指家内所做之事，外交则指非与黄脸婆者也。内务之中，谨记每年次数，外交项下，且将对手方之姓名列入一字，以便追忆，其中有良家妇女，亦有妓院妓女，每人几次，群记无遗。年龄唯一人较予大两岁，其余皆小。内务以民国二年最多，计有一百四十四次半，其中半途而废者为半数。十七年次数最少，仅二十一次，盖一则新婚第二年，且赋闲家居也；一则内阁

公祝孙筹成先生（后排右三）、吴松如女士（前排右三）（贤梁孟百龄合寿留影），刊载于《江浙同乡会三周年纪念刊》1941年。

总理腿上生疮,住于天赐庄医院内有半年余之久。外交人数以十五年最多,次数十六年最多,一因是年较暇,而兴致甚浓;一因其时租有小房子故也。且每隔十年,有一总平均,内务元年至十年,总计七百七十点五次,平均七十七次又点七五次;十一年至二十年,总计三百九十一次半,平均三十九次又点一五次。外交前十年,记五十九次,后十年计二百四十五次半。廿一年起,须至三十年年底,乃有统计,是表命名曰《历年敦伦统计表》。

落拓不羁谢啼红

这几天《力报》与《小说日报》大开笔战，一只王"谢"堂前燕，飞向西来又飞东（氏两报均任基本撰述），助怒目"金刚"[1]出阵，小型报痛言洋洋洒洒之外，更拿住证据，声讨华严。谢君在记者《报人外史》笔下，报坛百零八好汉之一，"豹子头林冲"是也，大刀阔斧，笔力千钧。

谢豹笔名啼红，嗲格常州人，武进文风昌盛，骚人墨客辈出，不下状元宝地的苏州。先生天才横溢，落拓不羁，如介绍读者到牯岭路因凤阁拜谒荆州，保证庐山当面吓一大跳，文名如斗的谢先生，局处三层，实任阁先生。一副仪容，笔者不敢形容过甚，冒渎说与××桥竟拜把，××里寓公合伴，但衣履不整，形容憔悴，确使仰望文名者望而却步倒抽一口冷气。读氏散记，文笔卓茂，怎地一副卖相江郎憔悴呢。

古今文人具有癖性，传统落拓不羁，狂放自如。先生染有嗜好，和云间杨

中排右二为谢啼红，刊载于《半月戏剧》1947年第6卷第6期。

---

[1] 即金小春之本名。

了公□□□居宝裕里相仿,往来无白丁,有黑万事足,小报迷素稔"清河之榻"不下陈蕃,嘉宾云集,先生的因风阁后来居上,我道不孤也。

古称才子佳人,现则才士美人(黑美人雅片,白美人白面)。吾道同文,十有六七与黑白结不解缘,烟容满面,即有衣装,亦难仪表俊逸,何况落拓不羁传习性。兴战后,土贵如金,红土贵至五六十元,等于六年前一两金价,嗜霞尤吞金,黑白饭尚虞不继,蔽体的衣着力不从心,尚只得马虎,借"落拓"遮掩。辜鸿铭袖拢猪头肉,章太炎还痰沫揩衣襟哩。

本篇主角谢豹先生,今岁四十六,年纪犯就"准奥而迈",即整容修饬,亦"装煞凤凰像只九头鸟"。二十年前亦是冠玉少年,细皮白肉,方面胖耳,长硕身躯,脸蛋漂亮,衣架登样,与今日秃额高颧缺牙瘪嘴相较,真换了模样儿呢。

谢豹先生,战前四季西装(全年一套,不洗不烫),长发后披(光顾理发店,好似怕上断头台),粗视倒有艺术家丰度,艺术大师刘海粟,也是嗲格同乡。蜜司脱谢加打大领结,颇可仿冒"常州二杰"也。

先生在报界历史悠长,资格挺老,笔者前次介绍"丈二和尚"蒋剑侯(即《新闻报》记者,《夜声》编辑厨司也)先执教鞭,半路出家跳上报坛的,谢豹亦然,也是常州师范毕业后,学冠其曹,校长分发至本县第一高小任级任教员,今日回顾,亦由活狮王登龙者也。

谢豹在常州本乡做活狮王,乐育英才,春风时雨,雅负时誉。那时的谢先生茅庐初出,风度翩翩,朝气蓬勃,男女学生对这漂亮而博学的良师十二分欢迎,先生对粉笔生涯爱顾而乐之。

江浙战争,常州风声鹤唳草木皆兵,先生避难来沪,为南市私立某中学留住,请任教务主任。这时先生在常州已升为校长,原是不肯屈就的,但为调换环境起见,且在上海试试,课余之暇,吟风弄月,草诗文投刊报章杂志。国学湛深文笔活泼的大作,当然一举成名,现在《小说日报》日撰《玲珑小志》的冯梦云(即本篇介绍过的冯大少爷)为氏第一知己。冯时在望平街头编《小日报》,与老牌《晶报》望衡对宇,《晶报》"通红老头子"丹翁(江都人)第一首打油怪诗誉满鸡林。谢效其颦,步武于后,草打油诗投《小日报》。冯大少正感这种作品缺乏,王谢堂前燕自动飞来,当然不胜欢迎,即订文字交,往访先生于该校,一见如故。十五年来,关系密切,先生自称冯派嫡系,可见一斑了。

十六年北伐成功,激起革命高潮,落拓不羁的谢先生却也入党为忠实同志,编《铁报》《上海日报》,大写革命八股。奠基斯时,出足风头,衣锦荣归,任武进《民国日报》主笔。

　　谢受聘回常任党报主笔，精神无畏，真秉董狐之笔，日草洋洋社评，攻击黑暗势力，县政府、公安局、县商会、土豪劣绅全为侧目。不过，县的范围毕竟狭隘，不够他轰轰烈烈畅快淋漓。半年避职，仍来沪上。

　　那时海上政治报风行，《江南晚报》唯一老牌，《硬报》突起称雄，"马儿""二云"两枝如椽巨笔的确大露锋芒，横扫千军。报坛李逵冯梦云辞《小日报》后，另起炉灶，办《大晶报》。此君笔名"玲珑"，手腕的确八面玲珑，报关行出身，长袖善舞，向自己阿兄借到一笔资金，于宁波路老闸捕房隔壁创大晶印刷所。左手握笔杆，右手托字盆，脚踏对开印机，真的左右逢源哪。

　　冯氏有见政治报风行，乃创《铁报》。知啼红来沪，延之主编，增强阵容，"特访"何二云。石伯挺硬之《铁报》名确符实，创刊伊始，洛阳纸贵。年余又创《太阳报》日刊，袭某国啤酒牌名，不知者还道他有副作用。实则那时《东方》《世界晨报》，春笋怒出，冯看同文老友胡雄飞、来岚声办日刊上劲，本人乃也来一出，亦从"日"字上题名，报标更冒"晶"之牌，梦云聪明人也，故别此苗头，谢亦主编。

　　编者注：《奋报》至此结束，故本篇亦中断。玖君本拟写报坛一百零八大将，洵不知完成与否。甚挂念，甚遗憾，甚戚戚。